"十四五"教育部高等学校电子商务类专业教学指导委员会规划教材

21世纪经济管理新形态教材·电子商务系列

电子商务税收

E-commerce Taxation

席晓娟　主编

清华大学出版社

北　京

内 容 简 介

《电子商务税收》为"十四五"教育部高等学校电子商务类专业教学指导委员会规划教材。

本书系统研究了电子商务税收制度，分三篇共九章。基础理论篇包括电子商务税收概述、电子商务税收要素及电子商务税收体系。税收实务篇涵盖电子商务税务管理、电子发票管理、电子商务税款征收及电子商务税收法律。国际税收篇介绍跨境电子商务税收与国际电子商务税收。

本书内容翔实、结构严谨，侧重电子商务税收的应用性与实践性，可作为高等院校经济管理类专业的教学用书，也可作为电子商务、税务、会计、审计等岗位的培训和自学教材。

图书在版编目（CIP）数据

电子商务税收 / 席晓娟主编 . —北京：清华大学出版社，2021.12（2024.8重印）

21世纪经济管理新形态教材 . 电子商务系列

ISBN 978-7-302-59440-6

Ⅰ.①电…　Ⅱ.①席…　Ⅲ.①电子商务—税收管理—高等学校—教材　Ⅳ.① F812.423

中国版本图书馆 CIP 数据核字（2021）第 219029 号

责任编辑：徐永杰
封面设计：汉风唐韵
责任校对：王荣静
责任印制：曹婉颖

出版发行：清华大学出版社
　　　网　　址：https://www.tup.com.cn, https://www.wqxuetang.com
　　　地　　址：北京清华大学学研大厦 A 座　　邮　编：100084
　　　社 总 机：010-83470000　　邮　购：010-62786544
　　　投稿与读者服务：010-62776969, c-service@tup.tsinghua.edu.cn
　　　质量反馈：010-62772015, zhiliang@tup.tsinghua.edu.cn
印 装 者：三河市君旺印务有限公司
经　　销：全国新华书店
开　　本：185mm×260mm　印　张：16　字　数：265千字
版　　次：2022年2月第1版　印　次：2024年8月第2次印刷
定　　价：48.00元

产品编号：090751-01

前　言

　　电子商务作为商务领域最前沿、最活跃、最具影响的商业模式，成为信息化、网络化、市场化、国际化新条件下重要的资源配置途径及引领经济社会发展进步的重要力量，但与此同时也带来诸多新问题。电子商务对传统税收征收管理形成巨大冲击，现有税收制度应对困难，因此，亟待解决电子商务环境下的税收征管问题。

　　电子商务专业是 2000 年教育部批准设置的普通高等学校本科专业，截至 2020 年全国共有 563 所高校开设该专业。从专业课程设置看，"电子商务税收"是培养创新型、复合型电子商务高级专门人才的专业课程，教材应与之相配套。《电子商务税收》契合我国电子商务研究日臻完备的要求，兼具理论性与实践性的特点。

　　本书的特色如下。

　　（1）教材特色鲜明。其一是创新性，国内尚无以"电子商务税收"命名的专业教材。其二是前沿性，电子商务税收制度解决了电子商务对传统税收制度的变革与挑战问题。其三是针对性，电子商务专业作为新型交叉学科，学生应掌握电子商务税收专业知识。

　　（2）教材体系完备。本书共分三篇九章。基础理论篇包括电子商务税收概述、电子商务税收要素、电子商务税收体系。税收实务篇包括电子商务税务管理、电子发票管理、电子商务税款征收、电子商务税收法律。国际税收篇包括跨境电子商务税收、国际电子商务税收。

　　（3）强化重点难点。本书充分考虑对课程重点和难点的处理。每章在正文前设置三部分内容：学习目的和要求、重点问题和引导案例，使学生明确本章的学习目标要求及重点问题，以案例引入的方式激起学生的学习兴趣。正文后设置四项内容：知识图谱、本章小结、复习思考题、思政经典案例。知识图谱使学生对本章内容进行体系化掌握，辅之以本章小结。复习思考题是对本章所学内容的复习及深化。思政经典案例实现专业课程与思政理论课的同向同行，实现立德树人、协同育人的综合教育理念。

（4）适用对象广泛。本书内容翔实、结构严谨，语言通俗易懂。在坚持电子商务税收理论性的基础上，侧重于电子商务税收的应用性与实践性要求，因此，可作为高等院校经济管理类专业的教学用书，也可作为电子商务、税务、会计、审计等岗位的培训资料和自学教材。

本书由西北政法大学席晓娟担任主编，负责撰写框架、拟定提纲，以及统稿和最终定稿。编写分工为：西北政法大学吴汉利老师撰写第一章，西北政法大学席晓娟老师撰写前言、第二章、第三章及第七章，西北政法大学刘凌老师撰写第四章至第六章，西安交通大学刘源老师撰写第八章、第九章。

本书在编写的过程中参阅了大量的电子商务及税收方面相关的文献资料。因受篇幅所限不能逐一列出，在此谨对这些作者表示衷心的感谢！同时亦感谢清华大学出版社对本书的出版给予的大力支持！

本书属于电子商务与税收领域的前沿交叉研究，由于编者水平有限，书中不妥之处在所难免，敬请各位专家、学者及读者批评指正。

席晓娟

2021 年 8 月

目　录

基础理论篇

税收实务篇

国际税收篇

基础理论篇

第一章　电子商务税收概述

【学习目的和要求】

通过学习本章，了解电子商务及电子商务税收产生的背景与发展现状；掌握电子商务的概念、特征与分类；理解并掌握电子商务税收的概念、特征与分类。

【重点问题】

1. 电子商务税收的概念。

2. 电子商务税收的特征。

3. 电子商务税收的分类。

【引导案例】

天猫网店如何缴税

和普通实体经营店铺一样，线上开天猫店铺也是需要缴税的。不少人经常会把天猫和淘宝混为一谈，其实两者是不同的，天猫入驻商城大部分是以公司制形式进行运营，所以必须缴税。但淘宝店铺以私人商家个体户注册为主，属于个体私营经济发展，如果年营业额少于起征点，就不需要缴税，在实际情况中，大部分淘宝店是无法达到起征点的。开天猫店铺必须了解公司内部的哪一部分经济活动是需要缴税的，在天猫商城只能进行账目提现活动而不能进行转账，这一部分提现活动自然会被纳入税务环节。在缴税的时候，需要缴纳每个季度的企业所得税和每个月的增值税。

不管任何经济活动，只要是开了发票，就必须缴税。当然也有一小部分商家开了发票企图不缴税，可能税务机关一时未发现，但总有一天会被调查到并要求补缴的。另外一小部分天猫商家也是个体户，除需缴纳增值税外，还需上缴个人所得税。天猫商家需缴纳增值税、企业或个人所得税以及印花税。天猫商家应缴纳的税款项目为以上三种应缴纳税款之和，三者缺一不可，缴税最好及时，如若逃税、漏税后被税务机关发现，后果将不堪设想。

《天猫企业购管理规范》第12条规定商家义务：入驻天猫企业购的商家，在企业买家索要发票时，需按买家提供的发票确认信息开具并寄送发票。如买家要求商家开具增值税专用发票但没有提供完整开票信息的，或者在税法规定中不适合开具增值税专用发票的情况下，商家有权拒绝开具增值税专用发票，但必须提供增值税普通发票或普通销售发票。商家应在规定的时间内寄出发票，具体时间要求为：相应订单"交易成功"之时起15日内，或企业买家提交开票确认信息之时起10日内（该两个时间不一致的，以较晚的时间为准。发票的寄出时间以快递公司系统内记录的时间为准）。如商家未按规定时间寄出发票的，将按违背承诺进行处理。

资料来源：开淘网.开天猫店怎么交税？怎么查看自己要交多少税？天猫网.天猫企业购管理规范.

2019年1月1日，《中华人民共和国电子商务法》（以下简称《电子商务法》）实施，规定对电子商务依法征税。电子商务交易只是改变了交易场所，并未改变交易的本质，因此，电子商务经营者应当依法履行纳税义务，并依法享受税收优惠。从法律规定看，并未对电商平台内经营者单独设立税种，但明确了作为经营者无论是线上线下，只要生产经营满足征税要件就应当缴纳税款。

第一节 电子商务税收的发展历程

一、电子商务的产生和发展

电子商务是20世纪基于互联网产生的重要科技成果之一，相较于传统商务活动，电子商务冲破了时间和空间的限制，改变了商业形态、流通体系与营销方式，极大地降低了生产企业和消费者的相关成本，增强了企业竞争力，加快了商品流通，增强了市场活力。电子商务是继工业革命以来最伟大的产业变革之一，不仅影响了人们的生产生活，更是对经济发展起到了重要推动作用。

从历史发展来看，自电报的商务应用开始到计算机网络的出现，这一期间称为早期电子商务。1946年2月14日，第一台计算机诞生，不仅在计算机领域掀起了一场技术革命，更是引发了电子商务的革命，并在20世纪70年代末80年代初产生了基于电子数据交换（EDI）[①]的电子商务，即无纸贸易雏形。互联网的普及、第三方支付平台的迅猛发展、电子安全交易协议的制定和政府的支持与推动，均为电子商务的发展创造了各种必要条件。

（一）电子商务产生和发展的条件

电子商务产生于20世纪60年代，发展于20世纪90年代，其产生和发展的条件如下。

1. 计算机的应用范围和领域越来越广泛

近30年来，随着经济发展与科技进步，计算机得到了迅猛发展，表现为集中处理速度越来越快，综合处理能力越来越强，价格越来越低，应用范围和领域越来越广泛，为电子商务的应用奠定了基础。

2. 网络的普及和成熟

互联网逐渐成为全球通信与交易的媒介，2010年以来，全球互联网行业进入高速发展期。互联网世界统计（IWS）数据显示，2011—2020年，全球互联网用户数量持续高速增长，截至2020年5月31日，全球互联网用户数量达到46.48亿人，占世界人口的比重达到59.6%[②]。网络的普及和成熟，为电子商务的广泛应用提供了基本条件。

3. 第三方支付平台的普及应用

随着支付宝、微信等第三方支付平台的普及和广泛应用，在线支付成为当前网络用户的首要选择，为电子商务活动中的网上支付提供了重要的支付保障。

4. 电子安全交易协议的制定

1997年5月31日，由美国VISA和万事达卡国际组织等联合制定的电子安全交易协议出台，该协议得到大多数厂商的认可和支持，为电子商务提供了关键的安全环境。

---

① EDI系指电子计算机之间使用某种商定标准来规定信息结构的信息电子传输。
② 数据来源：前瞻产业研究院《中国互联网行业市场前瞻与投资战略规划分析报告》。

5. 政府的支持与推动

自 1997 年欧盟发布《欧洲电子商务协议》、美国随后发布《全球电子商务纲要》以后，电子商务受到世界各国政府的重视，许多国家的政府开始尝试网上采购，为电子商务的发展提供了有力的支持。

（二）电子商务的发展阶段

自电子商务的产生至今共经历了基于 EDI 的电子商务、基于互联网的电子商务、E 概念电子商务、全程电子商务和智慧电子商务五个阶段，具体如下。

1. 基于 EDI 的电子商务阶段

EDI 最早产生于 20 世纪 60 年代，融合了现代计算机应用技术、网络通信技术和标准化技术。20 世纪 80 年代，EDI 在工商业界的应用中不断得到发展，此时的 EDI 是电子商务的初级阶段。中国的 EDI 始于 20 世纪 80 年代，但 EDI 还没来得及在中国普及，电子商务就迅速地发展到了第二阶段。

2. 基于互联网的电子商务阶段

20 世纪 90 年代中期以后，互联网得到了迅速发展，逐步从"象牙塔"走向企业和寻常百姓家庭，成为一种大众化的信息传播工具。商业活动正式进入互联网世界，电子商务成为互联网应用的最大热点。互联网克服了 EDI 的不足，满足了中小企业对于电子数据交换的需求。互联网作为费用更低、覆盖面更广、服务更好的系统，已经取代增值网而成为 EDI 的硬件载体。在互联网基础上建立的电子信息交换系统，成本低廉又能实现信息共享，为企业商务活动电子化提供了可能。

自 1995 年开始，企业逐渐突破使用电子邮件进行日常通信的应用范围，开始依靠互联网发布企业信息。公众不仅可以通过互联网了解企业的全部情况，还可以通过互联网直接获得企业的产品和相关服务，导致以 Web 技术为代表的信息发布系统爆炸式地发展起来，并成为互联网的主要应用。1996 年，联合国国际贸易法委员会通过《电子商务示范法》，标志着电子商务的真正产生。1998 年，IBM 公司以一句响亮的广告语"你准备好迎接电子商务了吗"，在全球掀起了电子商务的热潮。

3. E 概念电子商务阶段

自 2000 年初以来，人们对于电子商务的认识，逐渐扩展到 E 概念的高度，认识到电子商务实际上是电子信息技术与商务应用的结合。电子信息技术不仅可以与商务活动结合，还可以与医疗、卫生、教育、军事、行政等相关应用结合，从而形成相应领域的 E 概念。电子信息技术和教育相结合，产生了电子教务即远程教育。电子信息技术和政务相结合，产生了电子政务。电子信息技术和金融相结合，产生了网络银行。电子信息技术与企业组织形式相结合，形成虚拟企业等。对应于不同的 E 概念，产生了不同的模式，如 E-business、E-commerce、E-government 等。随着电子信息技术的发展和社会需要的不断增加，人们不断地为电子信息技术找到新的应用，因而必将产生越来越多的 E 概念，人类社会也将进入真正的 E 时代。

4. 全程电子商务阶段

2006 年 1 月，金银岛网交所（北京网信在线网络科技有限公司）首次公开提出打造"全程电子商务平台"。同年 7 月，重庆金算盘软件有限公司也提出"全程电子商务"转型战略，推出公司自有全程电子商务平台，全程电子商务开始走入公众视野。随着互联网技术的发展和应用软件的成熟，软件即服务（software as a service，SaaS）这种全新的软件应用模式开始兴起。正是由于 SaaS 软件应用模式的出现，越来越多的软件出现在互联网上，延长了电子商务链条，形成了"全程电子商务"的概念。全程电子商务能够整合电子商务资源，使其渗透到企业的每个商务活动中。它以电子商务时代的管理模式为核心，为企业提供在线管理及电子商务服务，实现企业内部管理以及企业之间商务流程的有效协同，是未来企业提高自身竞争力的一种商业模式。随着网民数量的激增、支付方式的改进、物流企业的快速发展，全程电子商务将迎来大的发展期，它不仅会改变大众的消费模式和企业的经营模式，还会改变财富的分配模式，成为企业发展的必经之路。

5. 智慧电子商务阶段

随着社交网络、移动计算、云计算等技术的发展，2011 年，IBM 公司提出了"智慧商务"的概念，同时推出了智慧商务解决方案。在千变万化的市场环境中，企业取得商业成功的关键是准确预测市场趋势，并对市场反馈进行自动化处理，以消除供需双方之间的差距，这些新的要求催生了智慧商务。IBM 公司将智慧商务定义为一种方法，它帮助企业在快速变化的环境中，通过社区、协作、流程优化和分析，在采购、销售、市场活动和客户服务等各个环节中获得更智慧的运作流程，并整合运作流程，加强互动，提升客户、合作伙伴和利益相关者的价值。

（三）电子商务的发展现状

中国电子商务自 20 世纪 90 年代初期以来，得到了空前发展。特别是近年来，电子商务在继续保持快速发展的同时，呈现出新的特点。社交电商、内容电商等新模式发展迅猛，中小城市和农村市场快速渗透，电子商务与产业融合持续深入，跨境电商继续高速增长，电子商务作为经济社会发展的新动力，在助推消费升级、增加城乡就业、提高开放水平、助力脱贫攻坚、服务绿色协同发展等方面作用日益明显，电子商务自身也呈现出高质量发展的新局面。

1. 电子商务发展规模[①]

2019 年中国电子商务交易规模持续扩大，服务能力和应用水平进一步提高，稳居全球网络零售市场首位。跨境电子商务再上新台阶，与全球电子商务市场联动发展态势愈加明显。

1）电子商务交易额达 34.81 万亿元

2019 年全国电子商务交易额达 34.81 万亿元，同比增长 6.7%。其中，商品类电子商务交易额 25.50 万亿元，同比增长 5.3%；服务类电子商务交易额 8.26 万亿元，同比增长 11.0%（图 1-1）。

图 1-1　2011—2019 年中国电子商务交易总额

2）网上零售额达 10.63 万亿元

2019 年全国网上零售额 10.63 万亿元，同比增长 16.5%。其中，实物商品网上零售额为 8.52 万亿元，同比增长 19.5%，占社会消费品零售总额的比重提升至 20.7%，较 2018 年增加 2.3 个百分点，增速高出同期社会消费品零售总额 16.4 个百分点；非实物商品网上零售额 1.99 万亿元，同比增长 18.7%（图 1-2）。

---

① 以下数据资料均来源于商务部电子商务司发布的《中国电子商务报告 2019》。

图 1-2　2011—2019 年中国网上零售交易规模
数据来源：国家统计局。

网络零售 B2C（business to customer，企业对消费者）市场份额继续扩大，增速保持领先。商务大数据显示：2019 年，B2C 零售额占全国网络零售额的比重为 78.0%，较 2018 年提升 15.2 个百分点。B2C 零售额同比增长 22.2%，增速高出 C2C（customer to customer，消费者对消费者）零售额 14.2 个百分点（图 1-3）。随着消费升级不断深化，消费者对网购商品的品牌、品质以及服务的关注度逐渐提高，B2C 市场优势更加明显。

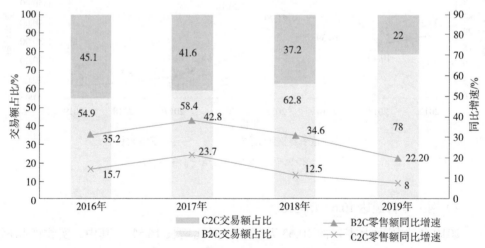

图 1-3　2016—2019 年全国网络零售 B2C/C2C 交易额占比 / 同比增速
数据来源：商务大数据。

3）电子商务服务业营业收入规模达 4.47 万亿元

电子商务服务业继续保持稳步增长，市场规模再上新台阶。2019 年电子商务服务业营业收入规模为 4.47 万亿元，同比增长 27.2%（图 1-4）。其中，电子商务交易平台服务营业收入规模为 8 412 亿元，增长 27.0%。支撑服务领域中的电子支付、物流、信息技术等服务营业收入规模为 1.80 万亿元，增长 38.1%。代运营、培训、咨询等衍生服务领域营业收入规模为 1.84 万亿元，增长 18.3%。

图 1-4　2011—2019 年电子商务服务业营业收入规模

数据来源：赛迪顾问、阿里研究院、艾瑞咨询、易观千帆，由中国服务外包研究中心整理。

4）电子商务从业人数达 5 125.65 万人

电子商务与实体经济融合发展加速，带动了更多人从事电子商务相关工作。据电子商务交易技术国家工程实验室、中央财经大学中国互联网经济研究院测算，2019 年，中国电子商务从业人员达 5 125.65 万人，同比增长 8.3%（图 1-5）。

图 1-5　2014—2019 年中国电子商务就业规模

数据来源：电子商务交易技术国家工程实验室、中央财经大学中国互联网经济研究院测算。

2. 电子商务领域首部法律出台

2018 年，电子商务领域首部法律《电子商务法》正式出台，该法共分为 7 章 89 条款，已于 2019 年 1 月 1 日正式实施。《电子商务法》的颁布和实施是我国电子商务发展史上的里程碑，使电子商务行业的发展有法可依，明确了国家要促进和鼓励电子商务发展的基调。《电子商务法》确立了保障权益、规范秩序及促进发展等规则，电子商务服务将更加规范，电子商务经营将更加公开透明，不诚信经营行为将会得到有效遏制，电商平台对数据利用将更加规范，垄断竞争将会得到逐步遏制。为有效规范电子商务平台运营，《电子商务法》以大量的条文对电子商务平台经营者的权利、义务、责任等作出规定。例如，第 28 条要求电子商务平台经营者应当按照规定向市场监督管理部门报送平台内经营者的身份信息，并向税务部门报送平台内经营者的身份信息和与纳税有关的信息，这为平台经营者设定了履行监督和管理职责的法律义务。

3. 电子商务对税收产生影响

相较于传统商务活动，电子商务交易的虚拟性、无纸化、跨越时空等特征必然对税收产生影响，表现为：电子商务对税收公平、税收中性、税收效率等税收原则的影响；作为新型交易模式对流转税、所得税及行为税等税种的影响；对纳税主体、征税对象、纳税环节、纳税地点和纳税期限等税收要素的影响；对税务登记、账簿凭证、税收管辖权等税收征管的影响；对常设机构、国际税收管辖权、国际避税等国际税收的影响。

二、电子商务税收的产生背景

（一）传统税收征管环境发生变化

随着互联网的发展，出现了一系列诸如"互联网＋商务""互联网＋政务""互联网＋金融""互联网＋物流"等新型业态，对互联网产生了新需求，对传统的税收征管产生了强大冲击，改变了税收征管环境，电子商务是否应该征税、如何征税等一系列问题产生。对此，2013 年，国家税务总局成立了电商征税课题小组，分别赴华北、华东、华南等全国各地，实地调研对电商行业是否征税、应该征收什么税种以及合适的税率等方面的问题，为电子商务税收提供了第一手资料。

（二）传统税收法律法规不适应新兴的网络贸易

由于电子商务的出现，税务机关不得不面临因网上交易暴露出来的征税问题，因而需要联合财政、金融、市场监管、海关、外汇、银行、外贸、公安等部门，有针对性地对税法条款进行修订、补充和调整。通过电子商务数据信息的可控性管理和处理，共同研究电子商务运营规律，寻找应对电子商务税收问题的解决方案，以期建立符合电子商务要求的税收征管体系。

（三）互联网造就了巨大的新消费群体和税源

电子商务服务业营业收入规模达 4.47 万亿元。快递业务量超 635.2 亿件。电子商务相关就业人员达 5 125.65 万人。中国继续保持世界最大网络零售市场地位，电子商务市场结构继续优化，市场分布更加均衡，行业发展质量继续提升，全国农村网络零售额达 1.7 万亿元。庞大的电子商务交易规模造就了巨大的互联网世界的消费群体，互联网消费群体开拓了广阔的税源空间，对传统的税收制度、政策和国际税收等产生了前所未有的冲击。[①]

总之，在互联网这一消费背景下，传统的税收征管环境、税收法律法规和税收管理方式均发生了变化，现有税收制度已无法满足电子商务征税需要。因而，在此背景下，探究电子商务税收显得更为迫切和必要。

三、电子商务税收的发展现状

（一）电子商务依据传统税制征税

目前，国际上关于电子商务征税，主要分为沿用现行税制与开征新税种两种方式。2013 年 8 月 21 日，国务院办公厅发布《国务院办公厅转发商务部等部门关于实施支持跨境电子商务零售出口有关政策意见的通知》（国办发〔2013〕89 号），明确提出实施适应电子商务出口的税收政策，对符合条件的电子商务出口货物实行增值税和消费税的免税或退税政策，具体办法由财政部和税务总局商有关部门另行制定。由此可见，我国对电子商务并未开设新税种，仍然依据传统税制进行征税。

（二）电子商务逃税现象严重

对于电子商务征税，税务部门主要依托电子商务平台实行"代扣代缴"制度，然而大量电子商务网站存在逃税现象。例如，广东省深圳市中级人民法院刑事判决书显示：深圳某公司被告人张某与深圳某供应链公司总经理李某合谋，将

---

① 来源于商务部电子商务和信息化司发布的《中国电子商务报告 2019》。

本应以一般贸易方式进口的葡萄酒以跨境电商贸易方式报关入境，并在境内销售。经查，自 2016 年 8 月 8 日至案发，被告公司以上述方式走私进口法国卡思黛乐、澳洲誉嘉、奔富等 24 个品牌的葡萄酒，共计 306 751 支，偷逃税款共计人民币 1 822 910.84 元[①]。可见，电子商务企业逃税现象严重。

（三）电子商务征税存在不公平现象

电子商务主要模式包括 B2B（business to business，企业对企业）、B2C、B2G（business to government，企业对政府）和 C2C 四种。B2B、B2C、B2G 电子商务的卖家在线下有生产经营场所，已经按照规定办理工商税务登记，有明确的纳税主体。相较于传统贸易方式，电子商务主要是交易平台和支付手段不同，但其并未改变传统交易的本质。在 B2B 与 B2C 模式下，我国将武汉、北京、上海等 21 个城市选入首批电子商务示范城市，并征收相应的税费。但对 C2C 模式的电商而言，由于经营个体规模较小，绝大多数商家可免于工商登记，长期游离于监管之外，电子商务税收征管存在不公平现象。淘宝网是我国最大的 C2C 电子商务网站，绝大部分淘宝商家可免于缴纳电子商务税收。同时，在我国跨境电商中，由于商家经营产品属性不同，电子商务税收征管也存在不公平现象。在跨境电商初期，对于金额低于 1 000 元的跨境电商商品，依照相关规定征收行邮税，其中大多商品完税率为 10% 左右，且对于税费金额低于 50 元的跨境电商商品我国实行免征政策。许多中低端电子商务商家利用行邮税 50 元税额免征"钻空子"，对高端或者中高端产品的跨境电商造成了不良影响，使得跨境电商税负不公现象日趋严重。

（四）电子商务税收相关法律政策陆续出台

我国涉及电子商务税收法律法规主要有：2004 年 8 月 28 日通过、自 2005 年 4 月 1 日起施行的《中华人民共和国电子签名法》（以下简称《电子签名法》），通过规范电子签名行为，确立电子签名的法律效力，为电子商务的法律化提供支持。2005 年 1 月 8 日，国务院办公厅发布的《国务院办公厅关于加快电子商务发展的若干意见》是我国第一份专门规定电子商务发展的重要政策文件。2007 年 3 月 6 日，商务部发布《商务部关于网上交易的指导意见（暂行）》。2010 年 5 月 31 日，国家工商行政管理总局公布《网络商品交易及有关服务行为管理暂

---

① 资料来源于裁判文书网（2018）粤 03 刑初 680、791 号。

行办法》，要求个人网店实行"实名制"，需提交姓名、地址真实信息，但并不强制要求必须办理工商营业执照，为建立网上工商登记和税务登记制度奠定了基础。2012年5月8日，国家发改委办公厅发布《国家发展改革委办公厅关于组织开展国家电子商务示范城市电子商务试点专项的通知》，2013年4月1日起实施的《网络发票管理办法》规定可以通过依法代开网络发票实现网上流通发票，达到网上申报纳税的目的。

2013年12月30日，财政部、国家税务总局发布《关于跨境电子商务零售出口税收政策的通知》，自2014年1月1日起施行。为统筹"互联网＋税务"工作，2015年，国家税务总局制定了《"互联网＋税务"行动计划》，促使税务部门不断创新管理和税收征收方式，通过激发创新活力，建设"互联网＋税收"新生态，为税收改革发展奠定稳固坚实基础。2016年3月24日，财政部、海关总署、国家税务总局发布《财政部 海关总署 国家税务总局关于跨境电子商务零售进口税收政策的通知》，自2016年4月8日起施行。2018年8月31日通过，自2019年1月1日起施行的《电子商务法》，从立法层面明确了电商经营者的市场主体登记、依法纳税并出具发票的义务及依法享受税收优惠的权利。2018年9月28日，财政部、税务总局、商务部、海关总署发布《财政部 税务总局 商务部 海关总署关于跨境电子商务综合试验区零售出口货物税收政策的通知》，自2018年10月1日起施行。2018年11月29日，财政部、海关总署、税务总局发布《财政部 海关总署 税务总局关于完善跨境电子商务零售进口税收政策的通知》，自2019年1月1日起施行。2019年10月26日，国家税务总局发布《国家税务总局关于跨境电子商务综合试验区零售出口企业所得税核定征收有关问题的公告》，自2020年1月1日起施行。

第二节　电子商务税收的概念与特征

一、电子商务税收的相关概念

（一）税收的概念

税收是国家为了实现其公共职能，凭借政治权力，运用法律手段，强制地、无偿地、固定地参与国民收入分配，组织财政收入的一种方式。其特殊性在于税收是凭借国家政治权力，而不是凭借财产权利实现的分配。现代社会的税收已成为政府对经济进行宏观调控的重要手段。

（二）电子商务的概念

电子商务是指利用计算机技术、网络技术和远程通信技术，实现整个商务过程的电子化、数字化和网络化。在电子商务中，人们不再对真实的货物依据纸质单据进行现场交易，而是通过网络上海量的商品信息、完善的物流配送系统和方便安全的资金结算系统进行交易。

（三）电子商务税收的概念

电子商务税收是指国家为了实现其公共职能，凭借其政治权力，根据法律规定，强制地、无偿地、固定地对电子商务活动征税，参与国民收入分配的一种方式。

二、电子商务税收的相关特征

（一）税收的特征

1. 强制性

税收的强制性是指国家凭借政治权力，依法强制征收，不以纳税人的纳税意愿为征税要件。其通过国家制定以强制性法律规范为主的税法，赋予征税机关征收权而实现。

2. 无偿性

税收的无偿性是指国家税收对具体纳税人既不需要直接偿还，也不需要付出任何形式的直接报酬或代价。无偿性是税收的核心特征。

3. 固定性

税收的固定性是指国家税收必须通过法律形式，确定其征税对象及每一单位征税对象的征收比例或数额，并保持相对稳定和连续、多次适用的特征。其包括三个层次，即征税对象上的非惩罚性、征税时间上的连续性和征税比例上的限度性。

（二）电子商务的特征

1. 交易电子化

通过互联网进行商务活动的交易双方，从收集贸易信息、洽谈签订合同到货款支付、发票开具等无须当面接触，均可通过网络运用电子化手段进行。

2. 贸易全球化

互联网打破了时空界限，扩展了营销半径，把全球市场连接成为一个整体，有利于形成统一的大市场、大流通、大贸易。在互联网上，任何一个企业都可以面向全世界销售自己的产品，在全世界寻找合作伙伴，有利于实现生产要素的最佳配置。

3. 运作高效化

由于实现了电子数据交换的标准化，商业报文能在瞬间完成传递及计算机自动处理，电子商务克服了传统贸易方式费用高、易出错、处理速度慢等缺点，极大地缩短了交易时间，提高了商务活动的运作效率以及资金周转速度。通过互联网沟通供求信息，企业可以对市场需求做出快速反应，提高产品设计和开发的速度。

4. 交易透明化

互联网的交易透明极大地减少了信息不对称现象。通过互联网，买方可以比较众多企业的产品，使得买方行为更加理性，对产品选择余地更大。建立在传统市场分割基础上，依靠信息不对称制定的价格策略将会失去作用。通畅、快捷的信息传输可以保证各种信息之间互相核对，防止伪造单据和贸易欺骗行为。网络招标体现"公开、公平、竞争、效益"原则，电子招标系统可以避免招投标过程中的暗箱操作现象，使不正当交易、贿赂投标等腐败现象得到遏制。实现电子报关与银行联网有助于杜绝进出口贸易的假出口、逃税和骗退税等行为。

（三）电子商务税收的特征

电子商务税收除具有强制性、无偿性及固定性这三个税收固有特征外，还具有以下特征。

1. 税收电子化

电子商务是通过互联网进行的电子化交易，其交易数据均以电子数据形式保存。电子商务税收在征收对象、计税依据、征管方式等方面呈现电子化的特点。

2. 跨区域征收

电子商务通过互联网进行，不受地域和时空限制，因而电子商务税收征管有异于传统税收征管，需要税务机关跨区域协作联合征收。

3. 多部门协作

由于电子商务交易电子化、无形性及隐蔽性等特点，依靠传统税务机关征税面临较大困难，需要联合财政、金融、市场监管、海关、外汇、银行、外贸、公安等多个部门协作完成。

第三节　电子商务税收的类型

一、电子商务的分类

也许电子商务的目的及使用方式会有所不同，但其本质相同。本书按照普遍认同的交易模式、交易过程、交易商品类型和交易形态划分电子商务类型。

（一）按照交易模式划分

按照交易模式，电子商务可分为以下四种基本模式。

1. 企业与企业间电子商务

B2B电子商务模式是企业与企业之间通过专用网络或Internet进行数据信息传递，开展商务活动的电子商务运行模式。它包括企业与其供应商进行谈判、订货、签约、接收发票、付款、索赔处理、商品发送管理和运输跟踪等所有活动。企业间的电子商务具体包括供应商管理、库存管理、销售管理、信息传递以及支付管理等功能。

2. 企业与消费者间电子商务

B2C电子商务模式是指企业以互联网为主要服务提供手段，向消费者销售产品和提供服务，并保证付款方式电子化的电子商务运营模式。它是普通消费者广泛接触的一类电子商务，也是电子商务应用最普遍、发展最快的领域。

3. 企业与政府间电子商务

B2G电子商务模式是企业与政府之间通过网络进行交易活动的运作模式，如电子通关、电子报税等。企业与政府之间的电子商务涵盖了政府与企业间的各项事务，包括政府采购、税收、商检、管理条例发布以及法规政策颁布等。一方面，政府作为消费者可以通过Internet发布自己的采购清单，公开、透明、高效、廉洁地完成所需物品的采购。另一方面，政府针对企业的各种宏观调控、指导规范及监督管理的职能，借助网络以电子方式能更充分更及时地发挥。总之，在电子商务中政府扮演着双重角色：既是电子商务的使用者，进行购买活动，属商业行为；又是电子商务的宏观管理者，对电子商务起着扶持和规范的作用。

4. 消费者与消费者间电子商务

C2C电子商务模式是指网络服务提供商利用计算机和网络技术，提供有偿或无偿使用的电子商务平台和交易程序，允许交易双方（主要为个人用户）在其平台上独立开展以竞价、议价为主的在线交易模式。

（二）按照交易过程划分

按照交易过程，电子商务可分为交易前电子商务、交易中电子商务和交易后电子商务。

1. 交易前电子商务

交易前电子商务是指参与互联网交易的供需双方和其他相关方在签订交易合同前的准备活动。在此阶段，交易双方可以利用现代电子通信设备，经过认真谈判和磋商，将双方交易的主要合同条款，全部以电子交易合同方式进行全面详细规定，利用电子数据交换签约，并通过数字签名确认合同并生效。

2. 交易中电子商务

交易中电子商务是指自交易双方签订合同后到合同履行前办理各种手续的过程，可能涉及中介方、银行金融机构、商检系统、保险公司、税务系统和运输公司等。买卖双方利用电子商务系统与有关各方进行各种电子票据和电子单证的交换，直到办理完可以将所购商品从卖方按合同规定开始向买方发货的一切手续为止。

3. 交易后电子商务

交易后电子商务是指从买卖双方办完所有手续后开始，卖方要备货、组货，同时进行报关、保险、取证、发信用证等，卖方将所售商品交付给运输公司包装、起运和发货，买卖双方通过电子商务服务器跟踪这一过程，银行和金融机构也按照合同处理双方收付款，进行结算，出具相应的银行单据等，直到买方收到自己所购商品，整个交易过程完成。

（三）按照交易商品类型划分

按照交易商品类型，电子商务可分为有形商品电子商务和无形商品电子商务。

1. 有形商品电子商务

有形商品电子商务的交易与传统商品交易并无本质区别，区别仅在于消费者在网上选择并购买商品，通过网上电子银行完成最终支付。商品配送依旧是通过传统运输方式或者邮政系统输送有形商品。电子交易买卖双方利用互联网提高交易效率、节约成本。

2. 无形商品电子商务

无形商品是指没有实物载体的货物以及服务。例如数字化的音像制品、计算机软件等。此类商品以数字方式传送，通过网络实现订购与付款等电子交易活动。

互联网的跨地域性为无形商品电子商务的实现提供了充分条件，买卖双方不受地理空间的限制，可以在全球范围内进行交易。

（四）按照交易形态划分

按照交易形态，电子商务可分为离线交易电子商务和在线交易电子商务。

1. 离线交易电子商务

电子商务活动中，交易双方以电子方式缔结合约并支付价款，货物和劳务则以传统方式提供。离线交易情况下，网络仅仅充当营销推广的一种方式，宣传和推广商品及劳务，扩大影响力，而不充当交易工具，成交依然需要面对面签订交易合同并完成交易。这种交易与邮购方式、电话订购并无实质差异，因其交易的实物流程并未消失，按照现行税制对其征税并无多大障碍。

2. 在线交易电子商务

在线交易电子商务通过互联网直接完成各种实体物品、信息服务、虚拟产品的认购、支付价款等全部交易过程。在线交易需要借助网络交易系统或电子商务交易平台，在系统确认交易双方达成交易的同时，交易被记录在系统中，但一般不形成纸质交易凭证，交易信息储存在交易系统中。如在网上直接进行电子书籍、计算机软件的交易，完成金融服务和下载统计资料等。

二、电子商务税收的分类

相较于传统的商务活动，电子商务并不开设新税种，依然沿用现有税收分类。

（一）按照税种划分

我国电商企业从事的业务主要有两类：①产品销售。②与产品销售相关的电商服务，包括代运营和咨询培训两方面。按照征税对象，电商企业涉及的税种主要有流转税、所得税及印花税。

1. 流转税[①]

1）增值税

《中华人民共和国增值税暂行条例》（以下简称《增值税暂行条例》）第 1 条规定：在中华人民共和国境内销售货物或者加工、修理修配劳务（以下简称劳务），销售服务、无形资产、不动产以及进口货物的单位和个人，为增值税的纳税人。

---

① 鉴于作为附加税的城市维护建设税不是流转税的主税种，本书不做研究。

网上销售与实体店销售相比仅是销售途径不同，本质都是交易行为，都符合依法纳税的立法精神。区别在于电子商务采取在线和离线方式交易时，所征收的税种不同。

（1）离线交易情况下，电子商务销售对象是有形商品，尽管销售这类商品的部分业务（如合同签订、资金转移等）直接依托互联网完成，但标的物最终仍需以邮政服务或商业送货服务方式完成交付，与传统商务活动并无本质区别，而且这种商品完全具备普通货物的特性，符合《中华人民共和国增值税暂行条例实施细则》（以下简称《增值税暂行条例实施细则》）对货物的定义，因此，按"销售货物"征收增值税。

（2）在线交易情况下，电商企业可以销售有形商品，也可以销售无形商品，而有形和无形其征税是不同的。①在线销售有形商品时，尽管交易中的部分流程比如合同订立、货款支付是在网上完成，但是货物最终仍然通过邮政等传统方式交付，与传统商贸活动并无本质区别，因此，这类电子商务仍按照"销售货物"征收增值税。②在线销售无形商品，如提供电子图书、视频、软件等销售及远程教学、医疗咨询等网上服务，按照提供应税劳务征税。根据《财政部　国家税务总局关于明确金融　房地产开发　教育辅助服务等增值税政策的通知》（财税〔2016〕140号）规定，提供音乐、电子书籍、软件产品下载，属于文化体育业，应按照"文化体育服务"缴纳增值税，与原缴纳税率一致。如果是提供网络游戏下载，属于娱乐业，则按照娱乐业缴纳增值税。

2）消费税

消费税是价内税，其征收主要与消费品种类有关，与消费品交易方式关系不大，因而在电子商务环境下的消费税征收与传统消费税保持一致，即以消费品的流转额作为征税对象，从批发商或零售商直接征收。

3）关税

考虑到征税技术原因和国际社会通行做法，应当对进出关境的货物和物品区分离线交易征税和在线交易征税。

（1）电子商务离线交易情况下，货物是有形的，由于有形通关过程的存在，关税等税收政策依然适用，同传统商务区别不大。

（2）电子商务在线交易情况下，应区分交易对象是有形商品还是无形商品。①在线交易的有形商品，由于其订单、付款等均在网上进行，但交易的商品需要传统物流配送，有形通关过程存在，关税等税收政策依然适用，所以同传统进出口商品所交关税无异。②在线交易的无形商品，分为数字文化和服务两大类。数字化产品在传输过程中无须通过海关的常规检查，此时，常设人口国籍所在地即贸易地点，依此征税。

2. 所得税

所得税分为企业所得税和个人所得税。目前我国企业所得税有三档税率，分别是：基本税率25%，重点扶持的高新技术企业15%，非居民企业和小微企业20%。《电子商务法》规定，凡是利用互联网等信息网络从事经营活动的自然人均属于电子商务个人经营者，负有依法纳税义务，其中除符合三种法定豁免登记条件的电子商务个人经营者外，均需进行市场主体登记，按要求缴纳个人所得税。

3. 印花税

印花税是对经济活动和经济交往中书立应税凭证、进行证券交易的行为征收的一种行为税。纳税人是在中华人民共和国境内书立应税凭证、进行证券交易的单位和个人，以及在中华人民共和国境外书立在境内使用的应税凭证的单位和个人。电子商务交易双方若存在书立应税凭证、进行证券交易的行为应依法缴纳印花税。

综上分析，按照现有税制体系，电商企业适用的税种和税率均有法可依。

（二）按照税收管辖权划分

按照税收管辖权，电子商务税收可分为境内电子商务税收和跨境电子商务税收。

1. 境内电子商务税收

境内电子商务税收是征税国基于收益或所得来源于境内的法律事实，针对电子商务居民纳税人行使税收管辖权。中国电子商务起步较晚，还没有专门针对境内的电子商务税收制度。我国电子商务征税与美国财政部1996年颁布的《全球电子商务税收政策解析》中提出的，各国税收政策的制定和执行应遵照"中立的原则"保持一致。不对电子商务征收任何新的税种，对电商纳税人和实体经济纳税人采取一致的税收征管办法，不允许因交易形态而区别对待，以流转税和所得税为主。

2. 跨境电子商务税收

收益或所得来源于境外的税收是跨境电子商务税收。相较于传统商务活动，跨境电子商务税收按照邮递物品征收行邮税[①]。行邮税针对的是非贸易属性的进境物品。跨境电子商务进口商品虽然通过邮递渠道进境，但其交易具有贸易属性。为此，我国规定对跨境电子商务进口商品按照货物征收关税和进口环节增值税与消费税。

【知识图谱】

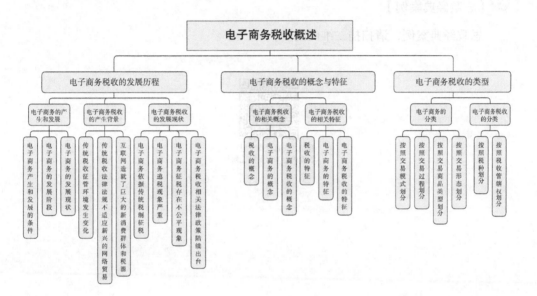

【本章小结】

本章是电子商务税收概述，具体包括电子商务税收的发展历程、电子商务税收的概念与特征及电子商务税收的类型。电子商务税收的发展历程分析电子商务的产生和发展、电子商务税收的产生背景及发展现状。电子商务税收是国家根据法律规定，强制地、无偿地、固定地对电子商务活动征税，参与国民收入分配的方式，具有税收电子化、跨区域征收及多部门协作的特征。电子商务税收按照税种可分为流转税、所得税与印花税，按照税收管辖权可分为境内电子商务税收与跨境电子商务税收。

---

① 行邮税是行李和邮递物品进口税的简称，是海关对个人携带、邮递进境的物品关税、进口环节增值税和消费税合并征收的进口税，也是对个人非贸易性入境物品征收的进口关税和进口工商税收的总称。

【复习思考题】

1. 电子商务与电子商务税收是什么关系？

2. 通过了解电子商务税收的产生背景，思考电子商务税收产生的原因。

3. 电子商务税收除具备税收一般特征外，还具备哪些自有特征？

4. 电子商务税收的分类标准是什么？可分为哪些类型？

【思政经典案例】

思政经典案例，请扫描二维码阅读。

探访成交百亿淘宝村——
税收为电商行业赋能前行

第二章　电子商务税收要素

【学习目的和要求】

通过学习本章，掌握电子商务税收要素由税收实体要素与税收程序要素构成，电子商务税收实体要素包括电子商务征税主体、电子商务征税对象、电子商务税率及电子商务税收的特别措施，电子商务税收程序要素包括电子商务纳税环节、电子商务纳税期限及电子商务纳税地点；能够分析具体电子商务税收法律关系中的税收要素并加以运用。

【重点问题】

1. 电子商务纳税主体。

2. 电子商务征税对象。

3. 电子商务纳税环节。

4. 电子商务纳税地点。

【引导案例】

不是不报，时候未到，税务局再次锁定电商行业

2020年疫情过后，国家税务总局北京市海淀区税务局上地税务所发布了一条针对某电商企业的"风险自查提示"，引起热议。其内容如下：经核实，你单位为

天猫、京东等电商平台注册用户，从事网上商品销售行为。通过大数据分析比对，发现你单位分析期间起至分析期间止申报的销售收入与电商平台统计的销售收入差异较大，存在少计销售收入的风险。根据《中华人民共和国增值税暂行条例》《中华人民共和国企业所得税法》的相关规定，请你单位结合实际情况，对存在的问题进行全面自查自纠，修改相关申报表，补缴税款及滞纳金，并将自查自纠结果通过电子税务局反馈。自查过程中发现其他税收风险，请一并改正。我局将持续关注你单位自查自纠情况。反馈最迟完成日期：2020 年 06 月 10 日。

与此同时，也有消息称北京第一批已通知了 2 000 家左右的电商企业，要求一次性按照支付宝进账额度补税，在北京外也有多个地区的电商卖家反馈接收到了相关补税通知，可见，新一波的税务稽查已经来袭，并将目标放在了电商行业。

电商行业被"重点照顾"，并不是没有原因的。早在 2015 年，东部某省会城市就曾对辖区内近 2 万户电子商务企业实施了为时 3 年的网络监控，发现 70% 以上企业申报的税务数据与实际收入不符，而在彼时，国家税务总局已将"电子商务税收研究"列入绩效考核中，电商行业偷税漏税之猖獗可见一斑。

即使在《电子商务法》出台后，由于多年来的野蛮生长，电商行业内偷税漏税现象仍然严重，许多电商从业者并没有形成纳税意识，依旧存在侥幸心理，有自然人电商因为从前不做工商税务登记，认为不交税理所当然，也有企业电商通过将销售收入以贷款的形式转移到个人名下，或将销售收入提现到对公账户但不申报收入的方式打擦边球。但无论是电商平台上的个人卖家，还是企业卖家，都需要依法纳税。

《电子商务法》明确规定，税收范围包括跨界税收、经营者普通交易税收，缴纳主体包括电商平台内经营者，这意味着通过电商渠道进行交易都需要缴纳税收，商家在收取货款后无论是否开票，都应该按实申报纳税。

资料来源：腾讯网.不是不报，时候未到，税务局再次锁定电商行业.

我国电子商务的纳税主体包括电子商务经营者、电子商务消费者及电子商务平台经营者，涉及流转税、所得税及印花税。本案涉税单位自分析期间起至分析期间止申报的销售收入与电商平台统计的销售收入差异较大，存在少计销售收入的风险。因此，必须明确电子商务税收实体要素与程序要素，从而防止涉税违法行为的发生。

第一节　电子商务税收要素概述

税收要素也称税制要素，是国家有效征税必不可少的条件。税收要素是判定国家是否有权征税以及相关主体的纳税义务是否成立的重要标准。各种课税要素组合在一起构成了具体的税种，各个税种的进一步组合则形成了国家的税收制度。因此，税收要素是构成税种乃至税制的基础性元素，包括实体要素和程序要素两大类。税收实体要素是确定税收征纳双方权利义务的必备条件，主要包括征纳主体、征税客体税率和税收特别措施。税收程序要素是纳税人具体履行纳税义务所必须具备的条件，主要包括纳税环节、纳税期限和纳税地点。

一、电子商务税收实体要素

（一）税收实体要素的构成

税收实体要素是确定税收征纳双方权利义务的必备条件。每一个税种都由以下税收实体要素构成。

1.征纳主体

征纳主体是指在税收关系中依法享有权利和承担义务的当事人。

1）征税主体

征税主体是指代表国家行使税收管理权，依法对纳税主体进行税收管理的国家机关，包括各级税收机关与海关。

2）纳税主体

纳税主体是指依法负有纳税义务的纳税人和依法负有代扣代缴、代收代缴税款义务的扣缴义务人。

（1）纳税人。纳税人是指依法负有纳税义务的单位和个人。负税人是指实际或最终承担税款的单位和个人。在同一税种中，纳税人与负税人可以一致，也可以不一致。如果纳税人能够通过一定途径把税款转嫁或转移出去，纳税人就不再是负税人。否则，纳税人同时也是负税人。

（2）扣缴义务人。扣缴义务人是指依法负有代扣代缴、代收代缴税款义务的社会组织和个人。代扣代缴义务人是指税法规定的有义务从其持有的纳税人收入中扣除其应纳税款并代为向税务机关缴纳的单位或个人。代收代缴义务人是指税法规定的有义务借助经济往来关系向纳税人收取其应纳税款并向税务机关代为缴纳的单位或个人。

2. 征税客体

征税客体又称征税对象，是征税主体、纳税主体共同指向的对象，是税法确定的产生纳税义务的标的或依据。征税客体是区分不同税种的主要标志，依据征税对象的性质不同，可分为商品、所得与财产。

1）计税依据

计税依据简称税基，是指根据税法规定所确定的用以计算应纳税额的依据，亦即据以计算应纳税额的基数。计税依据是征税对象在量的方面的具体化。由于征税对象只有在量化后才能据以计税，因此计税依据的确定影响到纳税人的税负。

计税依据可分为从价计征和从量计征。①从价计征的税种以征税对象的数量与单位价格的乘积作为计税依据。②从量计征的税种以征税对象的实物数量作为计税依据。

2）税目

税目是在征税对象总范围内规定的具体征税类别或项目，是征税对象在质的方面的具体化，反映征税的广度，进一步明确征税范围。凡列入税目的都征税，未列入的则不征税。税目解决征税对象的归类问题，并根据归类确定税率。税目的确定与税率的确定是同步考虑的，并以税目税率表的形式将税目和税率统一表示出来。并不是每一种税都要划分税目，只有通过划分税目才能对征税对象进行归类，并按不同类别和项目设计高低不同的税率。税目的指定方法分为列举法与概括法。

3. 税率

税率是应纳税额与征税对象或计税依据之间的比例，是计算纳税额的尺度，反映征税的深度。税率的高低直接关系到国家财政收入的多少和纳税人的负担水平，是衡量国家税收负担是否适当的标志，是税法的核心要素。

1）比例税率

比例税率是指对同一征税客体或同一税目不论数额大小，均按同一比例计征的税率。税率不因征税客体数量的多少而变化，应纳税额与征税客体数量之间表现为一种等比关系。比例税率计算简便、税负相同，包括单一比例税率、差别比例税率与幅度比例税率。

（1）单一比例税率。其是指对同一征税对象的所有纳税人都适用同一比例税率。

（2）差别比例税率。其是指对同一征税对象的不同纳税人适用不同的比例税率，包括产品差别税率、行业差别税率、地区差别税率。

（3）幅度比例税率。其是指只规定一个具有上下限的幅度税率，具体税率授权地方政府根据本地实际情况在该幅度内予以确定。

2）累进税率

累进税率是一种税率随征税客体数额增大而逐步提高的多层次税率。其具体形式是将课税对象按数额大小划分为若干等级，对不同等级规定由低到高的不同税率，包括最低税率、最高税率和若干级次的中间税率。它能够体现量能负担原则，正确处理税收负担的纵向公平问题，包括全额累进税率、超额累进税率、超率累进税率等。

（1）全额累进税率。其是指对征税客体的全部数额都按照与之相适应的等级税率征税。

（2）超额累进税率。其是指依据征税对象数额的不同等级部分，按照规定的每个等级的适用税率计征。征税对象数额增加、需提高一级税率时，只对增加数额按提高一级税率计征税额。每一等级设计一个税率，分别计算税额，各等级计算出来的税额之和就是应纳税额。一般采用速算扣除数方法计算应纳税额。

（3）超率累进税率。其是指对纳税人的全部利润，按不同的销售利润划分若干等级，分别适用不同税率计征。

3）定额税率

定额税率又称固定税率，是按征税对象的计量单位直接规定固定的征税数额。征税对象的计量单位可以是重量、数量、面积、体积等自然单位。其具有计算简便、应纳税额不受生产成本高低或市场价格升降的影响、税负稳定的特点，包括地区差别定额税率、等级差别定额税率、产品差别定额税率、幅度定额税率与混合定额税率。

4.税收特别措施

1）税收优惠措施

税收优惠是对部分特定纳税人和征税对象给予税收上的鼓励与照顾的各种特

殊规定的总称。广义的税收优惠措施是指包括优惠税率在内的各种最终减轻或免除税负的优惠。狭义的税收优惠措施是指主要通过减少税基获取优惠的措施。其包括税收减免、税收抵免、亏损结转、出口退税等。

2）税收重课措施

税收重课措施是指以加重税负为内容的税收特别措施，如税款加成、加倍征收等。

（二）电子商务税收实体要素的构成

1.电子商务税收的征纳主体

1）征税主体

电子商务税收涉及流转税、所得税及印花税，其中跨境电子商务涉及进口环节的增值税、消费税与关税。因此，征税主体是税务机关与海关。

（1）税务机关是依照税法组织收入，监督纳税人履行纳税义务的行政执法机关。税务机关负责征收电子商务流转税、所得税及印花税。

（2）海关具有法定征税权，负责征收跨境电子商务进口环节的增值税、消费税与关税。

2）纳税主体

（1）电子商务纳税人包括电子商务经营者、电子商务消费者与电子商务平台经营者。

（2）电子商务扣缴义务人依据不同税种而不同。

2.电子商务税收的征税客体

电子商务税收的征税客体是以互联网作为交易媒介在线销售的传统实体商品，以及通过互联网提供的数字化商品。

1）计税依据

（1）流转税中的增值税与消费税的计税依据是销售收入额。销售收入额是指纳税人销售货物或者应税劳务向购买方收取的全部价款和价外费用，但不包括收取的销项税额。

（2）关税的计税依据是完税价格。完税价格是指由海关确定或估定的纳税人用以缴纳关税税款的进出口货物的价格。

（3）所得税的计税依据是应纳税所得额。应纳税所得额是指纳税人在一定期间所获得的所有应税收入减除在该纳税期间依法允许减除的各种支出后的余额。

（4）印花税的计税依据是所载金额。

2）税目

流转税适用增值税、消费税及关税税目，所得税适用个人所得税税目，印花税适用印花税税目。

3.电子商务税收的税率

1）比例税率

（1）流转税中的增值税、关税及消费税的多数税目适用比例税率。

（2）所得税中的企业所得税，个人所得税的利息、股息、红利所得，财产租赁所得，财产转让所得和偶然所得适用比例税率。

（3）2022年7月1日《中华人民共和国印花税法》（以下简称《印花税法》）生效后，印花税适用比例税率[①]。

2）累进税率

个人所得税的综合所得及经营所得适用超额累进税率。

3）定额税率

（1）消费税的黄酒、啤酒、成品油适用定额税率。

（2）2022年7月1日《印花税法》生效前，印花税的权利、许可证照适用定额税率。

4.电子商务税收的特别措施

电子商务税收的税收优惠措施及税收重课措施，按照所涉税种分别适用现行税法规定。

二、电子商务税收程序要素

（一）税收程序要素的构成

税收程序要素是纳税人具体履行纳税义务所必须具备的条件，主要包括纳税环节、纳税期限和纳税地点。

1.纳税环节

纳税环节是税法规定的征税对象在从生产到消费的流转过程中应当缴纳税款

---

① 《中华人民共和国印花税法》生效日期是2022年7月1日，在此之前仍然适用《中华人民共和国印花税暂行条例》（以下简称《印花税暂行条例》）。《印花税暂行条例》规定的印花税税率如下：10类经济合同、产权转移书据及营业账簿中记载资金的账簿适用不同的比例税率；权利许可证照、营业账簿中的其他账簿适用税额为每件5元的按件贴花。

的环节。确立纳税环节关系到税制结构及税种布局,关系到税款能否及时足额入库,关系到地区间税收收入的分配,同时关系到企业经济核算以及是否便利纳税人缴纳税款等问题。税种不同,纳税环节也不同。

2.纳税期限

纳税期限是指在纳税义务发生后,纳税人依法缴纳税款的期限。

1)纳税计算期

纳税计算期说明纳税人应多长时间计缴一次税款,反映计税频率。

(1)按次计算,以纳税人从事应税行为的次数作为应纳税额计算期限。

(2)按期计算,以纳税人发生纳税义务的一定期限作为纳税计算期,通常以日、月、季、年为一个期限。

(3)按时预缴,是按规定的时间提前预缴税款。

2)税款缴库期

税款缴库期说明应在多长期限内将税款缴入国库,是纳税人实际缴纳税款的期限。

3.纳税地点

纳税地点是指纳税人申报、缴纳税款的场所,包括机构所在地、经济活动发生地、财产所在地、报关地等。

(二)电子商务税收程序要素的构成

1.电子商务税收的纳税环节

电子商务交易所涉税种的纳税环节适用现行税收法律规定,包括电子商务增值税纳税环节、消费税纳税环节、关税纳税环节、所得税纳税环节与印花税纳税环节。

2.电子商务税收的纳税期限

电子商务交易所涉税种的纳税期限适用现行税收法律规定,纳税期限取决于纳税义务的产生时间,包括电子商务增值税纳税期限、消费税纳税期限、关税纳税期限、所得税纳税期限与印花税纳税期限。

3.电子商务税收的纳税地点

电子商务交易所涉税种的纳税地点适用现行税收法律规定,包括电子商务增值税纳税地点、消费税纳税地点、关税纳税地点、所得税纳税地点与印花税纳税地点。

第二节 电子商务税收实体要素内容

一、电子商务纳税主体 [①]

电子商务纳税主体是指在电子商务交易中，依法负有纳税义务及扣缴义务的主体。

（一）电子商务经营者

1.电子商务经营者纳税主体资格的法律依据

《电子商务法》第9条规定：电子商务经营者是指通过互联网等信息网络从事销售商品或者提供服务的经营活动的自然人、法人和非法人组织，包括电子商务平台经营者、平台内经营者以及通过自建网站、其他网络服务销售商品或者提供服务的电子商务经营者。

《电子商务法》第10条、第11条、第14条规定：电子商务经营者应当依法办理市场主体登记，依法履行纳税义务，并依法享受税收优惠。个人销售自产农副产品、家庭手工业产品，个人利用自己的技能从事依法无须取得许可的便民劳务活动和零星小额交易活动，以及依照法律、行政法规不需要办理市场主体登记的电子商务经营者，在首次纳税义务发生后，应当依照税收征收管理法律、行政法规的规定申请办理税务登记，并如实申报纳税。电子商务经营者销售商品或者提供服务应当依法出具纸质发票或者电子发票等购货凭证或者服务单据。电子发票与纸质发票具有同等法律效力。

2.不同电子商务经营模式的纳税主体

电子商务经营模式主要包括企业与企业之间的电子商务、企业与消费者之间的电子商务、消费者与消费者之间的电子商务。

1）B2B模式的纳税主体

B2B模式是对企业内部以及企业与上下游协力厂商之间的资讯整合，并在互联网上进行的企业与企业间交易，该模式中从事商品经营或者营利性服务的企业即电子商务的纳税人。

2）B2C模式的纳税主体

B2C模式是企业通过网络销售产品或服务给消费者，企业厂商直接将产品或

---

① 电子商务税收主要涉及增值税、消费税、关税等税种，因此，征税机关是税务机关与海关。鉴于征税主体的确定性，不做专门研究。

服务推上网络，并提供充足资讯与便利的接口吸引消费者选购。该模式中从事商品经营或者营利性服务的企业即为电子商务的纳税人。

3）C2C模式的纳税主体

C2C模式是通过为买卖双方提供一个在线交易平台，使卖方可以主动提供商品上网拍卖、买方可以自行选择商品进行竞价。虽然交易存在于消费者与消费者之间，但通过交易获利的消费者因经营行为而成为电子商务纳税人。

（二）电子商务消费者

消费者是指为生活消费需要购买、使用商品或者接受服务的个人。电子商务消费者是指通过互联网等信息网络，为生活消费需要购买、使用商品或者接受服务的个人。电子商务税收主要涉及增值税、消费税、所得税、关税等税种。电子商务消费者在购买跨境电子商务零售进口商品时，按照货物征收关税和进口环节增值税、消费税。跨境电子商务零售进口商品购买人（订购人）的身份信息应进行认证。未进行认证的，购买人（订购人）身份信息应与付款人一致。电子商务企业、电子商务交易平台企业或物流企业可作为代收代缴义务人。

（三）电子商务平台经营者

《电子商务法》第9条规定：电子商务平台经营者，是指在电子商务中为交易双方或者多方提供网络经营场所、交易撮合、信息发布等服务，供交易双方或者多方独立开展交易活动的法人或者非法人组织。第28条第2款规定：电子商务平台经营者应当依照税收征收管理法律、行政法规的规定，向税务部门报送平台内经营者的身份信息和与纳税有关的信息，并应当提示个人销售自产农副产品、家庭手工业产品，个人利用自己的技能从事依法无须取得许可的便民劳务活动和零星小额交易活动，以及依照法律、行政法规不需要办理市场主体登记的电子商务经营者，在首次纳税义务发生后，应当依照税收征收管理法律、行政法规的规定申请办理税务登记，并如实申报纳税。

电子商务平台经营者不是电子商务税收的纳税人，在跨境电子商务交易中，跨境电商平台企业除履行报送及提示义务外，最重要的是履行对跨境电商零售进口商品的独立代扣代缴义务，如实、准确地向海关申报法定税收征管要素并按照海关要求补充申报的义务。

（四）电子商务纳税主体立法完善

《电子商务法》要求电子商务经营者应当依法办理市场主体登记，依法履行纳税义务，但由于电子商务通过互联网进行线上交易，交易双方可以隐匿真实姓名进行商品买卖，且往往没有固定的营业场所，经营者只需租用一个服务器或者建一个网页就可以进行线上交易，而服务器、网站和账号又可以轻易更改。因此，在未办理市场主体登记的情况下，无法对交易双方身份做出真实判断，加之信息保密技术的发展和应用，使得纳税主体的确认非常困难。

《电子商务法》要求电子商务平台经营者应当按照规定向市场监督管理部门报送平台内经营者的身份信息，提示未办理市场主体登记的经营者依法办理登记，并配合市场监督管理部门，针对电子商务的特点，为应当办理市场主体登记的经营者办理登记提供便利。电子商务平台经营者应当依照税收征收管理法律、行政法规的规定，向税务部门报送平台内经营者的身份信息及与纳税有关的信息，并应当提示依照该法规定不需要办理市场主体登记的电子商务经营者，在首次纳税义务发生后，应当依照税收征收管理法律、行政法规的规定申请办理税务登记，并如实申报纳税。

电子商务纳税人应当在其网站首页或者从事经营活动的主页面醒目位置公开税务登记的登载信息或者电子链接标识。税务机关到电子商务平台提供机构检查网络交易情况，到网络交易支付服务机构检查网络交易支付情况，以此掌握电子商务纳税人交易情况进而确定其纳税义务。

二、电子商务征税对象

征税对象即征税客体的具体化，是指征税的标的物。电子商务征税对象对传统交易的征税对象范围有所拓展，需要对电子商务征税对象的性质加以认定。

（一）电子商务征税对象范围的拓展

传统交易征税对象多为货物、劳务、所得等，电子商务交易出现的数字化商品与数字化服务是对电子商务征税对象范围的拓展。境内电子商务与跨境电子商务的交易对象有所不同。

1. 境内电子商务征税对象

按照电子商务活动的性质，征税对象可分为以下两类。

1）以互联网作为交易媒介在线销售的传统实体商品

以互联网作为交易媒介在线销售的传统实体商品，其本质属性与线下商业实体交易无异，只不过销售方式不同。对于此类交易按照传统征税方式征收，税种不能因交易方式的变化而变化，不能让企业承担额外税收负担。

2）通过互联网提供的数字化商品

（1）通过网络下载传播的非实体商品的虚拟化物品。特别是与智能财产权有关的商品，主要包括各类软件、网络游戏、数据库服务以及电子图书、电子报刊和新闻、研究报告和论文等信息库的查询与检索。"软件"是指供用户直接在网上下载、通过购买序列号等获得使用权认证的应用软件。对于将软件存放在光盘上等实物介质上，通过包装再到网上出售的，则应归为实体商品。此等商品的交易方式既超越了传统的面对面商品交易模式，也不同于网上洽谈、数字下单、电子支付，然后通过邮局寄送商品的交易模式，是运用网际网络、商家服务器、网上银行、客户计算机信息系统以及相关附属电子方式完成交易的新型化交易模式。

（2）网上数字化劳务服务。其包括："信息服务"，如法律咨询、股市行情分析、银行查询服务、医疗咨询等；"互动式服务"，如网上交友、网上婚介、网络游戏、远程医疗、远程教育等；"网络预约服务"，如车票预订、机票预订、球票代购、电影票代购、快餐预订、预约鲜花以及旅游预约服务、医院预约挂号、房屋中介服务、酒店预订服务等。这类服务具有虚拟性，无须固定现实场所，在商家和消费者之间并不进行任何有形物的交换。服务购买方根据提供数据的经营者在其服务器上发布的信息进行查询，或提供数据的经营者在一定时间内依据特定约定规则将相关信息发送给买方。虽然这类信息商品的买卖通过无形的方式，但随着信息的不断传递，会有现金流出现。这类服务应该根据信息流转中现金流量的大小来制定征税标准，纳入电子商务税收范畴。

2. 跨境电子商务征税对象

传统跨境贸易大部分主要由一国的进出口商通过另一国的进出口商，进出口大批量货物，然后通过境内流通企业经过多级分销，最后到达有需求的企业或消费者，因货物及物品的进出口而征收关税和进口环节增值税、消费税。

《财政部 海关总署 国家税务总局关于跨境电子商务零售进口税收政策的通知》规定：跨境电子商务零售进口商品按照货物征收关税和进口环节增值税、消费税。跨境电子商务零售进口税收政策适用于从其他国家或地区进口的、《跨境电子商务零售进口商品清单》范围内的以下商品：①所有通过与海关联网的电子商务交易平台交易，能够实现交易、支付、物流电子信息"三单"比对的跨境电子商务零售进口商品。②未通过与海关联网的电子商务交易平台交易，但快递、邮政企业能够统一提供交易、支付、物流等电子信息，并承诺承担相应法律责任进境的跨境电子商务零售进口商品。不属于跨境电子商务零售进口的个人物品以及无法提供交易、支付、物流等电子信息的跨境电子商务零售进口商品，按现行规定执行。

跨境电子商务除通过互联网销售实体商品外，也可以借助网络便利性，拓展无形产品交易，依照现行法律规定，服务和数字化产品进口不属于海关征税的范围，但从长远来看，数字化商品交易应该征税。

（二）电子商务征税对象性质的认定

准确区分征税对象是合理征税的前提。现行税法的征税对象因税种不同分为商品、所得与财产，但在电子商务环境下，传统的征税对象并不能满足需要，电子商务"数字化特征"增加了征税对象分类的难度。对于电子商务销售的有形商品可以征收增值税，但对于电子商务交易的数字化商品，因其不是实体交易，很难以现有税法界定其征税对象的性质。

各国对于数字化商品的属性问题一直有分歧。例如对一本著作，可能会出现三种形式，分别为实体商品、数字化商品承载于有体物（如光碟）以及数字化商品通过网络的传输。前两种形式因其有体性，直接可以在书店购买或者通过网上订购进行邮寄，将其确认为销售货物。而对于单纯以数字化形式提供的电子书，当消费者购买使用认证、通过互联网直接下载使用时，很难界定其属于销售服务，还是提供劳务，或是提供无形财产，进而使税务机关难以确认是销售货物所得、劳务所得还是特许权使用费所得。

（三）电子商务征税对象立法完善

基于不同交易形式区分电子商务的直接或间接行为，可考虑根据直接利用电子商务交易方式或传统交易方式进行征税。特别是在电子商务交易过程中需要认定其数字化产品服务征税依据，做到合法征税。建议修订增值税条款，将数字化商品销售归属为"提供服务"或"销售无形资产"。如果卖方在提供数字化商品的同时，对买方附加各种限制，如规定买方在一定期限内只能内部复制使用、不得用于销售，具有明显的权利许可性质，应属于"销售无形资产"，譬如在线转让技术、商标、著作权、网络游戏虚拟道具等。其他数字化商品的提供则属于"提供服务"，根据业务性质分别归属于研发技术服务、信息技术服务、文化创意服务、物流辅助服务、鉴证咨询服务等。修订所得税条款，对于允许复制的数字化商品，可以界定为特许权使用，就特许权使用费征收所得税。对提供网上信息、咨询服务、远程教育等信息化服务的业务，界定为提供劳务，征收劳务所得。

三、电子商务税率

税率是衡量税负轻重的核心要素，不同税种税率不同，同一税种不同税目税率也不同。电子商务税收主要涉及流转税与所得税。

（一）电子商务流转税税率

流转税是以商品流转额和非商品流转额为征税对象，选择流转过程中的某一环节所征收的一类税。我国流转税包括增值税、消费税及关税[①]。

1.电子商务增值税税率与征收率

1）电子商务增值税税率

（1）增值税税率的一般规定。增值税一般纳税人适用比例税率。《增值税暂行条例》规定的增值税税率包括基本税率、低税率及零税率。

①基本税率。纳税人销售货物、劳务、有形动产租赁服务或者进口货物，除低税率和零税率适用范围外，税率为13%。

②低税率。其分为9%与6%两档。纳税人销售交通运输、邮政、基础电信、建筑、不动产租赁服务，销售不动产，转让土地使用权，销售或者进口下列货物，税率为9%：粮食等农产品、食用植物油、食用盐。自来水、暖气、冷气、热水、煤气、石油液化气、天然气、二甲醚、沼气、居民用煤炭制品；图书、报纸、杂志、音像制品、电子出版物；饲料、化肥、农药、农机、农膜。国务院规定的其他货物。纳税人销售服务、无形资产，除基本税率、低税率和零税率适用范围外的，税率为6%。

③零税率。纳税人出口货物，税率为零。但是，国务院另有规定的除外。境内单位和个人跨境销售国务院规定范围内的服务、无形资产，税率为零。

（2）电子商务增值税税率的适用。以互联网作为交易媒介在线销售的传统有形商品征收增值税，根据有形商品分类适用不同的税率。通过互联网提供的数字化商品在现行增值税法尚未修改的情况下，是否应该征税、按照哪一类商品征税

---

① 城市维护建设税是增值税、消费税的附加税，鉴于其附加税性质，本书不做研究。

尚无法律规定。因此，将《增值税暂行条例》上升为增值税法时，应先解决数字化商品的定性问题，其后再归类于"提供服务"或"销售无形资产"，依照相应的税率征税。

对于跨境电子商务零售进口商品，依据《财政部 海关总署 国家税务总局关于跨境电子商务零售进口税收政策的通知》第 3 条、《财政部 海关总署 税务总局关于完善跨境电子商务零售进口税收政策的通知》第 1 条、第 2 条的规定：跨境电子商务零售进口商品的单次交易限值为人民币 5 000 元，个人年度交易限值为人民币 26 000 元。在限值以内进口的跨境电子商务零售进口商品，进口环节增值税取消免征税额，暂按法定应纳税额的 70% 征收。完税价格超过 5 000 元单次交易限值但低于 26 000 元年度交易限值，且订单下仅一件商品时，可以自跨境电商零售渠道进口，按照货物税率全额征收进口环节增值税，交易额计入年度交易总额，但年度交易总额超过年度交易限值的，应按一般贸易管理。

2）电子商务增值税征收率

电子商务增值税小规模纳税人适用征收率。增值税征收率为 3%，财政部和国家税务总局另有规定的除外。一般纳税人销售其 2016 年 4 月 30 日前取得（不含自建）的不动产，可以选择适用简易计税方法，以取得的全部价款和价外费用减去该项不动产购置原价或者取得不动产时的作价后的余额为销售额，按照 5% 的征收率计算应纳税额。但销售其 2016 年 4 月 30 日前自建的不动产，应以取得的全部价款和价外费用为销售额，计算缴纳增值税。

2.电子商务消费税税率

1）消费税税率的一般规定

按照《中华人民共和国消费税暂行条例》（以下简称《消费税暂行条例》）的规定，我国选择了 15 类消费品征收消费税，按从价征税和从量征税分别实行比例税率和定额税率。其中，除黄酒、啤酒、成品油三种消费品实行定额税率，卷烟、白酒实行比例税率和定额税率的复合征收外，其他应税消费品实行比例税率。依据《消费税暂行条例》《财政部 国家税务总局关于调整卷烟消费税的通知》（财税〔2015〕60 号）、《财政部 国家税务总局关于调整化妆品消费税政策的通知》（财税〔2016〕103 号）、《财政部 国家税务总局关于调整和完善消费税政策的通知》（财税〔2006〕33 号）的规定，消费税税目、税率见表 2-1。

表 2-1　消费税税目、税率表

税　目	税　率
一、烟	
1.卷烟	
（1）生产环节甲类卷烟	56% 加 0.003 元 / 支
（2）生产环节乙类卷烟	36% 加 0.003 元 / 支
（3）批发环节	11% 加 0.005 元 / 支
2.雪茄烟	36%
3.烟丝	30%
二、酒	
1.白酒	20% 加 0.5 元 /500 克（或者 500 毫升）
2.黄酒	240 元 / 吨
3.啤酒	
（1）甲类啤酒	250 元 / 吨
（2）乙类啤酒	220 元 / 吨
4.其他酒	10%
三、高档化妆品	15%
四、贵重首饰及珠宝玉石	
1.金银首饰、铂金首饰和钻石及钻石饰品	5%
2.其他贵重首饰和珠宝玉石	10%
五、鞭炮、焰火	15%
六、成品油	
1.汽油	1.52 元 / 升
2.柴油	1.2 元 / 升
3.航空煤油	1.2 元 / 升（暂缓征收）
4.石脑油	1.52 元 / 升
5.溶剂油	1.52 元 / 升
6.润滑油	1.52 元 / 升
7.燃料油	1.2 元 / 升
七、摩托车	
1.气缸容量（排气量，下同）250 毫升的	3%
2.气缸容量在 250 毫升以上的	10%
八、小汽车	
1.乘用车	
（1）气缸容量（排气量，下同）在 1.0 升（含 1.0 升）以下的	1%
（2）气缸容量在 1.0 升以上至 1.5 升（含 1.5 升）的	3%
（3）气缸容量在 1.5 升以上至 2.0 升（含 2.0 升）的	5%
（4）气缸容量在 2.0 升以上至 2.5 升（含 2.5 升）的	9%
（5）气缸容量在 2.5 升以上至 3.0 升（含 3.0 升）的	12%
（6）气缸容量在 3.0 升以上至 4.0 升（含 4.0 升）的	25%
（7）气缸容量在 4.0 升以上的	40%
2.中轻型商用客车	5%
3.超豪华小汽车	零售环节加征 10%
九、高尔夫球及球具	10%
十、高档手表	20%

续表

税 目	税 率
十一、游艇	10%
十二、木制一次性筷子	5%
十三、实木地板	5%
十四、电池	4%
十五、涂料	4%

2）电子商务消费税税率的适用

消费税 15 个税目均为有形商品，不涉及数字化商品，因此，国内电子商务消费税适用现行消费税税率。对于跨境电子商务零售进口商品的消费税，依据《财政部 海关总署 国家税务总局关于跨境电子商务零售进口税收政策的通知》《财政部 海关总署 税务总局关于完善跨境电子商务零售进口税收政策的通知》的规定：跨境电子商务零售进口商品的单次交易限值为人民币 5 000 元，个人年度交易限值为人民币 26 000 元。在限值以内进口的跨境电子商务零售进口商品，进口环节消费税取消免征税额，暂按法定应纳税额的 70% 征收。完税价格超过 5 000 元单次交易限值但低于 26 000 元年度交易限值，且订单下仅一件商品时，可以自跨境电商零售渠道进口，按照货物税率全额征收进口环节消费税，交易额计入年度交易总额，但年度交易总额超过年度交易限值的，应按一般贸易管理。

3. 电子商务关税税率

1）关税税率的一般规定

进出口货物按照《中华人民共和国海关进出口税则》（以下简称《海关进出口税则》）规定的归类规则归入合适的税号，适用合适的税率纳税。进境物品按照《中华人民共和国进境物品进口税税率表》（以下简称《进境物品进口税税率表》）规定的适用税率纳税。《中华人民共和国进出口关税条例》（以下简称《进出口关税条例》）规定：进口关税设置最惠国税率、协定税率、特惠税率、普通税率、关税配额税率等税率；对进口货物在一定期限内可以实行暂定税率；出口关税设置出口税率；对出口货物在一定期限内可以实行暂定税率；主要适用最惠国税率的进口货物有暂定税率的，应当适用暂定税率；适用协定税率、特惠税率的进口货物有暂定税率的，应当从低适用税率。适用普通税率的进口货物，不适用暂定税率；适用出口税率的出口货物有暂定税率的，应当适用暂定税率；按照国家规定实行关税配额管理的进口货物，关税配额内的，适用关税配额税率；关税配额外的，其税率的适用按照上述规定执行。

2）电子商务关税税率的适用

对于跨境电子商务零售进口商品的关税，依据《财政部 海关总署 国家税务总局关于跨境电子商务零售进口税收政策的通知》《财政部 海关总署 税务总局关于完善跨境电子商务零售进口税收政策的通知》的规定：跨境电子商务零售进口商品的单次交易限值为人民币 5 000 元，个人年度交易限值为人民币 26 000 元；在限值以内进口的跨境电子商务零售进口商品，关税税率暂设为 0；完税价格超过 5 000 元单次交易限值但低于 26 000 元年度交易限值，且订单下仅一件商品时，可以自跨境电商零售渠道进口，按照货物税率全额征收关税，交易额计入年度交易总额，但年度交易总额超过年度交易限值的，应按一般贸易管理。

（二）电子商务所得税税率

所得税也称收益税，是以纳税人在一定时期内的纯所得（净收入）为征税对象的一类税的总称。我国所得税由个人所得税和企业所得税构成。

1. 电子商务企业所得税税率

1）企业所得税税率的一般规定

（1）《中华人民共和国企业所得税法》（以下简称《企业所得税法》）第 4 条规定：企业所得税的税率为 25%；在中国境内未设立机构、场所的，或者虽设立机构、场所但取得的所得与其所设机构、场所没有实际联系的，就其来源于中国境内的所得缴纳企业所得税，规定其预提所得税税率为 20%。

（2）《中华人民共和国企业所得税法实施条例》（以下简称《企业所得税法实施条例》）第 91 条规定：非居民企业在中国境内未设立机构、场所，但取得来源于中国境内的所得，或者虽设立机构、场所但取得的所得与其所设机构、场所没有实际联系的，原则上减按 10% 的税率征收企业所得税。

（3）《企业所得税法》第 28 条规定：符合条件的小型微利企业，减按 20% 的税率征收企业所得税；国家需要重点扶持的高新技术企业，减按 15% 的税率征收企业所得税。

2）电子商务企业所得税税率的适用

企业所得税税率并未因征税对象不同而细化区分，因此，对企业通过电子商务销售货物所得、提供劳务所得、转让财产所得及特许权使用费所得等依照现行企业所得税税率征收所得税。对于企业通过互联网提供的数字化商品取得的收入是否征收企业所得税，现行法律并无规定。

2.电子商务个人所得税税率

1）个人所得税税率的一般规定

我国个人所得税税率按照所得税项目不同，分为超额累进税率与比例税率两种形式。综合所得与经营所得，适用超额累进税率，其他所得适用比例税率。

（1）综合所得，适用3%至45%的超额累进税率，见表2-2。

表2-2 个人所得税税率表一（居民个人综合所得适用）

级数	全年应纳税所得额	税率/%	速算扣除数
1	不超过 36 000 元的	3	0
2	超过 36 000 元至 144 000 元的部分	10	2 520
3	超过 144 000 元至 300 000 元的部分	20	16 920
4	超过 300 000 元至 420 000 元的部分	25	31 920
5	超过 420 000 元至 660 000 元的部分	30	52 920
6	超过 660 000 元至 960 000 元的部分	35	85 920
7	超过 960 000 元的部分	45	181 920

注：1. 本表所称全年应纳税所得额是指依照《中华人民共和国个人所得税法》第六条的规定，居民个人取得综合所得。以每一纳税年度收入额减除费用6万元以及专项扣除、专项附加扣除和依法确定的其他扣除后的余额。

2. 非居民个人取得工资、薪金所得，劳务报酬所得，稿酬所得和特许权使用费所得，依照本表按月换算后计算应纳税额。

（2）经营所得，适用5%至35%的超额累进税率，见表2-3。

表2-3 个人所得税税率表二（经营所得适用）

级数	全年应纳税所得额	税率/%	速算扣除数
1	不超过 30 000 元的	5	0
2	超过 30 000 元至 90 000 元的部分	10	1 500
3	超过 90 000 元至 300 000 元的部分	20	10 500
4	超过 300 000 元至 500 000 元的部分	30	40 500
5	超过 500 000 元的部分	35	65 500

注：本表所称全年应纳税所得额是指以每一纳税年度的收入总额减除成本、费用以及损失后的余额。

（3）利息、股息、红利所得，财产租赁所得，财产转让所得和偶然所得适用比例税率，税率为20%。

2）电子商务个人所得税税率的适用

电子商务交易有三种主要模式，B2B 是企业与企业之间的电子商务。B2C 是企业与消费者之间的电子商务，企业因电子商务交易取得所得缴纳企业所得税，不涉及个人所得税。C2C 是作为消费者个人间的电子商务行为，对于通过电子商务销售货物所得、提供劳务所得、财产租赁所得、财产转让所得及特许权使用费所得等依照现行个人所得税税率执行。对于通过互联网提供的数字化商品取得的收入依照现行个人所得税税率执行。

（三）电子商务印花税税率

印花税税率设计，遵循税负从轻、共同负担的原则。依据《印花税暂行条例》的规定，现行印花税采用比例税率和定额税率。《印花税法》生效后均适用比例税率。

1. 印花税税率的一般规定[①]

（1）合同（指书面合同）：借款合同、融资租赁合同的税率为 0.05‰。买卖合同、承揽合同、建设工程合同、运输合同、技术合同的税率为 0.3‰。租赁合同、保管合同、仓储合同、财产保险合同的税率为 1‰。

（2）产权转移书据：土地使用权出让书据，土地使用权、房屋等建筑物和构筑物所有权转让书据（不包括土地承包经营权和土地经营权转移），股权转让书据（不包括应缴纳证券交易印花税的）的税率为 0.5‰。商标专用权、著作权、专利权、专有技术使用权转让书据的税率为 0.3‰。

（3）营业账簿：税率为实收资本（股本）、资本公积合计金额的 0.25‰。

（4）证券交易：税率为成交金额的 1‰。

2. 电子商务印花税税率的规定

电子订单是合同书面形式的一种，电子商务经营者和个人需要按买卖合同缴纳印花税。《印花税法》第 12 条规定：个人与电子商务经营者订立的电子订单免

---

① 《印花税法》生效日期是 2022 年 7 月 1 日，在此之前仍然适用《印花税暂行条例》。《印花税暂行条例》规定的印花税税率如下：①比例税率：a. 借款合同，适用税率为 0.05‰；b. 购销合同、建筑安装工程承包合同、技术合同等，适用税率为 0.3‰；c. 加工承揽合同、建设工程勘察设计合同、货物运输合同、产权转移书据、记载资金数额的营业账簿等，适用税率为 0.5‰；d. 财产租赁合同、仓储保管合同、财产保险合同等，适用税率为 1‰；e. 因股票买卖、继承、赠与而书立 "股权转让书据"（包括 A 股和 B 股），适用税率为 1‰。②定额税率：对无法计算金额的凭证，或虽载有金额，但作为计税依据不合理的凭证，采用定额税率，以件为单位缴纳一定数额的税款。权利、许可证照、营业账簿中的其他账簿，均为按件贴花，单位税额为每件 5 元。

征印花税。个人在电子商务经营者下单后，发票要求开给企业，虽然是企业采购和取得发票，但是因为印花税的纳税义务是在书立时确认，所以也应属于免税，不应按发票确认。但如果用户账号是企业账户，在货运 App 上提交订单，则不属于免征印花税的订单，需要按运输合同双方缴纳印花税。此外，企业账户在线上提交订单即视为合同书立。《中华人民共和国印花税暂行条例施行细则》第 24 条规定：凡多贴印花税票者，不申请退税或者抵用。即使用户取消订单也需要缴纳印花税。

四、电子商务税收优惠

税收优惠是指国家根据一定时期政治、经济和社会发展的需要，对某一类纳税人或者某些征税对象给予的减轻或免除税收负担的措施。其具体包括减税、免税、起征点、免征额、税前扣除优惠、加速折旧、亏损弥补、税收抵免等。电子商务税收优惠是针对电子商务交易活动给予的税收减免等措施。

（一）电子商务流转税税收优惠

1.电子商务增值税的税收优惠

1）增值税的一般税收优惠

（1）增值税的免税项目。下列项目免征增值税：①农业生产者销售的自产农产品。②避孕药品和用具。③古旧图书。④直接用于科学研究、科学试验和教学的进口仪器、设备。⑤外国政府、国际组织无偿援助的进口物资和设备。⑥由残疾人的组织直接进口供残疾人专用的物品。⑦销售的自己使用过的物品。除上述规定外，增值税的免税、减税项目由国务院规定。任何地区、部门均不得规定免税、减税项目。纳税人兼营免税、减税项目的，应当分别核算免税、减税项目的销售额。未分别核算销售额的，不得免税、减税。

（2）增值税的起征点。纳税人销售额未达到国务院财政、税务主管部门规定的增值税起征点的，免征增值税。达到起征点的，依照规定全额计算缴纳增值税。增值税起征点的适用范围限于个人、小规模纳税人。①销售货物的起征点为月销售额 5 000 ~ 20 000 元。②销售应税劳务的起征点为月销售额 5 000 ~ 20 000 元。③按次纳税的起征点为每次（日）销售额 300 ~ 500 元。省、自治区、直辖市财政厅（局）和税务局应在规定的幅度内，根据实际情况确定本地区适用的起征点，并报财政部、国家税务总局备案。自 2021 年 4 月 1 日至 2022 年 12

月 31 日，对月销售额 15 万元以下（含本数）的增值税小规模纳税人，免征增值税。

（3）特殊减免税项目。财政部、国家税务总局针对资源综合利用、再生资源、农业、文化企业、飞机维修、动漫产业、软件产品等规定了税收优惠政策。

2）电子商务的增值税税收优惠

（1）免征增值税。①境内单位和个人向中华人民共和国境外单位提供电信业服务，免征增值税。②对纳税人提供技术转让、技术开发和与之相关的技术咨询、技术服务，按规定免征增值税。③电子商务小规模纳税人发生增值税应税销售行为，合计月销售额未超过 15 万元（以 1 个季度为 1 个纳税期，季度销售额未超过 45 万元，下同）的，免征增值税。④小规模纳税人发生增值税应税销售行为，合计月销售额超过 15 万元，但扣除本期发生的销售不动产的销售额后未超过 15 万元的，其销售货物、劳务、服务、无形资产取得的销售额免征增值税。⑤除财政部、国家税务总局明确不予出口退（免）税或免税的货物以外，电子商务出口企业出口货物，同时符合四项条件，适用增值税退（免）税政策。⑥对综试区电子商务出口企业出口未取得有效进货凭证的货物，同时符合规定条件的，试行增值税免税政策。

（2）退还增值税。①增值税一般纳税人销售其自行开发生产的软件产品，或将进口软件产品进行本地化改造后对外销售的，对其增值税实际税负超过 3% 的部分实行即征即退。②动漫企业自主开发、生产动漫产品，属于增值税一般纳税人的动漫企业销售其自主开发生产的动漫软件，对其增值税实际税负超过 3% 的部分，按规定实行即征即退政策。③在国家批准具体名单内的集成电路重大项目企业，因购进设备形成的增值税期末留抵税额准予退还。对装备制造等先进制造业、研发等现代服务业符合条件的企业的进项留抵税额，予以一次性退还。

（3）税率优惠。自 2021 年 1 月 1 日起，《财政部 税务总局关于支持个体工商户复工复业增值税政策的公告》（2020 年第 13 号）暂继续执行。①对湖北省增值税小规模纳税人，暂继续免征增值税。②对其他地区增值税小规模纳税人，暂继续按 1% 征收率征收增值税。开具发票选择征收率，暂继续照此执行。

2. 电子商务消费税的税收优惠

电子商务出口企业出口货物免征消费税的条件与免征增值税相同。

3.电子商务关税的税收优惠

1）关税的一般税收优惠

（1）法定减免。法定减免是根据税收法规适用于不同地区、不同性质的企业及不同产业和不同进出口目的的关税减免优惠，其中主要是进口关税优惠。

（2）特定减免。特定减免也称政策性减免税，是指在法定减免税以外，国家按照国际通行规则和我国实际情况，特别批准对特定地区、特定产业和特定企业适用的进出口关税优惠政策。

（3）临时减免。临时减免是指除法定减免和特定减免之外，纳税人因特殊需要予以照顾而给予的减免。

2）电子商务的关税税收优惠

跨境电子商务零售进口商品的单次交易限值为人民币 5 000 元，个人年度交易限值为人民币 26 000 元。在限值以内进口的跨境电子商务零售进口商品，关税税率暂设为 0。

（二）电子商务所得税税收优惠

1.电子商务企业所得税的税收优惠

1）企业所得税的一般税收优惠

国家对重点扶持和鼓励发展的产业和项目，给予企业所得税优惠。

（1）免税收入优惠。①国债利息收入。②符合条件的居民企业之间的股息、红利等权益性投资收益。③在中国境内设立机构、场所的非居民企业从居民企业取得与该机构、场所有实际联系的股息、红利等权益性投资收益。④符合条件的非营利组织的收入。

（2）免征、减征优惠。①从事农、林、牧、渔业项目的所得。②从事国家重点扶持的公共基础设施项目投资经营的所得。③从事符合条件的环境保护、节能节水项目的所得。④符合条件的技术转让所得。⑤非居民企业在中国境内未设立机构、场所，但取得来源于中国境内的所得，或者虽设立机构、场所但取得的所得与其所设机构、场所没有实际联系的，原则上减按 10% 税率征收企业所得税。

（3）税率优惠。①符合条件的小型微利企业，减按 20% 的税率征收企业所得税。②国家需要重点扶持的高新技术企业，减按 15% 的税率征收企业所得税。

（4）民族自治地方企业税收优惠。民族自治地方的自治机关对本民族自治地方的企业应缴纳的企业所得税中属于地方分享的部分，可以决定减征或者免征。

自治州、自治县决定减征或者免征，须报省、自治区、直辖市人民政府批准。

（5）企业加计扣除相关费用的税收优惠。①开发新技术、新产品、新工艺发生的研究开发费用。②安置残疾人员及国家鼓励安置的其他就业人员所支付的工资。

（6）创业投资企业的税收优惠。创业投资企业从事国家需要重点扶持和鼓励的创业投资，可以按投资额的一定比例抵扣应纳税所得额。

（7）加速折旧的税收优惠。企业的固定资产由于技术进步等原因，确需加速折旧的，可以缩短折旧年限或者采取加速折旧的方法。

（8）减计收入的税收优惠。企业综合利用资源，生产符合国家产业政策规定的产品所取得的收入，可以在计算应纳税所得额时减计收入。

（9）税额抵免优惠。企业购置用于环境保护、节能节水、安全生产等专用设备的投资额，可以按一定比例实行税额抵免。

（10）特殊情况下的税收优惠。根据国民经济和社会发展的需要，或者由于突发事件等原因对企业经营活动产生重大影响的，国务院可以制定企业所得税专项优惠政策，报全国人民代表大会常务委员会备案。

2）电子商务的企业所得税税收优惠

跨境电商企业符合规定条件可以试行"无票免税"政策。对于符合公告规定的企业，企业所得税可以试行采取核定方式征收。综试区内核定征收的跨境电商企业，主要可享受以下两类优惠政策：①符合《财政部 税务总局关于实施小微企业普惠性税收减免政策的通知》（财税〔2019〕13号）规定的小型微利企业优惠政策条件的，可享受小型微利企业所得税优惠政策。上述规定如有变化，从其规定。②取得的收入属于《企业所得税法》第26条规定的免税收入的，可享受相关免税收入优惠政策。

2. 电子商务个人所得税的税收优惠

1）免征个人所得税

（1）省级人民政府、国务院部委和中国人民解放军军以上单位，以及外国组织、国际组织颁发的科学、教育、技术、文化、卫生、体育、环境保护等方面的奖金。

（2）国债和国家发行的金融债券利息。

（3）按照国家统一规定发给的补贴、津贴。

（4）福利费、抚恤金、救济金。

（5）保险赔款。

（6）军人的转业费、复员费、退役金。

（7）按照国家统一规定发给干部、职工的安家费、退职费、基本养老金或者退休费、离休费、离休生活补助费。

（8）依照有关法律规定应予免税的各国驻华使馆、领事馆的外交代表、领事官员和其他人员的所得。

（9）中国政府参加的国际公约、签订的协议中规定免税的所得。

（10）国务院规定的其他免税所得。

2）减征个人所得税

有下列情形之一的，可以减征个人所得税，具体幅度和期限，由省、自治区、直辖市人民政府规定，并报同级人民代表大会常务委员会备案。

（1）残疾、孤老人员和烈属的所得。

（2）因自然灾害遭受重大损失的。

国务院可以规定其他减税情形，报全国人民代表大会常务委员会备案。

（三）电子商务印花税税收优惠

1. 印花税的一般税收优惠

1）免征印花税的凭证

（1）应税凭证的副本或者抄本。

（2）依照法律规定应当予以免税的外国驻华使馆、领事馆和国际组织驻华代表机构为获得馆舍书立的应税凭证。

（3）中国人民解放军、中国人民武装警察部队书立的应税凭证。

（4）农民、家庭农场、农民专业合作社、农村集体经济组织、村民委员会购买农业生产资料或者销售农产品书立的买卖合同和农业保险合同。

（5）无息或者贴息借款合同、国际金融组织向中国提供优惠贷款书立的借款合同。

（6）财产所有权人将财产赠与政府、学校、社会福利机构、慈善组织书立的产权转移书据。

（7）非营利性医疗卫生机构采购药品或者卫生材料书立的买卖合同。

2）特殊情况的减征与免征

根据国民经济和社会发展的需要，国务院对居民住房需求保障、企业改制重组、破产、支持小型微型企业发展等情形可以规定减征或者免征印花税，报全国人民代表大会常务委员会备案。

2.电子商务的印花税税收优惠

个人与电子商务经营者订立的电子订单，免征印花税。

第三节　电子商务税收程序要素内容

一、电子商务纳税环节

（一）电子商务交易对纳税环节的影响

1.纳税环节难以确定

现行税法基于对有形商品的流通而规定不同税种的纳税环节，流转税在生产和流通环节纳税，所得税在分配环节纳税。电子商务交易的快捷高效使得中间交易环节大量缩减，少环节、多渠道使得商品的生产者与消费者直接达成交易，造成传统意义上的增值税、消费税等纳税环节难以确定或者大量消失。电子商务交易中无形产品交易的隐蔽性强，无形商品流通表现为瞬间完成的数字化信息流动，为了交易安全通常会采取加密措施，使得无形产品交易的纳税环节很难确定。

2.侵蚀现有税制的税基

传统贸易方式下，商品流通需要经过生产、批发、零售等诸多环节，而电子商务交易双方通过网络直接付款发货，从而省去批发、零售等环节，甚至没有流转环节，无法征收流转税。电子商务中介环节大量减少和消失，造成相应征税环节的减少和消失，从而侵蚀现有税制下的税基。此外，电子商务交易使得某些税基转移到互联网上，由于电子商务的隐蔽性及无形性，部分税基甚至可能消失。只有确定纳税环节，税款才能及时足额入库，电子商务交易纳税环节难以确定，导致税务机关无法准确判断纳税环节，造成国家税收流失。

（二）电子商务纳税环节的确认

电子商务交易虽然对现有税种的纳税环节造成冲击，但在现行税法尚未修改的情况下，依旧适用现行法律规定。

1.电子商务流转税纳税环节

1）电子商务增值税纳税环节

增值税是对商品生产、流通、劳务服务中多个环节的新增价值或商品的附加值征收的一种流转税。增值税纳税环节是指销售货物或者加工，修理修配劳务，销售服务、无形资产、不动产以及进口货物，按照税法规定发生纳税义务的环节。

（1）货物的生产销售、批发、零售及进口环节。

（2）提供加工、修理修配劳务环节。

（3）销售服务、无形资产、不动产环节。

2）电子商务消费税纳税环节

消费税是以特定消费品的流转额为征税对象的一种税。除少量商品涉及两个环节征收外，大部分应税消费品只是在消费品生产、流通或消费的某一环节一次性征收，而不是在消费品生产、流通和消费的每一个环节征收。

（1）生产环节。①纳税人生产的应税消费品，对外销售的，在销售时纳税。②纳税人自产自用的应税消费品，不用于连续生产应税消费品而用于其他方面的，在移送使用时纳税。③委托加工的应税消费品，由受托方在向委托方交货时代收代缴税款（受托方为个人、个体的除外）。委托加工的应税消费品直接出售的，不再征收消费税。

（2）进口环节。进口应税消费品的，在报关进口时纳税。

（3）批发环节。卷烟批发环节加征一道从价计征的消费税。

（4）零售环节。金银首饰、钻石及钻石饰品、超豪华小汽车消费税在零售环节征收。

3）电子商务关税纳税环节

中华人民共和国准许进出口的货物或物品，在进口环节或出口环节缴纳关税。

2.电子商务所得税纳税环节

所得税以纳税人在一定时期内的纯所得为征税对象，所得分配环节是所得税纳税环节。

3.电子商务印花税纳税环节

1）书立应税凭证环节

应税凭证是指合同、产权转移书据和营业账簿。此类印花税的纳税环节是书立应税凭证环节。

2）进行证券交易

证券交易是指转让在依法设立的证券交易所、国务院批准的其他全国性证券交易场所交易的股票和以股票为基础的存托凭证。此类印花税的纳税环节是完成证券交易环节。

二、电子商务纳税期限

（一）电子商务交易对纳税期限的影响

税法关于纳税期限的规定主要包括纳税义务发生时间、纳税期限及缴库期限。只有确定了纳税义务发生时间，才能确定纳税期限及缴库期限。纳税期限的科学性与合理性，直接决定纳税义务履行及对逾期未缴纳税款的处罚等问题。

传统纳税义务发生时间以支付方式及取得或收到销售凭据的时间加以确定，但在电子商务环境下，既没有纸质发票，又没有现金、支票的流动，加上第三方支付平台的出现，发货日期、收款日期、机构所在地或劳务发生地等经济活动要素都是难以监控的，现行税法很难界定究竟是以收到货款还是以发出货物抑或是确认收货时间来确定纳税义务发生时间。纳税义务发生时间无法确定，则纳税期限也无法确定。

（二）电子商务纳税期限的确认

电子商务交易虽然对现有税种的纳税期限造成冲击，但在现行税法尚未修改的情况下，依旧适用现行法律规定。

1. 电子商务流转税纳税期限

1）电子商务增值税纳税期限

（1）增值税纳税义务发生时间。①发生应税销售行为，为收讫销售款项或者取得索取销售款项凭据的当天。先开具发票的，为开具发票的当天。收讫销售款项或者取得索取销售款项凭据的当天，按销售结算方式的不同，具体为：采取直接收款方式销售货物，不论货物是否发出，均为收到销售款或者取得索取销售款凭据的当天。采取托收承付和委托银行收款方式销售货物，为发出货物并办妥托收手续的当天。采取赊销和分期收款方式销售货物，为书面合同约定的收款日期的当天，无书面合同的或者书面合同没有约定收款日期的，为货物发出的当天。采取预收货款方式销售货物，为货物发出的当天，但生产销售生产工期超过 12 个月的大型机械设备、船舶、飞机等货物，为收到预收款或者书面合同约定的收款日期的当天。委托其他纳税人代销货物，为收到代销单位的代销清单或者收到全部或者部分货款的当天。未收到代销清单及货款的，为发出代销货物满 180 天的当天。销售应税劳务，为提供劳务同时收讫销售款或者取得索取销售款的凭据的当天。纳税人发生视同销售货物行为，为货物移送的当天。②进口货物，为报关进口的当天。③增值税扣缴义务发生时间为纳税人增值税纳税义务发生的当天。

（2）增值税的纳税期限。①增值税的纳税期限分别为 1 日、3 日、5 日、10 日、15 日、1 个月或者 1 个季度。纳税人的具体纳税期限，由主管税务机关根据纳税人应纳税额的大小分别核定。不能按照固定期限纳税的，可以按次纳税。②纳税人以 1 个月或者 1 个季度为 1 个纳税期的，自期满之日起 15 日内申报纳税。以 1 日、3 日、5 日、10 日或者 15 日为 1 个纳税期的，自期满之日起 5 日内预缴税款，于次月 1 日起 15 日内申报纳税并结清上月应纳税款。③扣缴义务人解缴税款的期限，依照①②执行。④纳税人进口货物，应当自海关填发海关进口增值税专用缴款书之日起 15 日内缴纳税款。

2）电子商务消费税纳税期限

（1）消费税纳税义务发生时间。①纳税人生产的应税消费品，除金银首饰、钻石及钻石饰品、超豪华小汽车另有规定外，于销售时纳税。按销售方式和结算方式的不同，纳税人纳税义务发生时间为：采取赊销和分期收款结算方式的，为书面合同约定的收款日期的当天，书面合同没有约定收款日期或者无书面合同的，为发出应税消费品的当天。采取预收货款结算方式的，为发出应税消费品的当天。采取托收承付和委托银行收款方式的，为发出应税消费品并办妥托收手续的当天。采取其他结算方式的，为收讫销售款或者取得索取销售款凭据的当天。②纳税人自产自用应税消费品的，用于连续生产应税消费品的，不纳税。用于其他方面的，其纳税义务的发生时间为移送使用的当天。③纳税人委托加工应税消费品的，由受托方在向委托方交货时，代收代缴消费税税款。其纳税义务的发生时间为委托人提货的当天。委托加工的应税消费品直接销售的，委托方不再缴纳消费税。④进口的应税消费品，由报关进口者在报关进口时纳税。其纳税义务的发生时间为报关进口的当天。⑤金银首饰、钻石及钻石饰品、超豪华小汽车消费税在零售环节征收，金银首饰、钻石及钻石饰品在生产、委托加工和进口环节不征收消费税，超豪华小汽车在生产、委托加工和进口环节仍要征收消费税。纳税人零售环节销售金银首饰、钻石及钻石饰品、超豪华小汽车，其纳税义务的发生时间为收讫销售款或者取得索取销售款凭据的当天。

（2）消费税的纳税期限。①消费税的纳税期限分别为 1 日、3 日、5 日、10 日、15 日、1 个月或者 1 个季度。纳税人的具体纳税期限，由主管税务机关根据纳税人应纳税额的大小分别核定。不能按照固定期限纳税的，可以按次纳税。②纳税人以 1 个月或者 1 个季度为 1 个纳税期的，自期满之日起 15 日内申报纳税。以 1 日、

3日、5日、10日或者15日为1个纳税期的，自期满之日起5日内预缴税款，于次月1日起15日内申报纳税并结清上月应纳税款。③纳税人进口应税消费品，应当自海关填发海关进口消费税专用缴款书之日起15日内缴纳税款。

3）电子商务关税纳税期限

纳税义务人应当自海关填发税款缴款书之日起15日内向指定银行缴纳税款。纳税义务人因不可抗力或者在国家税收政策调整的情形下，不能按期缴纳税款的，经海关总署批准，可以延期缴纳税款，但是最长不得超过6个月。

2.电子商务所得税纳税期限

1）电子商务企业所得税纳税期限

（1）企业所得税按纳税年度计算。纳税年度自公历1月1日起至12月31日止。企业在一个纳税年度中间开业，或者终止经营活动，使该纳税年度的实际经营期不足12个月的，应当以其实际经营期为一个纳税年度。企业依法清算时，应当以清算期间作为一个纳税年度。

（2）企业所得税分月或者分季预缴。①企业应当自月份或者季度终了之日起15日内，向税务机关报送预缴企业所得税纳税申报表，预缴税款。企业应当自年度终了之日起5个月内，向税务机关报送年度企业所得税纳税申报表，并汇算清缴，结清应缴应退税款。企业在报送企业所得税纳税申报表时，应当按照规定附送财务会计报告和其他有关资料。企业所得税分月或者分季预缴，由税务机关具体核定。企业分月或者分季预缴企业所得税时，应当按照月度或者季度的实际利润额预缴。按照月度或者季度的实际利润额预缴有困难的，可以按照上一纳税年度应纳税所得额的月度或者季度平均额预缴，或者按照经税务机关认可的其他方法预缴。预缴方法一经确定，该纳税年度内不得随意变更。企业在纳税年度内无论盈利或者亏损，都应当依照法定期限，向税务机关报送预缴企业所得税纳税申报表、年度企业所得税纳税申报表、财务会计报告和税务机关规定应当报送的其他有关资料。②企业在年度中间终止经营活动的，应当自实际经营终止之日起60日内，向税务机关办理当期企业所得税汇算清缴。③企业应当在办理注销登记前，就其清算所得向税务机关申报并依法缴纳企业所得税。

2）电子商务个人所得税纳税期限

（1）代扣代缴的纳税期限。①居民个人取得综合所得，按年计算个人所得税。有扣缴义务人的，由扣缴义务人按月或者按次预扣预缴税款。需要办理汇算清缴的，应当在取得所得的次年 3 月 1 日至 6 月 30 日内办理汇算清缴。预扣预缴办法由国务院税务主管部门制定。②非居民个人取得工资、薪金所得，劳务报酬所得，稿酬所得和特许权使用费所得，有扣缴义务人的，由扣缴义务人按月或者按次代扣代缴税款，不办理汇算清缴。③纳税人取得利息、股息、红利所得，财产租赁所得，财产转让所得和偶然所得，按月或者按次计算个人所得税，有扣缴义务人的，由扣缴义务人按月或者按次代扣代缴税款。

（2）自行申报的纳税期限。①纳税人取得应税所得没有扣缴义务人的，应当在取得所得的次月 15 日内向税务机关报送纳税申报表，并缴纳税款。纳税人取得应税所得，扣缴义务人未扣缴税款的，纳税人应当在取得所得的次年 6 月 30 日前，缴纳税款。税务机关通知限期缴纳的，纳税人应当按照期限缴纳税款。②纳税人取得经营所得，按年计算个人所得税，由纳税人在月度或者季度终了后 15 日内向税务机关报送纳税申报表，并预缴税款。在取得所得的次年 3 月 31 日前办理汇算清缴。③居民个人从中国境外取得所得的，应当在取得所得的次年 3 月 1 日至 6 月 30 日内申报纳税。④非居民个人在中国境内从两处以上取得工资、薪金所得的，应当在取得所得的次月 15 日内申报纳税。

3. 电子商务印花税纳税期限

电子商务印花税纳税人书立应税凭证或者完成证券交易的当日为印花税纳税义务发生时间，证券交易印花税扣缴义务发生时间为证券交易完成的当日。

电子商务印花税按季、按年或者按次计征。

（1）实行按季、按年计征的，纳税人应当自季度、年度终了之日起 15 日内申报缴纳税款。实行按次计征的，纳税人应当自纳税义务发生之日起 15 日内申报缴纳税款。

（2）证券交易印花税按周解缴。证券交易印花税扣缴义务人应当自每周终了之日起 5 日内申报解缴税款以及银行结算的利息。

三、电子商务纳税地点

（一）电子商务交易对纳税地点的影响

纳税地点是纳税人缴纳税款的具体地点，主要包括机构所在地、经济活动发生地、财产所在地、报关地等。电子商务交易模式下，经营者通过网络从事商务活动，不需要固定的经营场所，场所灵活多变，具有极强的流动性及自由性，涉及买方所在地、卖方所在地、服务器所在地、网络服务商所在地，由于地点不易确定导致纳税地点不能确定。电子商务的无国界性和无地域性特点，使得"常设机构"难以确定。从事电子商务的企业在一国（地）互联网提供商服务器上租用一个"空间"即网址从事网上交易，而服务器所在国（地）既没有固定营业场所，也没有相关人员从事经营，因此，不符合现行税法关于常设机构的规定。而常设机构是行使地域税收管辖权的依据，从而无法行使税收管辖权，造成逃税或重复征税行为的发生。

（二）电子商务纳税地点的确认

电子商务交易虽然对现有税种的纳税地点造成冲击，但在现行税法尚未修改的情况下，依旧适用现行法律规定。

1. 电子商务流转税纳税地点

1）电子商务增值税纳税地点

（1）固定业户的纳税地点。①固定业户应当向其机构所在地的主管税务机关申报纳税。总机构和分支机构不在同一县（市）的，应当分别向各自所在地的主管税务机关申报纳税。经国务院财政、税务主管部门或者其授权的财政、税务机关批准，可以由总机构汇总向总机构所在地的主管税务机关申报纳税。②固定业户到外县（市）销售货物或者劳务，应当向其机构所在地的主管税务机关报告外出经营事项，并向其机构所在地的主管税务机关申报纳税。未报告的，应当向销售地或者劳务发生地的主管税务机关申报纳税。未向销售地或者劳务发生地的主管税务机关申报纳税的，由其机构所在地的主管税务机关补征税款。

（2）非固定业户的纳税地点。①非固定业户销售货物或者劳务，应当向销售地或者劳务发生地的主管税务机关申报纳税。②未向销售地或者劳务发生地的主管税务机关申报纳税的，由其机构所在地或者居住地的主管税务机关补征税款。

（3）进口货物的纳税地点。进口货物，应当向报关地海关申报纳税。

（4）扣缴义务人的纳税地点。扣缴义务人应当向其机构所在地或者居住地的主管税务机关申报缴纳其扣缴的税款。

2）电子商务消费税纳税地点

（1）纳税人销售应税消费品及自产自用应税消费品的纳税地点。①纳税人销售的应税消费品，以及自产自用的应税消费品，除国务院财政、税务主管部门另有规定外，应当向纳税人机构所在地或者居住地的主管税务机关申报纳税。②纳税人到外县（市）销售或者委托外县（市）代销自产应税消费品的，于应税消费品销售后，向机构所在地或者居住地主管税务机关申报纳税。③纳税人的总机构与分支机构不在同一县（市）的，应当分别向各自机构所在地的主管税务机关申报纳税。经财政部、国家税务总局或者其授权的财政、税务机关批准，可以由总机构汇总向总机构所在地的主管税务机关申报纳税。

（2）委托加工应税消费品的纳税地点。委托加工的应税消费品，除受托方为个人外，由受托方向机构所在地或者居住地的主管税务机关解缴消费税税款。委托个人加工的应税消费品，由委托方向其机构所在地或者居住地主管税务机关申报纳税。

（3）进口应税消费品的纳税地点。进口的应税消费品，由进口人或者其代理人向报关地海关申报纳税。

3）电子商务关税纳税地点

准许进出口的货物及进境物品在报关地海关申报纳税。

2.电子商务所得税纳税地点

1）电子商务企业所得税纳税地点

（1）居民企业的纳税地点。①除税收法律、行政法规另有规定外，居民企业以企业登记注册地为纳税地点。但登记注册地在境外的，以实际管理机构所在地为纳税地点。②居民企业在中国境内设立不具有法人资格的营业机构的，应当汇总计算并缴纳企业所得税。

（2）非居民企业的纳税地点。①非居民企业在中国境内设立机构、场所的，以机构、场所所在地为纳税地点。②非居民企业在中国境内设立两个或者两个以上机构、场所的，经税务机关审核批准，可以选择由其主要机构、场所汇总缴纳企业所得税。③在中国境内未设立机构、场所的，或者虽设立机构、场所但取得的所得与其所设机构、场所没有实际联系的非居民企业，以扣缴义务人所在地为纳税地点。

2）电子商务个人所得税纳税地点

（1）在中国境内有任职、受雇单位的，应当向任职、受雇单位所在地税务机关申报。

（2）在中国境内有两处以上任职、受雇单位的，应当选择并固定向其中一处单位所在地税务机关申报。

（3）在中国境内无任职、受雇单位，年所得项目中有个体工商户的生产、经营所得或者对企事业单位的承包经营、承租经营所得（以下统称生产、经营所得）的，应当向其中一处实际经营所在地税务机关申报。

（4）在中国境内无任职、受雇单位，年所得项目中无生产、经营所得的，应当向户籍所在地税务机关申报。在中国境内有户籍，但是户籍所在地与中国境内经常居住地不一致的，应当选择并固定向其中一地税务机关申报。在中国境内没有户籍的，应当向中国境内经常居住地税务机关申报。

3.电子商务印花税纳税地点

纳税人为单位的，应当向其机构所在地的主管税务机关申报缴纳印花税。纳税人为个人的，应当向应税凭证书立地或者纳税人居住地的主管税务机关申报缴纳印花税。

不动产产权发生转移的，纳税人应当向不动产所在地的主管税务机关申报缴纳印花税。

【知识图谱】

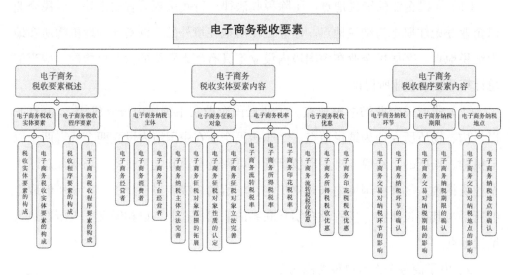

【本章小结】

税收要素是构成税种乃至税制的基础性元素，包括实体要素和程序要素两大类。税收实体要素是确定税收征纳双方权利义务的必具条件，每一个税种由税收实体要素与税收程序要素构成。电子商务税收实体要素包括电子商务纳税主体、电

子商务征税对象、电子商务税率及电子商务税收优惠。电子商务税收程序要素包括电子商务纳税环节、电子商务纳税期限及电子商务纳税地点。本章作为电子商务税收基础理论部分，是电子商务税收制度的核心内容，只有掌握电子商务所涉税种的税收要素，才能更好地实现电子商务纳税人依法纳税与税务机关依法征管。

【复习思考题】

1.电子商务税收要素分为哪几种类型？

2.电子商务纳税的主体包括哪些？分别有哪些纳税义务？

3.电子商务征税对象的法律规定是什么？

4.如何确认电子商务的纳税环节与纳税地点？

【思政经典案例】

思政经典案例，请扫描二维码阅读。

税收助力乡村振兴打造农村电商"新名片"

第三章 电子商务税收体系

【学习目的和要求】

通过学习本章，了解我国电子商务税收体系的构成；掌握我国电子商务流转税体系、电子商务所得税体系、电子商务印花税体系的具体构成。

【重点问题】

1. 我国电子商务税收体系的构成。

2. 我国电子商务流转税体系的构成。

3. 我国电子商务所得税体系的构成。

【引导案例】

美国启动电商征税　我国电商征税体系亟待建立

2018年6月21日，美国最高法院以5比4的票数裁定，互联网零售商在其没有实体店的州可以被要求缴纳消费税，这意味着美国消费税体系正式全线覆盖电商。如何看待美国电商征税？我国对电商是否也会征税？

1. 电商缴税势在必行

"电商是'互联网＋商业'发展的结果，本质上仍属于商业，既然是商业圈的主体，显然没有逃避税收的权利。"北京盈科（杭州）律师事务所高级合伙人吴旭华向《上海金融报》记者表示，电商缴税势在必行，只是税率和缴费方式上可以探讨，比如，税率可以在开立之初予以优惠，缴税方式可以由平台根据交易额代扣等。

2. 电商征税体系有待建立

某研究中心分析师贾路路表示，虽然我国还没有专门制定电子商务税收法律法规，但是并不表明我国从事电商的企业或个人不需要纳税。2017年底修订的《增值税暂行条例》第1条规定，在中华人民共和国境内销售货物或者劳务、服务等的单位和个人均为增值税的纳税人，应当依照本条例缴纳增值税。我国不存在电子商务企业无须纳税的规定，如果免税也只是针对增值税小规模纳税人的阶段性优惠措施，而这样的优惠措施同样适用于线下企业。

某研究中心主任、研究员曹磊在接受《上海金融报》记者采访时表示，征税对电商卖家来说是优胜劣汰的过程。现有的征税体系一旦与电商平台后台交易数据进行对接，对打击违规"刷单"也是一剂猛药，可以使交易数据更加透明化，交易环境也能得到净化。可以针对个人卖家、企业卖家还有平台企业进行差异化征税。例如，营业额低于国家法定额度的可以继续免税。此外，应渐进式推进征税，以免扼杀尚处于萌芽状态的小微卖家。对于大学生因学习需要而开设的网店、特殊群体开设的网店以及个人二手置换的临时小店等非经营类的网店也要区别对待。

资料来源：李思. 美国启动电商征税 我国电商征税体系亟待建立 [N]. 上海金融报，2018-07-04.

《电子商务法》已明确规定对电子商务征税，但我国并未对电子商务开征新税也未单独立法，而是在现行税制基础上，采用部门规章、公告、通知等形式对电子商务征税的具体问题进行规定。有鉴于此，亟待在我国现行税制基础上建立电子商务税收体系，明确主体税种体系，以适应电子商务税收发展要求。

第一节　电子商务税收体系概述

税收体系是一国在进行税制设置时，根据本国的具体情况，将不同功能的税种进行组合配置，形成主体税种明确、辅助税种各具特色和作用、功能互补的税种体系。税收体系是构成税收制度的具体税收种类。它是税收总量与税收水平的落脚点，也是经济发展水平决定税收水平的必经之路。更为重要的是，税收对经济活动与社会生活的调节，主要不是通过税收水平而是通过税收体系来实现的。一般而言，一国税收体系并非固定不变，而会随着社会经济环境的变化不断地调整。在正常情况下，这一过程同时也是一国税制不断优化的过程。

一、我国税收体系构成

我国税收体系包括流转税、所得税、财产税及行为税四大类，共 18 个税种。

（一）流转税

流转税是以商品流转额和非商品流转额为征税对象，选择流转过程中的某一环节所征收的一类税。我国流转税税种具体包括增值税、消费税、关税、城市维护建设税。

1. 增值税

增值税是以商品在流转过程中的增值额为计税依据的一种流转税。增值税的征税对象是法定的增值额。税负公平合理，具有中性税属性。采取价外抵扣原则，以不含增值税税额的价格作为计税依据，避免以流转额总额征税而产生重复征税的现象。

2. 消费税

消费税是以特定的消费品或者消费行为的流转额为征税对象的一种税。消费税征税范围具有选择性，只是对特定消费品征收，具有较强的调节目的和政策导向性。消费税只是选择在生产或零售等某一个环节征收，既可以从价定率征收，又可以从量定额征收，还可以复合征收。其平均税率较高，而且针对不同品目的商品设置高低不同的税率。消费税是间接税，税负具有转嫁性。税目多是进口关税和增值税的征税税目，是在普遍征收增值税的基础上，再加征一道消费税。

3. 关税

关税是以进出关境的货物或物品的流转额为计税依据而征收的一种流转税。征税对象是进出关境的货物或物品，征税环节是进出口环节，计税依据为关税的完税价格，具有较强的政策性，关税由海关专门负责征收。

4. 城市维护建设税

城市维护建设税简称城建税，是对缴纳增值税和消费税的单位与个人，以其增值税与消费税实缴税额为计税依据而征收的一种税。城建税是附加税，本身没有独立征税对象，附加于增值税与消费税之上，税款专门用于城市的公用事业和公共设施维护。

（二）所得税

所得税是国家对法人、自然人和其他经济组织在一定时期内的纯所得征收的一类税，包括企业所得税与个人所得税。

1. 企业所得税

有些国家称企业所得税为法人所得税或公司所得税，企业所得税是直接税，征税对象是企业以货币形式和非货币形式取得的生产、经营所得和其他所得。其征收多采取分期预征、年终汇算清缴的方式。

2. 个人所得税

个人所得税是对我国居民来源于境内、境外的应税所得和非我国居民来源于境内的应税所得征收的一种税。

（三）财产税

财产税是以纳税人所占有或支配的财产为征税对象的一类税的总称。财产税是直接税，是对社会财富的存量征税，多是定期税，是地方政府收入的主要来源，具体包括房产税、契税、车船税、车辆购置税、资源税、城镇土地使用税、耕地占用税、土地增值税。

1. 房产税

房产税是以房产为征税对象，依据房产价格或租金收入向房产所有人征收的一种税。房产税的作用是运用税收杠杆调节、理顺分配关系，控制固定资产投资，提高房产使用效益，促进住房改革。其征收较为简便易行，可保证地方收入。

2. 契税

契税是以境内出让、转让、买卖、赠与、交换从而发生权属转移的土地、房屋为征税对象征收的一种税。契税在土地、房屋等不动产的转让环节征税，且每转让一次就征收一次契税。土地、房屋产权未发生转移的，不征契税。契税由取得土地、房屋等不动产权属的承受人缴纳，采用有幅度的比例税率，税负较轻。

3. 车船税

车船税是以中华人民共和国境内的车辆、船舶为征税对象，针对车船的所有人或者管理人征收的一种税。

4. 车辆购置税

车辆购置税是对在我国境内购置规定车辆的单位和个人征收的一种税，它由车辆购置附加费演变而来。

5. 资源税

资源税是对在我国境内开采应税矿产品和生产盐的单位和个人，就其应税资源税数量征收的一种税。其征税对象具有特定性与选择性，从量定额或从价定率征收，单位税额有所差别，具有级差调节的作用。

6. 城镇土地使用税

城镇土地使用税简称土地使用税，是以城镇土地为征税对象，对拥有土地使用权的单位和个人征收的一种税。

7. 耕地占用税

耕地占用税是对占用耕地建房或从事其他非农业建设的单位和个人，就其实际占用的耕地面积征收的一种税，是主要针对改变耕地用途的单位和个人就其占用耕地的行为征收的特别土地税，实行一次性征收，在占用耕地时按规定税额一次性征收，以后不再征收。

8. 土地增值税

土地增值税是对转让国有土地使用权、地上建筑物及其附着物并取得收入的单位和个人，就其转让房地产所取得的增值额征收的一种税。

（四）行为税

行为税也称特定行为目的税，是以纳税人的某些特定行为为征税对象的一类税。其开征目的在于对某些财产和行为发挥调节作用，具体包括环境保护税、印花税、船舶吨税、烟叶税。

1. 环境保护税

环境保护税简称环保税，是指对生产经营者直接向环境排放大气污染物、水污染物、固体废物和噪声等应税污染物的行为征收的税种。

2. 印花税

印花税是对经济活动和经济交往中书立应税凭证、进行证券交易的行为征收的一种行为税，具有征收面广、税源广泛、征收简便、税负较轻等特点。

3. 船舶吨税

船舶吨税是海关代表国家交通管理部门在设关口岸对进出中国国境的船舶征

收的用于航道设施建设的一种使用税，专项用于海上航标的维护、建设和管理。

4. 烟叶税

烟叶税是以纳税人收购烟叶的收购金额为计税依据征收的一种税。

二、我国电子商务税收体系构成

我国电子商务税收体系包括流转税、所得税及印花税三大类。

（一）电子商务流转税

电子商务流转税是以电子商务交易的商品流转额和非商品流转额为征税对象，选择流转过程中的某一环节所征收的一类税，具体税种主要包括增值税、消费税与关税。

（二）电子商务所得税

电子商务所得税是对作为电子商务交易主体的法人、自然人和其他经济组织在一定时期内基于电子商务交易的纯所得征收的一类税，包括企业所得税与个人所得税。

（三）电子商务印花税

电子商务印花税是指对作为电子商务交易主体的纳税人，从事经济活动和经济交往中书立应税凭证、进行证券交易的行为征收的一种行为税。

第二节　电子商务流转税体系

电子商务流转税主要包括增值税、消费税与关税。

一、电子商务增值税体系

电子商务增值税的特殊性在于商品流转过程中采取的是电子商务方式而非传统实物交易，但交易方式的变化并不能影响增值税对商品增值额征税的本质属性，因此，电子商务增值税体系沿用现有增值税体系，但对现有增值税体系提出挑战。

（一）增值税的纳税人

《增值税暂行条例》规定：在中华人民共和国境内销售货物或者加工、修理修配劳务（以下简称劳务），销售服务、无形资产、不动产以及进口货物的单位和个人，为增值税的纳税人。

按照纳税人的经营规模和会计核算健全程度不同，可将增值税纳税人分为一般纳税人与小规模纳税人。一般纳税人可以使用增值税专用发票，并可以用扣税法抵扣发票上注明的已纳增值税税额。而小规模纳税人则不得使用增值税专用发票，也不能进行税款抵扣。

1. 一般纳税人

一般纳税人是指年应税销售额超过财政部、国家税务总局规定标准，并能按会计制度和税务机关的要求进行会计核算的企业和企业性单位。年应税销售额是指纳税人在连续不超过 12 个月或 4 个季度的经营期内累计应征的增值税销售额，包括纳税申报销售额、稽查查补销售额、纳税评估调整销售额。

2. 小规模纳税人

小规模纳税人是指年应税销售额在规定标准以下，并且会计核算不健全，不能按规定报送有关税务资料的增值税纳税人。

1）销售额标准

增值税小规模纳税人销售额的标准为年应征增值税销售额 500 万元及以下。年应税销售额未超过规定标准的纳税人会计核算健全，能够提供准确税务资料的，可以向主管税务机关申请一般纳税人资格认定，成为一般纳税人。

2）会计核算标准

会计核算健全是指能够按照国家统一的会计制度规定设置账簿，根据合法、有效凭证核算。年应税销售额超过规定标准的其他个人不属于一般纳税人。年应税销售额超过规定标准但不经常发生应税行为的单位和个体工商户可选择按照小规模纳税人纳税。

（二）增值税的征税范围与计税依据

1. 征税范围

增值税的征税范围包括在中华人民共和国境内销售货物或者加工、修理修配劳务，销售服务、无形资产、不动产以及进口货物。

1）销售货物

（1）一般销售货物。一般销售货物是指有偿转让货物的所有权。"货物"是指除土地、房屋和其他建筑物等不动产之外的有形动产，包括电力、热力、气体在内。"有偿"是指从购买方取得货币、货物或者其他经济利益。

（2）视同销售货物。单位或者个体工商户的下列行为，虽然没有取得销售收入，也视同销售货物，依法应当缴纳增值税：①将货物交付其他单位或者个人代销。②销售代销货物。③设有两个以上机构并实行统一核算的纳税人，将货物从一个机构移送其他机构用于销售，但相关机构设在同一县（市）的除外。④将自产或者委托加工的货物用于非增值税应税项目。⑤将自产、委托加工的货物用于集体福利或者个人消费。⑥将自产、委托加工或者购进的货物作为投资，提供给其他单位或者个体工商户。⑦将自产、委托加工或者购进的货物分配给股东或者投资者。⑧将自产、委托加工或者购进的货物无偿赠送给其他单位或者个人。

2）提供加工、修理修配劳务

提供加工、修理修配劳务（应税劳务）是指有偿提供加工、修理修配劳务。单位或者个体工商户聘用的员工为本单位或者雇主提供加工、修理修配劳务，不包括在内。

3）销售服务、无形资产或者不动产

（1）销售服务、无形资产或者不动产。①销售服务是指提供交通运输服务、邮政服务、电信服务、建筑服务、金融服务、现代服务、生活服务。②销售无形资产是指转让无形资产所有权或者使用权的业务活动。无形资产是指不具实物形态，但能带来经济利益的资产，包括技术、商标、著作权、商誉、自然资源使用权和其他权益性无形资产。③销售不动产是指转让不动产所有权的业务活动。不动产是指不能移动或者移动后会引起性质、形状改变的财产，包括建筑物、构筑物等。

（2）视同销售服务、无形资产或者不动产。下列情形视同销售服务、无形资产或者不动产：①单位或者个体工商户向其他单位或者个人无偿提供服务，但用于公益事业或者以社会公众为对象的除外。②单位或者个人向其他单位或者个人无偿转让无形资产或者不动产，但用于公益事业或者以社会公众为对象的除外。③财政部和国家税务总局规定的其他情形。

（3）混合销售。一项销售行为如果既涉及服务又涉及货物，为混合销售。①从事货物的生产、批发或者零售的单位和个体工商户的混合销售行为，按照销售货物缴纳增值税。②其他单位和个体工商户的混合销售行为，按照销售服务缴纳增值税。

4）进口货物

进口货物是指申报进入我国海关境内的货物。进口货物无论是否转移货物的所有权，也无论是否有偿，均应征收增值税。

2.计税依据

增值税的计税依据是销售收入额。销售收入额是指纳税人销售货物或者应税劳务向购买方收取的全部价款和价外费用，但不包括收取的销项税额。

1）全部价款

全部价款是指纳税人销售货物、劳务、服务、无形资产、不动产已具体成交的合同价格或发票上记载的实际价格。

2）价外费用

（1）价外费用的范围。其包括价外向购买方收取的手续费、补贴、基金、集资费、返还利润、奖励费、违约金、滞纳金、延期付款利息、赔偿金、代收款项、代垫款项、包装费、包装物租金、储备费、优质费、运输装卸费以及其他各种性质的价外收费。

（2）价外费用的除外情形。凡价外费用，无论其会计制度如何核算，均应并入销售额计算应纳税额。但下列项目不包括在内：①向购买方收取的销项税额。②受托加工应征消费税的消费品所代收代缴的消费税。③同时符合以下条件的代垫运输费用：承运部门的运输费用发票开具给购买方的、纳税人将该项发票转交给购买方的。④同时符合以下条件代为收取的政府性基金或者行政事业性收费：由国务院或者财政部批准设立的政府性基金，由国务院或者省级人民政府及其财政、价格主管部门批准设立的行政事业性收费；收取时开具省级以上财政部门印制的财政票据；所收款项全额上缴财政。⑤销售货物的同时代办保险等而向购买方收取的保险费，以及向购买方收取的代购买方缴纳的车辆购置税、车辆牌照费。

3）销售额不包括销项税额

（1）一般纳税人销售货物或应税劳务，采用销售额和销项税额合并定价方法，按下列公式计算销售额：

$$销售额 = 含税销售额 \div （1+ 税率）$$

（2）小规模纳税人因无开具增值税专用发票的资格，在销售货物或应税劳务时，只能采用将销售额和增值税额一并收取的合并定价的方法，取得含税销售额。因此，计算应纳税额时，必须将含税销售额换算成不含税销售额，即销售额。换算公式：

$$销售额 = 含税销售额 \div （1+ 征收率）$$

4）核定销售额

纳税人发生应税销售行为的价格明显偏低并无正当理由的，由主管税务机关核定其销售额。纳税人发生应税行为价格明显偏低或者偏高且不具有合理商业目的的，或者发生视同销售服务、无形资产或者不动产行为而无销售额的，主管税务机关有权确定销售额。

（三）增值税的税率与应纳税额计算

1.增值税税税率与征收率[①]

1）增值税税率

增值税基本税率是13%，低税率是9%和6%，此外还有符合条件的零税率。

纳税人兼营销售货物、劳务、服务、无形资产或者不动产，适用不同税率或者征收率的，应当分别核算适用不同税率或者征收率的销售额。未分别核算的，从高适用税率。

2）增值税征收率

由于小规模纳税人经营规模小，且会计核算制度不够健全，因此，对小规模纳税人实行按销售额与征收率计算应纳税额的简易办法。增值税征收率为3%，财政部和国家税务总局另有规定的除外。

2.增值税应纳税额的计算

1）一般纳税人应纳税额的计算

（1）计算公式。一般纳税人销售货物、劳务、服务、无形资产、不动产（统称应税销售行为），应纳税额为当期销项税额抵扣当期进项税额后的余额，即

$$应纳税额 = 当期销项税额 - 当期进项税额$$

当期销项税额小于当期进项税额不足抵扣时，其不足部分可以结转下期继续抵扣。

（2）销项税额。销项税额是纳税人发生应税销售行为，按照销售额和规定的税率计算并向购买方收取的增值税额。销项税额计算公式：

$$销项税额 = 销售额 \times 税率$$

（3）进项税额。进项税额是纳税人购进货物、劳务、服务、无形资产、不动产支付或者负担的增值税额。

---

① 增值税税率及征收率具体内容参见第二章第二节电子商务税率的相关规定。

准予抵扣的进项税额包括：①从销售方取得的增值税专用发票上注明的增值税额。②从海关取得的海关进口增值税专用缴款书上注明的增值税额。③购进农产品，除取得增值税专用发票或者海关进口增值税专用缴款书外，按照农产品收购发票或者销售发票上注明的农产品买价和扣除率计算的进项税额，国务院另有规定的除外。④自境外单位或者个人购进劳务、服务、无形资产或境内的不动产，从税务机关或者扣缴义务人取得的代扣代缴税款的完税凭证上注明的增值税额。

不得抵扣的进项税额包括：①用于简易计税方法计税项目、免征增值税项目、集体福利或者个人消费的购进货物、劳务、服务、无形资产和不动产。②非正常损失的购进货物，以及相关的劳务和交通运输服务。③非正常损失的在产品、产成品所耗用的购进货物（不包括固定资产）、劳务和交通运输服务。④非正常损失的不动产，以及该不动产所耗用的购进货物、设计服务和建筑服务。⑤非正常损失的不动产在建工程所耗用的购进货物、设计服务和建筑服务。⑥购进的贷款服务、餐饮服务、居民日常服务和娱乐服务。⑦财政部和国家税务总局规定的其他情形。

2）小规模纳税人应纳税额的计算

小规模纳税人因销货退回或折让退还给购买方的销售额，应从发生销货退回或折让当期的销售额中扣减。小规模纳税人应纳税额计算公式：

$$应纳税额 = 销售额 \times 征收率$$

其中，

$$销售额 = 含税销售额 \div （1+增值税征收率）$$

3）进口货物应纳税额的计算

纳税人进口货物按照组成计税价格和规定的税率计算应纳税额，不得抵扣任何税额。组成计税价格和应纳税额计算公式为

$$组成计税价格 = 关税完税价格 + 关税 + 消费税$$

$$应纳税额 = 组成计税价格 \times 税率$$

二、电子商务消费税体系

消费税的纳税环节具有单一性，征收方法具有灵活性，税率适用具有差别性，税收负担具有转嫁性。电子商务交易对象如果属于消费税税目，应该征收消费税。征收消费税的商品一定征收增值税，反之则不尽然。

（一）消费税的纳税人

在中华人民共和国境内生产、委托加工和进口规定的消费品的单位和个人，以及国务院确定的销售规定的消费品的其他单位和个人，为消费税的纳税人。

（二）消费税的征税范围与计税依据

1. 征税范围

1）征收消费税的商品

（1）过度消费会对人类健康、社会秩序、生态环境等产生危害的消费品。

（2）奢侈品和非生活必需品。

（3）高能耗及高档消费品。

（4）不可再生和替代的消费品。

（5）具有一定财政意义的消费品。

2）消费税税目

消费税税目涉及 15 种商品：烟；酒及酒精；高档化妆品；贵重首饰及珠宝玉石；鞭炮、焰火；成品油；摩托车；小汽车；高尔夫球及球具；高档手表；游艇；木制一次性筷子；实木地板；涂料；电池。

2. 计税依据

消费税计税依据是不含增值税销售额。如果纳税人应税消费品的销售额中未扣除增值税税款或者因不得开具增值税专用发票而发生价款和增值税税款合并收取的，在计算消费税时，应当换算为不含增值税税款的销售额。其换算公式为

应税消费品的销售额 = 含增值税的销售额 ÷（1+ 增值税税率或者征收率）

（三）消费税的税率与应纳税额计算

1. 税率[①]

消费税根据征税对象的具体情况确定定额税率、比例税率和复合税率。纳税人兼营不同税率的应当缴纳消费税的消费品，应当分别核算不同税率应税消费品的销售额、销售数量。未分别核算销售额、销售数量，或者将不同税率的应税消费品组成成套消费品销售的，从高适用税率。纳税人兼营不同税率的应当缴纳消费税的消费品是指纳税人生产销售两种税率以上的应税消费品。

---

① 消费税税率具体内容参见第二章第二节电子商务税率的相关规定。

2. 应纳税额的计算

（1）从价定率计征的应纳税额计算。

$$应纳税额 = 销售额 \times 比例税率$$

（2）从量定额计征的应纳税额计算。

$$应纳税额 = 销售数量 \times 定额税率$$

（3）实行复合计税办法。

$$应纳税额 = 销售额 \times 比例税率 + 销售数量 \times 定额税率$$

三、电子商务关税体系

跨境电子商务涉及关税征收，因此，应按照关税一般法律规定征收。

（一）关税的纳税人

关税的纳税人是进口货物的收货人、出口货物的发货人、进境物品的所有人。

（二）关税税则与完税价格

1. 关税税则

关税税则是指根据关税政策，通过一定的立法程序，制定的关税征收范围和税率的统称。国务院设立关税税则委员会，负责《海关进出口税则》和《进境物品进口税税率表》的税目、税则号列和税率的调整与解释，报国务院批准后执行。进出口税则有两项主要内容：商品分类目录和税率。其根据国家的关税政策依不同商品名目分别制定不同的税率。海关对进出口货物必须按所列税率计征税款。

2. 完税价格

完税价格即关税的计税依据，是由海关确定或估定的纳税人用以缴纳关税税款的进出口货物的价格。

1）进口货物完税价格

进口货物的完税价格由海关以成交价格以及该货物运抵中华人民共和国境内输入地点起卸前的运输及其相关费用、保险费为基础审查确定。进口货物的成交价格，是指卖方向中华人民共和国境内销售该货物时买方为进口该货物向卖方实付、应付的，并按照规定调整后的价款总额，包括直接支付的价款和间接支付的价款。

2）出口货物的完税价格

出口货物的完税价格由海关以该货物的成交价格以及该货物运至中华人民共

和国境内输出地点装载前的运输及其相关费用、保险费为基础审查确定。出口货物的成交价格是指该货物出口时卖方为出口该货物应当向买方直接收取和间接收取的价款总额。出口关税不计入完税价格。

（三）关税的税率与应纳税额计算

1. 税率

进出口货物按照《海关进出口税则》规定的归类规则归入合适的税号，适用合适的税率纳税。进境物品按照《进境物品进口税税率表》规定的适用税率纳税。《进出口关税条例》规定：进口关税设置最惠国税率、协定税率、特惠税率、普通税率、关税配额税率等税率。对进口货物在一定期限内可以实行暂定税率。出口关税设置出口税率。对出口货物在一定期限内可以实行暂定税率。

2. 应纳税额的计算

进出口货物关税，以从价计征、从量计征或者国家规定的其他方式征收。

（1）从价税的计算公式。

$$应纳关税 = 进出口货物完税价格 \times 适用税率$$

（2）从量税的计算公式。

$$应纳关税 = 进出口货物数量 \times 适用税额标准$$

（3）复合税的计算公式。

$$应纳关税 = 进出口货物数量 \times 单位关税完税价格 \times 适用税率$$
$$+ 进出口货物数量 \times 适用税额标准$$

第三节　电子商务所得税体系

电子商务所得税包括企业所得税与个人所得税。

一、电子商务企业所得税体系

企业所得税是指对一国境内的所有企业在一定时期内的生产经营所得和其他所得等收入，进行法定生产成本、费用和损失等扣除后的余额所征收的一种税。电子商务经营者如果是法人，就其所得征收企业所得税。

（一）企业所得税的纳税人

在中华人民共和国境内，企业和其他取得收入的组织为企业所得税的纳税人，依法缴纳企业所得税。个人独资企业、合伙企业不适用《企业所得税法》。我国将企业所得税纳税人分为居民企业和非居民企业。

1. 居民企业

居民企业包括以下两种类型。

（1）依照中国法律在中国境内成立的企业。

（2）依照外国（地区）法律成立的实际管理机构在中国境内的企业实际管理机构，是指对企业的生产经营、人员、账务、财产等实施实质性全面管理和控制的机构。一般是董事会所在地。对于实际管理机构的判断，应当遵循实质重于形式的原则。

2. 非居民企业

非居民企业包括以下两种类型。

（1）在中国设立机构、场所，且其机构、场所不能构成实际管理机构的企业。

（2）在中国境内没有设立机构、场所，但其有来源于中国境内所得的企业。

（二）企业所得税的征税范围与计税依据

1. 征税范围

企业以货币形式和非货币形式取得的生产、经营所得和其他所得。

1）生产、经营所得

生产、经营所得包括销售货物所得和提供劳务所得，是纳税人的主营业务所得。

2）其他所得

其他所得是指纳税人取得的股息红利等权益性投资所得、利息所得、租金所得、转让财产所得、特许权使用费所得、接受捐赠所得和其他所得，是纳税人主营业务以外的所得。

2. 计税依据

企业所得税的计税依据是企业的应纳税所得额，是据以计算企业所应缴纳的企业所得税税款的基数。根据《企业所得税法》第 5 条规定：企业每一纳税年度的收入总额，减除不征税收入、免税收入、各项扣除以及允许弥补的以前年度亏损后的余额，为应纳税所得额。即

企业应纳税所得额 = 收入总额 − 不征税收入 − 免税收入 − 各项扣除 − 允许弥补的以前年度亏损

（三）企业所得税的税率与应纳税额计算

1. 税率

（1）企业所得税的税率为25%。

（2）针对非居民企业在中国境内未设立机构、场所的，或者虽设立机构、场所但取得的所得与其所设机构、场所没有实际联系的，就其来源于中国境内的所得缴纳企业所得税，规定其预提所得税税率为20%。

2. 应纳税额的计算

$$应纳税额＝应纳税所得额 \times 适用税率－减免税额－抵免税额$$

公式中的减免税额和抵免税额，是指依照《企业所得税法》和国务院的税收优惠规定减征、免征和抵免的应纳税额。

二、电子商务个人所得税体系

电子商务经营者如果是自然人，其通过电子商务交易取得的纯所得，缴纳个人所得税。

（一）个人所得税的纳税人

1. 居民纳税人

居民纳税人是在中国境内有住所，或者无住所而一个纳税年度内在中国境内居住累计满183天的个人。该类纳税人负有无限纳税义务，就其从中国境内和境外取得的所得，依法缴纳个人所得税。

2. 非居民纳税人

非居民纳税人是在中国境内无住所又不居住，或者无住所而一个纳税年度内在中国境内居住累计不满183天的个人。纳税年度，自公历1月1日起至12月31日止。该类纳税人负有有限纳税义务，仅就其从中国境内取得的所得，依法缴纳个人所得税。

（二）个人所得税的征税范围与计税依据

1. 征税范围

1）来源于中国境内的所得

根据《中华人民共和国个人所得税法》（以下简称《个人所得税法》）规定，除国务院财政、税务主管部门另有规定外，下列所得，不论支付地点是否在中国境内，均为来源于中国境内的所得：①因任职、受雇、履约等在中国境内提供劳务取得的所得。②将财产出租给承租人在中国境内使用而取得的所得。③许可各种特许权在中国境内使用而取得的所得。④转让中国境内的不动产等财产或者在中国境内转让其他财产取得的所得。⑤从中国境内企业、事业单位、其他组织以及居民个人取得的利息、股息、红利所得。

2）税目

《个人所得税法》将个人所得税分为境内所得与境外所得，共9项所得项目：工资、薪金所得；劳务报酬所得；稿酬所得；特许权使用费所得；经营所得；利息、股息、红利所得；财产租赁所得；财产转让所得；偶然所得。

2. 计税依据

个人所得税的计税依据是应纳税所得额。

1）居民个人的综合所得

居民个人的综合所得包括：工资、薪金所得；劳务报酬所得；稿酬所得；特许权使用费所得。以每一纳税年度的收入额减除费用6万元以及专项扣除、专项附加扣除和依法确定的其他扣除后的余额，为应纳税所得额。

（1）专项扣除包括居民个人按照国家规定的范围和标准缴纳的基本养老保险、基本医疗保险、失业保险等社会保险费和住房公积金等。

（2）专项附加扣除是指个人所得税法规定的子女教育、继续教育、大病医疗、住房贷款利息或者住房租金、赡养老人等6项专项附加扣除。其具体范围、标准和实施步骤由国务院确定，并报全国人民代表大会常务委员会备案。

（3）依法确定的其他扣除包括：个人缴付符合国家规定的企业年金、职业年金，个人购买符合国家规定的商业健康保险、税收递延型商业养老保险的支出，以及国务院规定可以扣除的其他项目。

2）非居民个人的工资、薪金所得；劳务报酬所得、稿酬所得、特许权使用费所得

（1）非居民个人的工资、薪金所得以每月收入额减除费用5 000元后的余额为应纳税所得额。

（2）劳务报酬所得、稿酬所得、特许权使用费所得以每次收入额为应纳税所得额。①劳务报酬所得、稿酬所得、特许权使用费所得以收入减除20%的费用后的余额为收入额。②稿酬所得的收入额减按70%计算。③劳务报酬所得、稿酬所得、特许权使用费所得，属于一次性收入的，以取得该项收入为一次。属于同一项目

连续性收入的，以一个月内取得的收入为一次。

3）经营所得

经营所得以每一纳税年度的收入总额减除成本、费用以及损失后的余额，为应纳税所得额。

4）财产租赁所得

（1）财产租赁所得每次收入不超过 4 000 元的，减除费用 800 元。

（2）4 000 元以上的，减除 20% 的费用，其余额为应纳税所得额。

财产租赁所得以一个月内取得的收入为一次。

5）财产转让所得

财产转让所得以转让财产的收入额减除财产原值和合理费用后的余额，为应纳税所得额。

6）利息、股息、红利所得和偶然所得

利息、股息、红利所得和偶然所得以每次收入额为应纳税所得额。

（三）个人所得税的税率与应纳税额计算

1.税率[1]

个人所得税税率是个人所得税应纳税额与应纳所得税之间的比例。我国个人所得税税率按照所得税项目不同，分为超额累进税率与比例税率两种形式。综合所得与经营所得，适用超额累进税率，其他所得适用比例税率。

（1）综合所得适用 3% 至 45% 的超额累进税率。

（2）经营所得适用 5% 至 35% 的超额累进税率。

（3）利息、股息、红利所得，财产租赁所得，财产转让所得和偶然所得，适用比例税率，税率为 20%。

2.应纳税额计算

（1）居民个人的综合所得。

$$应纳税额 = 应纳税所得额 × 适用税率 - 速算扣除数$$

$$应纳税所得额 = 年度收入额 - 准予扣除额$$

$$准予扣除额 = 基本扣除费用 60\ 000\ 元 + 专项扣除 + 专项附加扣除$$

$$+ 依法确定的其他扣除$$

---

[1] 个人所得税税率具体内容参见第二章第二节电子商务税率的相关规定。

（2）非居民个人的工资、薪金所得，劳务报酬所得、稿酬所得、特许权使用费所得。

$$应纳税额 = 应纳税所得额 \times 适用税率 - 速算扣除数$$

（3）经营所得。

$$应纳税额 = 应纳税所得额 \times 税率 - 速算扣除数$$

（4）财产租赁所得。

$$应纳税额 = 应纳税所得额 \times 20\%$$

（5）财产转让所得。

$$应纳税额 = 应纳税所得额 \times 20\%$$

（6）利息、股息、红利所得和偶然所得。

$$应纳税额 = 应纳税所得额 \times 20\%$$

第四节   电子商务印花税体系

电子商务交易双方存在书立应税凭证、进行证券交易的行为应缴纳印花税。

一、印花税的纳税人

（一）境内纳税人

在中华人民共和国境内书立应税凭证、进行证券交易的单位和个人。

（二）境外纳税人

在中华人民共和国境外书立在境内使用的应税凭证的单位和个人。

二、印花税的征税范围与计税依据

（一）印花税的征税范围

印花税的征税范围是《印花税税目税率表》列明的合同、产权转移书据和营业账簿。印花税税目实行正列举法，即列入税目的征税，未列入税目的不征税。

1.书面合同

1）借款合同

借款合同是指银行业金融机构、经国务院银行业监督管理机构批准设立的其他金融机构与借款人（不包括同业拆借）的借款合同。

2）融资租赁合同

融资租赁合同是出租人根据承租人对出卖人、租赁物的选择，向出卖人购买租赁物，提供给承租人使用，承租人支付租金的合同。

3）买卖合同

买卖合同是出卖人转移标的物的所有权于买受人，买受人支付价款的合同。作为印花税税目的买卖合同指动产买卖合同（不包括个人书立的动产买卖合同）。

4）承揽合同

承揽合同是承揽人按照定作人的要求完成工作，交付工作成果，定作人支付报酬的合同，包括加工、定作、修理、复制、测试和检验等工作。

5）建设工程合同

建设工程合同是承包人进行工程建设，发包人支付价款的合同，包括工程勘察、设计、施工合同。

6）运输合同

运输合同是承运人将旅客或者货物从起运地点运输到约定地点，旅客、托运人或者收货人支付票款或者运输费用的合同。作为印花税税目的运输合同是指货运合同和多式联运合同（不包括管道运输合同）。

7）技术合同

技术合同是当事人就技术开发、转让、许可、咨询或者服务订立的确立相互之间权利和义务的合同。作为印花税税目的技术合同不包括专利权、专有技术使用权转让书据。

8）租赁合同

租赁合同是出租人将租赁物交付承租人使用、收益，承租人支付租金的合同。

9）保管合同

保管合同是保管人保管寄存人交付的保管物，并返还该物的合同。

10）仓储合同

仓储合同是保管人储存存货人交付的仓储物，存货人支付仓储费的合同。

11）财产保险合同

财产保险合同是投保人与保险人约定的以财产及其有关利益为保险标的的合同。作为印花税税目的财产保险合同不包括再保险合同。

2. 产权转移书据

产权转移书据是指单位和个人产权的买卖、继承、赠与、交换、分割等所立的书据。其包括以下几类。

（1）土地使用权出让书据。

（2）土地使用权、房屋等建筑物和构筑物所有权转让书据。其不包括土地承包经营权和土地经营权转移。

（3）股权转让书据。其不包括应缴纳证券交易印花税的。

（4）商标专用权、著作权、专利权、专有技术使用权转让书据。

3. 营业账簿

营业账簿是指单位或者个人记载生产经营活动的财务会计核算账簿。

4. 证券交易

证券交易是指转让在依法设立的证券交易所、国务院批准的其他全国性证券交易场所交易的股票和以股票为基础的存托凭证。

（二）印花税的计税依据

1. 一般规定

1）应税合同的计税依据

应税合同的计税依据是合同所列的金额，不包括列明的增值税税款。

2）应税产权转移书据的计税依据

应税产权转移书据的计税依据是产权转移书据所列的金额，不包括列明的增值税税款。

3）应税营业账簿的计税依据

应税营业账簿的计税依据是账簿记载的实收资本（股本）、资本公积合计金额。

4）证券交易的计税依据

证券交易的计税依据是成交金额。

2. 特殊规定

1）应税合同、产权转移书据未列明金额的

印花税的计税依据按照实际结算的金额确定。

2）计税依据按照前款规定仍不能确定的

（1）按照书立合同、产权转移书据时的市场价格确定。

（2）依法应当执行政府定价或者政府指导价的，按照国家有关规定确定。

3）证券交易无转让价格的

（1）按照办理过户登记手续时该证券前一个交易日收盘价计算确定计税依据。

（2）无收盘价的，按照证券面值计算确定计税依据。

三、印花税的税率与应纳税额计算

（一）印花税的税率[①]

印花税税率设计，遵循税负从轻、共同负担的原则，《印花税法》生效后，适用比例税率。

（二）印花税应纳税额计算

1. 一般规定

$$应纳税额 = 计税依据 \times 税率$$

2. 特殊规定

（1）同一应税凭证载有两个以上税目事项并分别列明金额的，按照各自适用的税目税率分别计算应纳税额。未分别列明金额的，从高适用税率。

（2）同一应税凭证由两方以上当事人书立的，按照各自涉及的金额分别计算应纳税额。

（3）已缴纳印花税的营业账簿，以后年度记载的实收资本（股本）、资本公积合计金额比已缴纳印花税的实收资本（股本）、资本公积合计金额增加的，按照增加部分计算应纳税额。

【知识图谱】

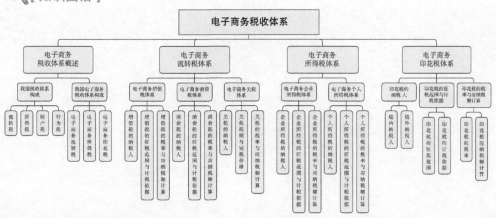

---

① 印花税税率的具体内容参见第二章第二节电子商务税率的相关规定。

【本章小结】

　　税收体系是一国在进行税制设置时所形成主体税种明确、辅助税种各具特色和作用、功能互补的税种体系。税收体系是构成税收制度的具体税收种类。本章从我国税收体系构成着手，明确我国电子商务税收体系由电子商务流转税、电子商务所得税及电子商务印花税构成。其中电子商务流转税体系包括电子商务增值税体系、电子商务消费税体系及电子商务关税体系。电子商务所得税体系包括电子商务企业所得税体系与电子商务个人所得税体系。每个税种体系均由纳税人、征税范围与计税依据、税率与应纳税额计算等税收要素组成。

【复习思考题】

　　1. 我国电子商务税收体系由哪几部分构成？

　　2. 我国电子商务流转税体系包括哪些税种？每个税种的税收要素如何构成？

　　3. 2022 年 7 月 1 日起实施的《印花税法》如何规定证券交易印花税？

【思政经典案例】

　　思政经典案例，请扫描二维码阅读。

上海营商环境的
税收体系优化

税收实务篇

第四章　电子商务税务管理

通过学习本章，了解三种电子商务税收征管模式的特点、征管流程及区别；理解和掌握电子商务的税务登记规定和流程；理解和掌握电子商务账簿凭证管理以及纳税申报的要求；了解和思考电子商务税收征管立法完善的发展趋势。

【重点问题】

1. B2B、B2C、C2C 三种电子商务税收征管模式。

2. 电子商务税务登记制度。

3. 电子商务账簿凭证管理。

4. 电子商务纳税申报要求。

【引导案例】

OECD：对平台销售商实施有效税收征管

经济合作与发展组织（OECD）税收征管论坛发布了一份名为《共享经济和零工经济：对平台销售商实施有效税收征管》的报告。这份报告呼应了2017年奥斯陆第十一届税收征管论坛大会全体会议"令税务局长们难以入睡的头等大事"。其一发布，就引起了国际税务界的广泛关注。

给税收征管带来的挑战

数字经济是信息和通信技术转型带来的产物，使科技变得更廉价、更标准化，在经济的各个领域中不断优化商业流程和激励创新。数字经济的一些特征，如大规模使用数据、较大程度依赖无形资产、采用多种商业模式来获取产品所产生的外部效应价值，以及很难确定价值产生的税收管辖地等，给相应的税收征管带来了一系列挑战。

共享经济和零工经济是数字经济的重要组成部分，其主要形式有五类：短期住宿，交通（出租车服务、单车共享、停车位），点对点电子商务，按需家政服务（如家务服务、快递、食物准备）和按需专业服务，点对点借款和集资。

基于对共享经济和零工经济给税收征管带来严峻挑战的担忧，税收征管论坛奥斯陆会议上，各成员方同意对在共享经济和零工经济中取得所得的主体实施有效税收征管开展专项合作。

对平台销售商实施有效税收征管

共享经济和零工经济平台是多方线上平台的一个子集，多方线上平台的快速发展已经成为数字经济的主要驱动力。此类平台通常对发生在传统商业架构之外的以下平台交易产生促进作用：一是共享经济和零工经济平台，个人（包括自雇人士）销售者向个人消费者销售货物和劳务的平台。二是商对客平台（B2C），商家向个人消费者销售货物和劳务的平台。三是商对商平台（B2B），商家向商家消费者销售货物和劳务的平台。这些平台为客户提供终端对终端的服务，并因此拥有了平台销售商的支付记录以及一定形式的身份信息。

数字化和随之兴起的平台经济，通过帮助大量的买卖双方快速且相对便宜地对接并达成交易，而显著地增加了此类事项的规模和范围，包括跨税收管辖区以及在更多的领域实现交易。在共享经济和零工经济飞速发展的情况下，如果不能确保实施有效的税收管理，长期来看将会带来地下经济的显著增长，并对竞争和公共收入造成不利影响。

对税务部门的三点建议

面对共享和零工经济迅猛发展的形势，共享与零工经济征管报告对各国税务部门提出了三点建议：一是对参与共享和零工经济平台的销售商进行税收宣传培训；二是完善识别共享与零工经济税收风险的依据基础；三是协助政策制定者制定标准化的报告模式，包括促进不同区域税务部门之间更广泛的情报交换。

资料来源：OECD：对平台销售实施有效税收征管 [N/OL]. 2019-08-13（7）.

随着互联网经济和电子商务的出现和飞速发展，电子商务税务管理着面临的日益复杂的新情况和新问题，也改变了许多人认为"在网上交易不需要纳税"的错误观念，进一步明确了我国电子商务贸易经济活动同样需要交税。从这个事件不难发现国内电子商务企业在税收方面存在的消费者消费习惯、经济贸易主体难以明确和纳税主体及扣缴义务人难以明确等诸多问题。

第一节   电子商务税收征管模式

一、传统税收征管模式

（一）税收征管流程

通常我国税收征管流程可以归结为"纳税登记—发票领购—纳税申报—税款缴付—纳税评估—税务稽查"六个步骤。各步骤具体内容如下。

1. 纳税登记

企业自领取营业执照之日起 30 日内，持有关证件，向税务机关申报办理税务登记。

2. 发票领购

企业凭税务登记证向税务局领购发票，并在其后经营中依法对所有收入开具发票。用此方法，税务机关可掌握纳税人的经营收入数据。

3. 纳税申报

企业按期编制并向税务机关提交纳税申报表、会计报表等纳税申报材料，供税务机关审核。用此方法，税务机关获得纳税人的收入、支出及应纳税额信息，在此基础上进行审核或调整。

4. 税款缴付

税务机关审核通过应缴税额后，企业可通过现金、支票、贷记凭证或远程电子支付等方式缴纳税款。

5. 纳税评估

税务机关采用人工或计算机采样等方式，定期或不定期对纳税人的申报材料进行评估，发现可能存在的问题，遴选出需重点稽查的纳税对象。

6. 税务稽查

通过查账、约谈、到企业现场调查等方法，税务机关对企业是否存在涉税违法事实进行调查，根据调查结果给予处罚、不处罚处理。

（二）税收审核机制

税收审核机制包括"以票控税""银企对账"两种手段。我国税源监控已从最初"以账控税"发展为以发票管理为核心的"以票控税"。

1.发票领购

企业凭税务登记证向税务局领购发票，并登记所领发票号码。

2.发票开具

在其后经营中要求企业依法对所有取得的收入都开具发票，记录付款人与发票金额。三联发票金额须相同，并经收款方盖章方为有效。

3.凭票制证

发票基本联次为三联，第一联为存根联，开票方留存备查。第二联为发票联，收执方作为付款或收款原始凭证。第三联为记账联，开票方作为记账原始凭证。增值税专用发票的基本联次还应包括抵扣联，收执方作为抵扣税款的凭证。企业根据发票填制记账凭证。

4.凭证制账

企业根据各项收入、支出凭证编制账本，并进一步填写纳税报表。

5.发票检查

每次报税时，企业应向税务机关提交当期发票使用记录。换购发票或企业注销前，税务机关均会检查企业发票存根，核对发票与以往报送的收入数据是否有出入。用这种方法，税务机关可以根据发票上记载的信息有效地通过记账联掌握企业收入数据，通过发票联掌握支出数据，从而最大限度地获得应纳税额的计算参数。

"以票控税"的前提是企业依法进行税务登记、按实际金额开具发票、按实际金额登记收入支出。当企业不按实际金额开具发票时，"以票控税"就无从实施了。为此，我国税收实践中采用"银企对账"的方法加以制约。银企对账是指税务机关可以要求企业或企业的开户银行提供银行对账单等凭证，将其与企业纳税申报中的收入、支出、现金流量信息比较，以发现是否存在明显不符。银企对账的前提是企业的银行账户全部为税务机关了解、银行能配合调查、企业收支主要通过银行进行。

二、B2B 电子商务税收征管模式

电子商务是企业和企业之间，或者商家和商家之间进行的电子商务活动，是以企业整合内部资源，利用技术和供应链技术，以中心制造厂商为核心，将产业上游原材料和零配件供应商、产业下游经销商、物流运输商及产品服务商以及往来银行结合为一体，借助互联网提供的新型交易平台，为最终顾客服务的商务活动。根据电子商务交易双方主体的不同，电子商务可分为 B2G、B2B、B2C 和 C2C 四种类型。由于电子商务交易主体不同，交易的实现方式和技术也有所差异。从我国电子商务发展现状来看，发展稳健并且交易额形成规模的有 B2B、C2C 和 B2C 三种。

我国对电子商务税收的主流观点是：根据税收中性原则，电子商务和传统商务应负担同等税负。电子商务税收可以现行税制为基础，不必单独开征新税，但要结合电子商务的特点，进行税收政策法律和税收征管方式的研究，以更好地实现税收征管。应从维护国家利益和适当前瞻的原则出发，制定既适应电子商务内在规律又符合国际税收原则的电子商务税收政策法律，促进电子商务在中国的发展。

B2B 电子商务是指企业与企业间的电子商务交易。完整的 B2B 电子商务系统包括顾客、零售商、分销商、生产商、运输提供商和外部供应商、支付处理方、认证中心，至少应包括购买方、销售方、申请方和支付处理方、认证中心。商务部电子商务司发布《中国电子商务报告 2019》显示，2019 年，我国电子商务交易额达到 34.81 万亿元，虽然 B2B 电子商务交易额占比日益降低，但其依然是我国电子商务的重要组成部分。由于这类电子商务交易额巨大，双方交易主体都是企业，可能产生逃税的动机，再加之税收监管部门与企业信息不对称，电子商务税收征管问题成为解决电子商务税收问题的关键。

具体来讲，从事 B2B 电子商务的销售企业有两种：①通过本企业网站开展电子商务。②通过第三方交易平台开展电子商务，如阿里巴巴、慧聪等。因此，可以针对这两种具体交易方式设计不同的税收模式。但无论是哪一种，一般都有传统市场上的销售作为支撑。由于交易环境的虚拟性，交易活动的直观可见性大大下降，税务机关对交易的识别和监控主要依靠资金流动。因此，与支付体系的合作不失为一种有效的税收监管手段。

（一）本企业网站开展电子商务税收征管流程

在本企业网站开展 B2B 电子商务的企业，一般都会同时在传统销售市场上进行经营销售，具备较为完善的税收征纳制度。税务机关应当在月末将该企业的电子商务交易部分并入税基与传统销售一同征税。

企业在通过本企业网站进行电子商务业务时，使用自己的银行账户接收货款。应当要求销售企业在开展电子商务业务前到市场监管部门注册获得电子商务交易资质，市场监管部门将企业电子商务交易的注册信息发送至税务机关，税务机关和市场监管部门要求销售企业将接收货款的电子商务专用银行账户上报备案。税务机关通过与银行合作，监管销售企业的资金变动，通过监管销售企业接收货款的账户了解企业电子商务经营情况。税务机关在月末结合所了解的电子商务经营情况和企业相关报税资料，核定企业应纳税额是否包括电子商务部分，从而对电子商务合理征税。针对本企业网站开展 B2B 电子商务的税收征管流程，如图 4-1 所示。

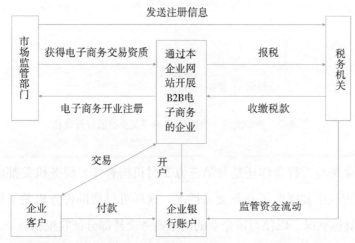

图 4-1　针对本企业网站开展 B2B 电子商务的税收征管流程

（二）借助支付平台的电子商务税收征管流程

从 B2B 电子商务支付流程中可以发现，支付平台发挥着巨大作用，尤其是对 B2B 电子商务的大额支付而言，支付平台的货款冻结环节是对付款人利益的有效保障。买方收货后，在买卖双方无异议的情况下，交易自动成交，同时货款支付到销售企业账户。因此，税务机关需要与支付平台合作，要求支付平台将交易情况报送税务机关备案。月末征收税款时，税务机关能够对企业的电子商务销售情况进行汇总，以此为基础来核定企业相关报税资料中应纳税额是否包括电子商务部分，从而将电子商务交易部分与传统市场上的销售合并征税。

借助交易平台和支付平台的 B2B 电子商务税收征管流程，分别如图 4-2 和图 4-3 所示。

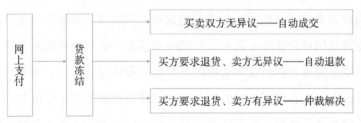

图 4-2　借助交易平台的 B2B 电子商务税收征管流程

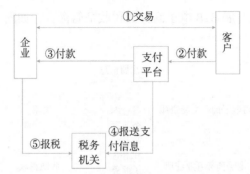

图 4-3　借助支付平台的 B2B 电子商务税收征管流程

无论企业是与银行合作还是与第三方支付机构合作，税务机关都应要求企业在财务报表附注中披露电子商务交易情况。这样可以帮助税务机关了解企业电子商务交易的具体状况，以便对该企业的电子商务交易部分征收税款。

虽然 B2B 电子商务交易与传统市场上的企业销售环境有所不同，但交易实质一样。因此，传统交易中增值税进项税抵扣政策在 B2B 电子商务中应当同样适用。

三、C2C 电子商务税收征管模式

C2C 电子商务是指个人消费者与个人消费者之间的电子商务交易。目前我国个人在互联网上销售商品和服务不用缴纳相关税款，税务机关对 C2C 电子商务还没有提出征税的要求。无须纳税的特点使得 C2C 电子商务凭低廉的价格受到了广大消费者的青睐，许多个体商户也因此将销售活动转上了互联网。我国 C2C 电子商务发展迅猛，交易额逐年攀升，其交易额的不断扩大必然会引起税务部门关注，并考虑对其征收相关税款。

C2C 电子商务交易的双方都是个人，对分散的个人实施税收监管是一项高成本的庞杂工作。但值得注意的是，目前 C2C 电子商务交易都是通过大型电子商务交易平台完成。随着电子商务在我国的发展，一批 C2C 电子商务交易网站应运而生，如淘宝网、易趣等，为个人交易者提供了电子商务交易的平台，给我国 C2C 电子商务提供了成长的土壤，同时与这些交易平台合作的第三方支付平台，如支付宝、安付通等，也给 C2C 电子商务的税款征收创造了条件。

（一）基于电子商务交易平台的税款扣缴模式

C2C 电子商务的交易过程一般包括注册、购买、付款、收货几个步骤。

一般情况下，交易双方使用交易平台进行交易时，其交易流程如图 4-4 所示。

图 4-4　C2C 电子商务的交易过程

由图 4-4 可知，一次完整的货款支付过程包括两次付款：步骤 a 中买家支付货款给第三方支付平台，步骤 d 中第三方支付平台支付货款给卖家。在步骤 a 中，虽然买家为购买商品支付了货款，但是款项并没有真正支付给卖方，而是支付给了第三方支付平台。只有经过步骤 c，当买家收到商品并查验无误后，才会再次到交易平台上确认付款，这时交易平台才会把货款支付给卖家完成步骤 d，从而形成卖家的营业收入。因此，税务机关应当以货款支付环节为突破口，借助步骤 d 对卖家征税。

税务机关要想借助步骤 d 征收税款，就必须和第三方支付平台建立良好的合作关系，将征税系统与支付系统相连接，通过控制少量几个支付平台的方法实现对广大卖家的税收监管。具体来讲，就是支付平台在将货款支付给卖家之前，先将交易信息报送给税务机关，税务机关扣除应纳税额后再向卖家支付。

基于 C2C 电子商务交易平台的税款扣缴模式，如图 4-5 所示。

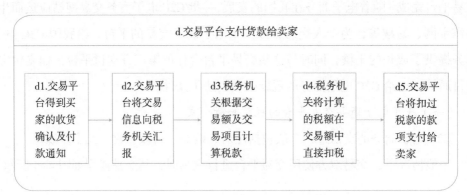

图 4-5　基于 C2C 电子商务交易平台的税款扣缴模式

在货款支付过程中，如果买家已付款到支付平台，但没有在规定时间内收到货物或收到货物不符合双方约定，那么买家有权获得退款。这种情况不能确认为销售，也不需向税务机关汇报该笔交易信息。

（二）C2C 电子商务商品退换的税务处理

在 C2C 交易模式下，还可能出现售出商品需要退换的情况。如果扣缴税款后发生商品退换，交易平台应与买卖双方协商该笔交易的商品退换事宜，在各方都同意商品退换的基础上签署三方协议并报送税务机关。税务机关接收商品退换三方协议后，根据协议载明的销售货款的变动情况调整已征收的税款，补征增价部分的税款或退还减价部分的税款。C2C 电子商务商品退换的税务处理，如图 4-6 所示。

C2C 电子商务交易非常零散，通常每笔交易只有很小的交易额，多数卖家的交易规模也较小，但却是普通消费者了解并参与电子商务的最直接方式，有利于培养消费者的网络消费观念，推动电子商务在我国的发展。因此，对这种类型的交易应予以正确的引导和保护，给予宽松的税收政策，为电子商务提供宽松的发展空间。

税务机关在 C2C 电子商务税收中的职责，如图 4-7 所示。

由于税务机关需要通过 C2C 电子商务交易平台得到交易数据并扣缴税款，税务机关应当与交易平台建立良好的合作关系。为了保证税款的全面征收，税务机关应当全面掌握 C2C 交易平台的每笔交易信息。对于个人消费者的二手货交易，

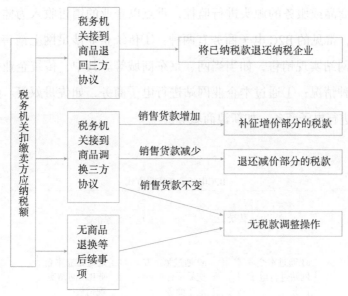

图 4-6　C2C 电子商务商品退换的税务处理

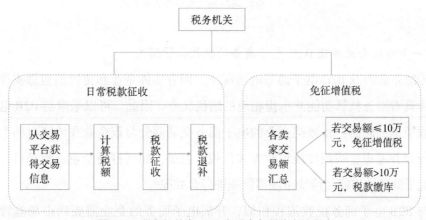

图 4-7　税务机关在 C2C 电子商务税收中的职责

应免征税款。这样做既支持电子商务的发展，又促进社会资源的合理调配和再利用。对于个人开办的二手交易网，达到一定规模时应就网站的手续费收入适当征收增值税。但对于二手交易的认定可能存在一些困难，需要税务机关对其进行特别的审核和认定。

四、B2C 电子商务税收征管模式

B2C 电子商务是指企业与个人消费者进行的电子商务交易。这类电子商务由于个人消费者非常分散，对个人消费者的监控较为困难。对 B2C 征税应当以企业为突破口，从商品或服务的源头进行监控，重点以企业的销售收入为监管对象。如图 4-8 所示，常见的 B2C 电子商务有两种：①传统企业涉足网上销售。②电子商务企业建立网站实现销售，如当当网、京东商城等。其中，传统企业涉足网上销售又包含两种情况：①通过本企业网站进行电子商务，如佐丹奴等。②通过第三方交易平台进行电子商务，如新浪商城等。

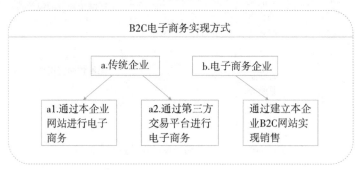

图 4-8　我国 B2C 电子商务的实现方式

（一）传统企业涉及 B2C 电子商务的税收征管模式

传统企业涉及 B2C 电子商务的情况下，因有实体企业和传统销售做支撑，企业实体具有财务核算功能并承担相应的纳税义务。因此，可以采取与 B2B 电子商务税收类似的思路：将该类企业的电子商务交易部分与该企业在传统市场上的销售进行合并考虑，按照传统税收方式征税。但是，如何打消企业逃税动机，使企业将电子商务销售额与传统市场销售额进行合并呢？

与 B2B 电子商务税收流程相似，开展电子商务的企业需要到市场监管部门进行电子商务注册登记，市场监管部门再把注册信息发送至税务机关，并要求注册企业及时将交易信息报送税务机关，以此来对涉足 B2C 电子商务的传统企业实现市场监管部门与税务机关的双重控制，如图 4-9 所示。税务机关通过掌握企业电子商务的交易信息，对企业电子商务销售部分与传统市场销售部分汇总合并征税。

（二）B2C 电子商务税款扣缴模式

电子商务企业是直接通过建立 B2C 电子商务网站销售商品，如当当网等。它们没有实体企业和实体销售网点做支撑，因此必须对其建立适宜网络交易环境的征税模式。

图 4-9　市场监管部门与税务机关对传统企业进行 B2C 电子商务的双重控制

由于支付环节是 B2C 电子商务的必要环节，税务机关应当以支付环节为突破口，加强与网上银行的合作，通过了解网上银行支付情况，以监管销售企业的交易额，进而扣缴其应纳税款。税务机关将针对 B2C 电子商务的税款扣缴系统植入网上银行支付系统，货款到达销售企业账户之后，销售企业将销售信息报送给税务机关，银行将支付信息传递给税务机关。税务机关获得由网上银行提供的支付信息和销售企业提供的销售信息后，计算应纳税额并在收款银行账户中扣缴应纳税额，同时将税收凭证发送至销售企业。B2C 电子商务税款扣缴模式，如图 4-10 所示。

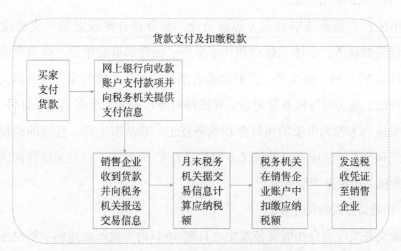

图 4-10　B2C 电子商务税款扣缴模式

同样地，传统交易中的增值税进项税抵扣政策在 B2C 电子商务中也适用。销售企业在交易时，给购买企业开具的发票经过税务机关认证后，可以作为进项税的抵扣凭证。

另外，对于 B2C 电子商务交易还应要求企业在财务报告中披露电子商务交易情况，为税务机关提供获得征税信息的渠道，进一步确保对电子商务的足额征税。

第二节　电子商务税务登记

一、电子商务税务登记规定

由于电子商务的虚拟性，税务机关在税款征收中遇到的最大困难是难以确定电子商务活动的纳税人，因此，应与市场监管部门联手在税务登记环节对电子商务的纳税人进行统一管理。

（一）税务登记法律规定

税务登记又称纳税登记，是税务机关对纳税人的生产、经营活动进行登记并据此对纳税人实施税务管理的制度。税务登记是税务管理工作的首要环节和基础工作，是征纳双方法律关系成立的依据和证明。税务登记包括设立税务登记、变更税务登记和注销税务登记。

1. 设立税务登记

1）纳税人的税务登记

从事生产、经营的纳税人（包括企业，企业在外地设立的分支机构和从事生产、经营的场所，个体工商户和从事生产、经营的事业单位）应当自领取营业执照之日起 30 日内，向生产、经营地或者纳税义务发生地的主管税务机关申报办理税务登记，如实填写税务登记表，并按照税务机关的要求提供有关证件、资料。税务机关应当于收到申报的当日办理税务登记。非从事生产、经营的纳税人，除国家机关和个人外，应当自纳税义务发生之日起 30 日内，持有关证件向所在地的主管税务机关申报办理税务登记。

2）扣缴义务人的税务登记

扣缴义务人应当自扣缴义务发生之日起 30 日内，向所在地的主管税务机关申报办理扣缴税款登记，领取扣缴税款登记证件。税务机关对已办理税务登记的扣缴义务人，可以只在其税务登记证件上登记扣缴税款事项，不再发给扣缴税款登记证件。

2. 变更税务登记

纳税人税务登记内容发生变化的，应当自市场监督管理部门或者其他部门办理变更登记之日起 30 日内，持有关证件向原税务登记机关申报办理变更税务登记。

纳税人税务登记内容发生变化，不需要到市场监督管理部门或者其他部门办理变更登记的，应当自发生变化之日起 30 日内，持有关证件向原税务登记机关申报办理变更税务登记。

3. 注销税务登记

纳税人发生解散、破产、撤销以及其他情形，依法终止纳税义务的，应当在向市场监督管理部门或者其他部门办理注销登记前，持有关证件向原税务登记机关申报办理注销税务登记。按照规定不需要在市场监督管理部门或者其他部门办理注册登记的，应当自有关部门批准或者宣告终止之日起 15 日内，持有关证件向原税务登记机关申报办理注销税务登记。

纳税人因住所、经营地点变动，涉及改变税务登记机关的，应当在向市场监督管理部门或者其他部门申请办理变更或者注销登记前或者住所、经营地点变动前，向原税务登记机关申报办理注销税务登记，并在 30 日内向迁达地税务机关申报办理税务登记。

纳税人被市场监督管理部门吊销营业执照或者被其他部门予以撤销登记的，应当自营业执照被吊销或者被撤销登记之日起 15 日内，向原税务登记机关申报办理注销税务登记。

纳税人在办理注销税务登记前，应当向税务机关结清应纳税款、滞纳金、罚款，缴销发票和其他税务证件。

（二）电子商务税务登记法律规定

《电子商务法》规定了电子商务经营者的税务登记。

第 11 条：电子商务经营者应当依法履行纳税义务，并依法享受税收优惠。依照前条规定不需要办理市场主体登记的电子商务经营者在首次纳税义务发生后，应当依照税收征收管理法律、行政法规的规定申请办理税务登记，并如实申报纳税。

第 28 条：电子商务平台经营者应当按照规定向市场监督管理部门报送平台内经营者的身份信息，提示未办理市场主体登记的经营者依法办理登记，并配合市场监督管理部门，针对电子商务的特点，为应当办理市场主体登记的经营者办理登记提供便利。

电子商务平台经营者应当依照税收征收管理法律、行政法规的规定，向税务部门报送平台内经营者的身份信息和与纳税有关的信息，并应当提示依照本法第10条规定不需要办理市场主体登记的电子商务经营者依照本法第11条第2款的规定办理税务登记。

2015年1月5日，国务院法制办公室发布了《中华人民共和国税收征收管理法修订草案（征求意见稿）》（简称"征求意见稿"）。该征求意见稿增加了电子商务征管的立法条款。第19条规定：从事网络交易的纳税人应当在其网站首页或者从事经营活动的主页面醒目位置公开税务登记的登载信息或者电子链接标识。第33条规定：网络交易平台应当向税务机关提供电子商务交易者的登记注册信息。第33条的规定使得网络交易平台成为法定提供涉税信息的协助义务人，由此，征求意见稿中第111条规定："负有提供涉税信息协助义务和其他协助义务的纳税人、扣缴义务人以及其他有关单位和个人未按照本法规定履行提供涉税信息和其他协助义务的，经税务机关责令限期改正逾期仍不改正的，由税务机关对其处二千元以上一万元以下的罚款；造成国家税款重大损失的，处十万元以下的罚款。"此条同样适用于网络交易平台。上述有关条款为加强电子征管提供了坚实的法律基础。

二、电子商务税务登记流程

针对"大数据时代"电子商务动态化的企业形式和商贸活动，在电子商务税务登记管理制度上应当推行和完善网上电子税务登记制度与网络税务认证中心认证制度。从事电子商务的企业先到税务局网站的认证中心进行登记注册、申请纳税人识别号（分为企业法人识别号和自然人识别号，法人识别号须提供企业统一组织机构代码，自然人须提供居民身份证号），方可进行网络交易，并在网页显著位置标示纳税人识别号，以便税务稽查、监控、比对涉税信息。线上税务登记与线下税务登记可由纳税人自行选择，进行了线下税务登记的电子商务纳税人，可通过税务局网站上的认证中心直接填写其税务登记信息及纳税人识别号，认证通过后方可进行网络交易。

为了适应对电子商务的税收征管，应逐步完善电子商务企业电子税务登记流程。电子税务登记流程主要包括网络交易资格申请、办理税务登记以及激活账号这三个环节。

（一）网络交易资格申请

从事电子商务活动的经营者在网络交易平台注册，提交网络销售资格申请。交易平台对其经营名称、经营范围、收支方式及相关材料进行审查，在核实申请人相关证件、银行账号真实有效后发放网络平台交易账号。

（二）办理税务登记

电子商务经营者应向主管税务机关申请办理税务登记，填报税务登记表。税务机关对填报资料进行必要的实质性审查，如果申报内容属实，税务机关应当尽快予以核准。此外，税务机关应做好对纳税人资料的保密工作。审核通过后，税务机关可以通过网络传输的形式将税务登记号码、网络销售账号激活码发给申请人，并将其税务登记信息录入"电子商务网络资格认证公共平台"，由各个网络交易平台自行下载核实。

（三）激活账号

申请人收到税务登记号码、网络销售账号激活码后，申请激活网络交易平台销售资格。网络交易平台登录到"电子商务网络资格认证公共平台"进行核实，审查无误后，开通申请人的网络销售资格。

电子商务税务登记流程如图 4-11 所示。

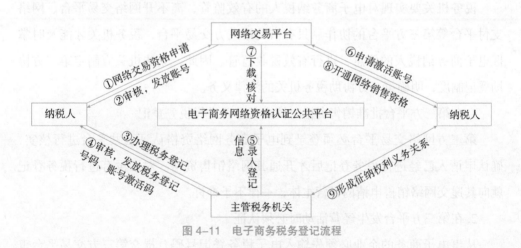

图 4-11　电子商务税务登记流程

三、电子商务税务登记的完善

（一）建立电子商务税务登记公示制度

为了加强对电子商务企业的税控管理，可以建立电子商务税务登记公示制度，扩大对纳税人进行跟踪管理的主体范围。

1. 税务登记公示

国家税务总局应当设立专门的电子商务税务登记标识，要求从事电子商务的经营者下载并统一公示在其网络交易网站。具体来讲，取得电子商务税务登记证的经营者必须在其交易网站的指定位置公示电子商务税务登记标识，并附注必要的信息资料，以便税务机关实时监控，接受社会全面监督。税务机关应对其公示情况进行核查和不定期检查，以确保电子商务税务登记公示制度的有效实施。

2. 加强电子商务涉税情况跟踪管理

税务机关可以利用技术手段，在电子商务税务登记标识上加载交易跟踪功能，使其能自动追踪纳税人所有网络交易活动。税务机关通过电子商务税务登记标识查询纳税人的每一笔交易记录，从而动态监控纳税人的纳税情况。网络跟踪管理的设想大胆地突破了传统的实地税务检查模式，实现了实际交易活动和网络税务平台的结合，有效防范电子商务逃税现象。与此同时，税务机关应做好保密工作，保证纳税人的交易信息安全。

（二）制定第三方协助登记制度

税务机关要实现对电子商务纳税人的有效监管，离不开网络交易平台、网络支付平台等第三方平台的协作。只有借助第三方交易平台，税务机关才能及时掌握电子商务纳税人的信息，进行有效税收监管。因此，立法机关应制定第三方协助登记制度，明确第三方协助税务机关的法律义务。

1. 在第三方平台批准销售资格时核查其是否进行税务登记

第三方网络交易平台必须登录到电子商务网络资格认证公共平台进行核实，确认申请人已经进行税务登记后才开通其网络销售资格。对于没有进行税务登记就向其递交网络销售申请的经营主体，一律不予准许。

2. 在第三方平台发生经营活动时必须认证

从事电子商务的企业必须先输入电子税务登记号码，提交第三方交易平台审查，认证无误后才能在该中心进行网上交易活动。建立第三方协助登记制度不仅完善了电子商务税务登记，避免越来越多的电子商务无证经营对我国税收收入的冲击，而且提高了税务机关对税源监控的效率，降低了征税成本。

第三节 电子商务账簿凭证

一、账簿凭证的税收征管要求

账证管理是账簿、凭证管理的简称，是指税务机关对纳税单位的账簿和凭证进行监督管理的一项法律制度。为保证纳税人真实记录其经营活动，客观反映有关纳税的信息资料，防止纳税人伪造、变造、隐匿、擅自销毁账簿和记账凭证，《中华人民共和国税收征收管理法》（以下简称《税收征收管理法》）对账簿和凭证的管理做了严格、明确的规定。

（一）账簿的设置要求

1.依法设置账簿

1）纳税人、扣缴义务人

纳税人、扣缴义务人按照有关法律法规的规定设置账簿，根据合法、有效凭证记账，进行核算。从事生产、经营的纳税人应当自领取营业执照或者发生纳税义务之日起 15 日内，按照国家有关规定设置账簿。所谓账簿，是指总账、明细账、日记账以及其他辅助性账簿。

2）生产、经营规模小又确无建账能力的纳税人

生产、经营规模小又确无建账能力的纳税人可以聘请经批准从事会计代理记账业务的专业机构或者经税务机关认可的财会人员代为建账和办理账务。聘请上述机构或者人员有实际困难的，经县以上税务机关批准，可以按照税务机关的规定，建立收支凭证粘贴簿、进货销货登记簿或者使用税控装置。

3）扣缴义务人

扣缴义务人应当自税收法律、行政法规规定的扣缴义务发生之日起 10 日内，按照所代扣、代收的税种，分别设置代扣代缴、代收代缴税款账簿。

2.使用文字要求

账簿、会计凭证和报表，应当使用中文。民族自治地方可以同时使用当地通用的一种民族文字。外商投资企业和外国企业可以同时使用一种外国文字。

（二）账簿凭证的管理

1.账簿、凭证的使用

1）账簿、凭证的设置要求

纳税人、扣缴义务人应当按照有关法律、行政法规和国务院财政、税务主管部门的规定设置账簿，根据合法、有效凭证记账进行核算。所有账簿、记账凭证、报表、完税凭证、发票、出口凭证以及其他有关涉税资料应当合法、真实、完整，不得伪造、变造或者擅自损毁。

2）账簿、凭证的备案要求

从事生产、经营的纳税人应当自领取税务登记证件之日起 15 日内，将其财务、会计制度或者财务、会计处理办法报送主管税务机关备案。纳税人使用计算机记账的，应当在使用前将会计电算化系统的会计核算软件、使用说明书及有关资料报送主管税务机关备案。纳税人建立的会计电算化系统应当符合国家有关规定，并能正确、完整核算其收入或者所得。

3）财会制度或财会处理办法不得与税收规定相抵触

纳税人、扣缴义务人的财务、会计制度或者财务、会计处理办法与国务院或者国务院财政、税务主管部门有关税收的规定抵触的，依照国务院或者国务院财政、税务主管部门有关税收的规定计算应纳税款、代扣代缴税款和代收代缴税款。

2. 账簿、凭证的保管

从事生产、经营的纳税人、扣缴义务人必须按照国务院财政、税务主管部门规定的保管期限保管账簿、记账凭证、完税凭证及其他有关资料。其中账簿、记账凭证、报表、完税凭证、发票、出口凭证以及其他有关涉税资料应当保存 10 年。但是，法律、行政法规另有规定的除外。

二、电子商务对账簿凭证的影响

账簿、凭证是纳税人记录生产经营活动、进行经济核算的主要工具，也是税务机关确定应纳税额、进行财务监督和税务检查的重要依据。

传统贸易下，纳税人用纸质的合同、票据、凭证、账簿和印章、签名等记载经济活动发生与完成的信息，其记录不易被篡改，即使被篡改，也会留下刮、擦、挖、补等痕迹，因此，它们是税收征管的可靠信息来源，也是税务机关实施税务检查的主要依据。电子商务环境下，这种以纸质发票、票据、账簿等为征管依据的管理制度难以有效实施。这些经济活动发生与完成的信息，在电子商务中被数字化了，由电子表单、电子记录、电子文件，甚至稍纵即逝的电子信息流所取代，就连签名、印章等这些至关重要的东西也被电子签名、数字图章等所替代，而数字化了的信息、资料可以轻易被修改、删除却不留痕迹和线索。

税务机关对这些信息的来龙去脉追踪查询难度大、成本高，会使税收管理工作在失去纸质的财务会计资料后变得十分被动。如果电子商务经营者不提供真实的交易信息，税务机关难以准确确认其收入、成本费用和利润等损益情况，税收征管失去可靠的基础。

此外，保留在计算机中的信息资料可能被加密，虽然数据信息加密技术维护了电子商务的交易安全，但增加了税务机关掌握纳税人交易内容及财务信息的难度，影响了正常的税收征管工作。

三、电子商务账簿凭证的完善

电子商务中，税务机关如果无法掌握纳税人经济活动的真实情况，其税收征管工作也难以有效完成，但电子发票可以有效避免上述情况出现。

电子商务的发展离不开电子合同、电子票据及电子发票。2004 年 8 月 28 日，我国颁布《电子签名法》使电子合同具备了法律效力。《中华人民共和国票据法》明确电子票据与电子签名的法律效力。2015 年 11 月 26 日，《国家税务总局关于推行通过增值税电子发票系统开具的增值税电子普通发票有关问题的公告》（国家税务总局公告 2015 年第 84 号）规定增值税电子普通发票的开票方和受票方需要纸质发票的，可以自行打印增值税电子普通发票的版式文件，其法律效力、基本用途、基本使用规定等与税务机关监制的增值税普通发票相同。2018 年 7 月 23 日，《国家税务总局关于增值税电子普通发票使用有关事项的公告》（国家税务总局公告 2018 年第 41 号）明确为保障国税地税征管体制改革工作顺利推进，确保改革前后增值税电子普通发票有序衔接、平稳过渡，对增值税电子普通发票使用有关事项进一步明确规定。

第四节 电子商务纳税申报

一、纳税申报的税收征管要求

纳税申报是指纳税人在发生法定纳税义务后按照税法或税务机关规定的期限和内容，向主管税务机关提交有关纳税事项书面报告的法律行为。它既是纳税人履行纳税义务的法定程序，又是税务机关核定应征税款和填写纳税凭证的主要依据。

（一）纳税申报主体

纳税申报主体有狭义和广义之分，狭义的纳税申报主体仅指纳税人，广义的纳税申报主体还包括扣缴义务人。

1. 纳税人

纳税人必须依照法律、行政法规规定或者税务机关依照法律、行政法规的规定确定的申报期限、申报内容，如实办理纳税申报，报送纳税申报表、财务会计报表，以及税务机关根据实际需要要求纳税人报送的其他纳税资料。纳税人在纳税期内没有应纳税款的，也应当按照规定办理纳税申报。纳税人享受减税、免税待遇的，在减税、免税期间应当按照规定办理纳税申报。

2. 扣缴义务人

扣缴义务人必须依照法律、行政法规规定或者税务机关依照法律、行政法规的规定确定的申报期限、申报内容如实报送代扣代缴、代收代缴税款报告表，以及税务机关根据实际需要要求扣缴义务人报送的其他有关资料。

（二）纳税申报内容

1. 纳税申报表

纳税人、扣缴义务人的纳税申报或者代扣代缴、代收代缴税款报告表的主要内容包括：税种、税目，应纳税项目或者应代扣代缴、代收代缴税款项目，计税依据，扣除项目及标准，适用税率或者单位税额，应退税项目及税额、应减免税项目及税额，应纳税额或者应代扣代缴、代收代缴税额，税款所属期限、延期缴纳税款、欠税、滞纳金等。

2. 证件资料

1）纳税人办理纳税申报

应当如实填写纳税申报表，并根据不同的情况相应报送下列有关证件、资料：①财务会计报表及其说明材料。②与纳税有关的合同、协议书及凭证。③税控装置的电子报税资料。④外出经营活动税收管理证明和异地完税凭证。⑤境内或者境外公证机构出具的有关证明文件。⑥税务机关规定应当报送的其他有关证件、资料。

2）扣缴义务人办理代扣代缴、代收代缴税款报告

应当如实填写代扣代缴、代收代缴税款报告表，并报送代扣代缴、代收代缴税款的合法凭证以及税务机关规定的其他有关证件、资料。

（三）纳税申报方式

税务机关应当建立健全纳税人自行申报纳税制度。纳税人、扣缴义务人可以直接办理纳税申报或报送代扣代缴、代收代缴税款报告表，也可以按照规定采取邮寄、数据电文或其他方式办理纳税申报。

1.直接申报方式

这是纳税人、扣缴义务人依照法律、行政法规规定或者税务机关依照法律、行政法规的规定确定的申报期限，直接到税务机关办理纳税申报或代扣代缴税款报告手续的申报方式。

2.邮寄申报方式

经税务机关批准，纳税人采取邮寄方式办理纳税申报的，应当使用统一的纳税申报专用信封，并以邮政部门收据作为申报凭据。邮寄申报以寄出的邮戳日期为实际申报日期。

3.电子申报方式

电子申报是指经税务机关批准的纳税人通过电话语音、电子数据交换和网络传输等数据电文方式办理纳税申报。纳税人采取电子方式办理纳税申报的，应当按照税务机关规定的期限和要求保存有关资料，并定期书面报送主管税务机关。

4.其他申报方式

实行定期定额缴纳税款的纳税人，可以实行简易申报、简并征期等申报纳税方式。

（四）纳税申报延期

纳税人、扣缴义务人按照规定的期限办理纳税申报或者报送代扣代缴、代收代缴税款报告表确有困难、需要延期的，应当在规定的期限内向税务机关提出书面延期申请，经税务机关核准，在核准的期限内办理。

纳税人、扣缴义务人因不可抗力，不能按期办理纳税申报或者报送代扣代缴、代收代缴税款报告表的，可以延期办理。但是，应当在不可抗力情形消除后立即向税务机关报告。税务机关应当查明事实，予以核准。

纳税人、扣缴义务人经核准延期办理上述申报、报送事项的，应当在纳税期内按照上期实际缴纳的税额或者税务机关核定的税额预缴税款，并在核准的延期内办理税款结算。

二、电子商务纳税申报管理

电子商务纳税申报是指纳税人利用计算机和电话机，通过分组交换网、互联网等通信网络系统，直接将申报资料发送给税务机关，从而实现纳税人不必亲临税务机关，即可完成申报的纳税申报模式。凡是通过互联网进行交易的纳税人，必须按规定填制电子纳税申报表。电子申报不仅能够大大减少数据库录入所需的人力、物力，提高申报效率，还能降低输入的错误率，实现申报的"无纸化"。

（一）电子商务税务登记和备案制度

1. 建立和完善电子商务税务登记与备案制度

针对电子商务网上经营的特点，建立和完善电子商务税务登记与备案制度，所有从事电子商务活动的纳税人在办理上网手续后，应到主管税务机关办理相应的电子商务税务登记，取得专门的税务登记号，作为其身份的识别代码，并将该号码显示在纳税人所经营的网站首页的显著位置。网站的访问者可以凭此查定网站的合法性后再进行交易，也便于税务机关掌握网上交易的情况。纳税人必须将网站、网址、网上商品种类、品名以及用于交易结算方法、网络银行账户等向当地税务机关登记，税务机关应建立专门的有关企业电子商务状况的资源信息库，明确规定所有上网的纳税人在有效期限内将上网有关资料报送当地主管税务机关备案。税务机关对纳税人填报的资料进行严格审核并承担相应保密责任。

2. 电子商务交易活动中使用具有权威性和公正性的验证机构

企业在电子商务交易活动中应使用具有权威性和公正性的验证机构，如网络认证中心提供的数字证书，认证书中包含了交易主体的有关身份信息。所有参加电子商务活动的主体，必须获得由其颁发的电子证书，确定其电子商务服务器的合法性，相当于在网上领取营业执照。这种类似机构可以协助税务机关识别网上纳税人的身份。

3. 加强商业用 IP 号码分配和转让的管理

如果有相关主体的配合，IP（网际互连协议）号码用于确定网上计算机的位置、所有者身份、姓名、地址是可行的。对商业用途的 IP 号码的分配、转让进行严格的公开登记，登记内容包括企业名称、地址、登记号等。对商业网站和运营、驻留网站的组织实行许可证制度，从而达到控制的目的。

（二）电子商务纳税申报的完善

1. 继续大力推行电子商务业务单独核算和网络申报制度

税务部门编制专用的电子商务电子申报表和申报软件。申报软件程序在纳税人填写完申报表之后，能自动对申报表的数据进行逻辑审核，把好防止纳税人虚假申报这道关。纳税人通过电子申报表，按纳税申报期以电子邮件或其他数据传输形式将申报资料直接提供给主管税务机关。

2. 完善网上数字化发票的自动开具认证和稽核系统

完善网上数字化发票的自动开具认证和稽核系统，以配合纳税人凭证、账簿、报表及其他交易信息载体的电子一体化。在电子商务交易完成并支付时，该系统应能自动开出数字化发票作为支付系统代征代扣税款的依据，并具有未经授权无法修改的功能。数字化增值税发票只有在经过该系统认证稽核并实施数字签名后才予以抵扣。

3. 加强企业财务软件的税务认证及税务审计

对开展电子商务的企业，税务机关必须对其实行严格的财务软件备案制度。企业使用的财务软件必须同时具备纳税核算功能，并且向主管税务机关提供财务软件的名称、版本号、超级用户名和密码等信息，经税务机关审核批准后才能使用，从而为税务机关的税务检查留下审计线索。

4. 完善金融及商贸立法以监管支付系统

电子商务一般采取三种支付方式：信用卡支付、客户账户支付和电子货币支付。针对这三种支付方式，可以分别采取三种方法征税。在信用卡支付体系中，由颁发信用卡的机构负责从所收佣金中扣缴税款。在客户账户支付体系中，由客户在直接划款给售货方的同时扣缴税款。在电子货币支付体系中，由银行负责转账，并在发行或兑现电子货币时扣缴税款。应采用法律形式规定银行或者金融机构的责任。银行应严格按规定税率扣缴税款，并及时将企业设立的网上银行账户的交易情况、扣缴税款情况等有关信息传递给税务部门，切实承担起配合税务部门征税的责任。税务部门可以给予银行一定比率的税款回扣，作为其代扣代缴税款的报酬。同时，为了协调区域间税收利益的分配，公平税负、合理负担，在消费地已扣缴的税款作为纳税人预缴的税款，在申报纳税时结算清缴，多退少补。

【知识图谱】

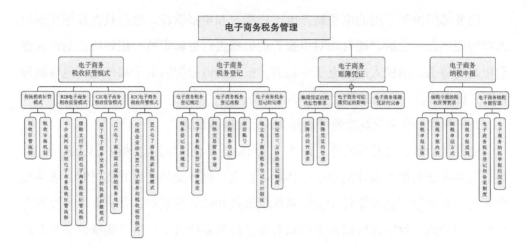

【本章小结】

本章主要介绍电子商务税收征管模式、电子商务税务登记、电子商务账簿凭证和电子商务纳税申报四部分内容。重点介绍了 B2B、B2C、C2C 三种电子商务税收征管模式。详细介绍了电子商务税务登记、账簿凭证、纳税申报等内容，并针对电子商务特点及发展趋势提出电子商务税务管理立法完善建议，对促进电子商务的良好发展以及电子商务税收的规范管理起到积极作用。

【复习思考题】

1. 电子商务税收征管主要包括哪几种模式？其征税方法、税收归属地和税务机关合作伙伴有何不同？

2. 电子商务税务登记有哪些基本要求？

3. 电子商务账簿凭证设置和管理有哪些基本要求？

4. 电子商务纳税申报管理存在哪些问题，应当如何完善？

【思政经典案例】

思政经典案例，请扫描二维码阅读。

税收优惠助力"三农"
产业发展壮大

第五章　电子发票管理

🔍【学习目的和要求】

通过学习本章，了解电子发票的概念和特点；理解和掌握增值税电子发票分类及开具要求；理解和掌握电子发票管理服务平台及系统的使用要求。

🔍【重点问题】

1. 电子发票的概念及特点。

2. 增值税电子专用发票。

3. 电子发票综合服务系统。

🔍【引导案例】

互联网＋税务，看航天信息电子发票典型案例

当前，我国税务信息化发展已经从过去的以票管税步入信息管税的新阶段，电子发票作为一种新的发票形式，因其相对纸质发票的种种优势，有利于电子商务等新兴业态的快速健康发展，已成为国家税务总局"互联网＋税务"行动的重要抓手。发票资料全面电子化，有助于企业财务处理，及时为企业提供决策支持，更为国家宏观经济决策分析提供重要的支撑。电子发票服务平台能够为企业提供数据生成、流转、存储、分发等全流程服务，高效解决企业填开纸质发票"成本高"、用户"收票难"等问题；对于消费者而言，同样带来电子发票实时接收、永不丢失、便于保存、查验快捷方便等多重优势。

作为我国首批电子发票项目的承建商与研制单位，航天信息股份有限公司（以下简称"航天信息"）目前在北京、上海、广州、深圳、浙江、武汉、吉林、陕西、青岛、成都、武汉、淄博等地已实现航天信息电子发票系统的部署和企业接入，为京东商城、一号店、天猫超市、苏宁、华为、联想、苹果（中国）公司、中国移动、中国银联等签约客户提供电子发票服务。

2015 年 7 月 31 日，航天信息与京东集团合作成功开具了全国首张升级版电子发票，如图 5-1 所示。

图 5-1　全国首张升级版电子发票

2016 年 3 月 4 日，航天信息成功中标中国移动通信集团有限公司（以下简称"中国移动"）电子发票项目。中国移动是特大型国有通信企业，拥有近 7 亿国内用户，年开票量近 20 亿张，巨大的开票量对电子发票开票系统及相关硬件设备的性能有着极高的要求。航天信息多年来在税务信息化领域积累了丰富的经验，自主研发的电子发票系统将先进技术与税收业务深度融合，采用统一的版式、规则、防伪技术，并附有税务机关、纳税人的电子签章，开具的电子发票能够对公报销，其法律效力、基本用途与传统纸质发票相同。项目建成后，将完全实现发票的网络化、电子化管理，简化税收环节，大大节约印刷、管理开支，降低征纳双方成本。

资料来源：搜狐网.互联网＋税务，看航天信息电子发票典型案例 [EB/OL].（2018-10-26）.

随着我国信息化与电子商务的快速发展，电子发票正在逐渐广泛应用和普及，其简化税收环节、节约印刷、管理开支、降低征纳双方成本的优势越来越显著，但电子发票的严格管理及配套服务保障问题正日益凸显，亟待完善解决。

第一节　电子发票概述

一、电子发票的概念与特点

（一）电子发票的概念

发票是在购销商品、提供或者接受服务以及从事其他经营活动中，开具或者收取的收付款凭证，是财务会计核算的原始凭证和纳税申报、税务检查的重要依据。

电子发票是指单位和个人在购销商品、提供或者接受服务，以及从事其他经营活动中，按照税务机关要求的格式，使用税务机关确定的开票软件开具的电子收付款凭证。

（二）电子发票的特点

1. 节约社会成本

首先，电子发票的推广能够节省大量的印制、打印和邮寄成本，进而节省大量纸张，有效节约资源。其次，电子发票能为开票企业减少大量购买、印制、邮寄发票成本，发票开具人力成本和发票存根存储管理成本。据统计，电子发票相比纸质发票能减少企业 80% 的开具和管理成本，有效减轻企业负担，把节省的资金和人力投入生产经营中去。对于接受电子发票的企业来说，电子发票的使用能够在减少查验和存储管理成本的前提下，保证发票的真实性和管理效率。最后，电子发票的推广能够促进企业通过信息化手段规范经营管理，从根本上减少经济社会运行成本，提高社会运行效率。

2. 便于存储管理

对于企业，电子发票存储无须专门场地，也无须考虑防虫、防霉、防火，不用考虑发票的损毁和遗失问题，电子发票存储在计算机数据库里，只需要做好备份、维护即可，且查找十分方便，只需要简单检索即可找到需要的发票。

对于个人消费者，可以在发生交易的同时收取电子发票，并在电子发票平台上查验发票信息。在凭电子发票进行相关售后维修服务时，可对电子发票进行下载或打印，解决了纸质发票查询和保存不便的缺陷。

3. 有效遏制发票造假和违规使用

电子发票是严格利用加密技术生成的电子文件，查验、追溯方便，不易造假使用，从技术上遏制了发票造假。电子发票的使用有利于税务机关利用信息化手段对纳税主体进行监管，从源头上遏制企业接受纸质假发票、填开不规范、申报数据失真等问题。

4. 便于审计和税务检查

开具电子发票的信息需要上传至电子发票平台，在审计和税务检查时，审计机构和税务检查机关可以利用专门软件工具快速查验发票，并与电子发票平台上的电子发票信息比对，确保发票信息的真实一致。随着电子发票的推广和相应计算的完善，可以利用软件实现自动化的审计，便于信息系统审计的实现和审计云平台的建设、实施、推广。

5. 便于税务机关规范管理和数据应用

电子交易的数据全部承载在电子发票内，税务机关可以及时对纳税人开票数据进行查询、统计、分析，及时发现涉税违法违规问题，改变税务机关税收征管工作的滞后性和被动性，提高工作效率，降低管理成本。此外，税务机关可以通过对电子发票中交易信息的汇集、整理、分析，收集掌握市场第一手信息，极大地丰富和充实我国基础数据库，为我国的宏观经济决策和政策调整提供数据依据，使国家宏观决策、产业政策和其他行政手段更加具有针对性和合理性，提升国家决策的科学性和有效性。

二、电子发票的发展沿革

为加强增值税管理和发票管理，1994 年 3 月，我国开始建立增值税监管体系"金税工程"，目前已完成三期建设，正在开展第四期建设推广工作。"金税工程"由一个主干网络、四个软件系统构成，即覆盖全国税务系统，从区县局、地市局、省局到国家税务总局的四级广域网络。建成由防伪税控开票子系统、防伪税控认证子系统、增值税计算机稽核子系统和发票协查子系统四部分组成的软件系统，在技术和体系上给予发票管理的平台支持。随着电子商务的发展，电子商务无纸化程度越来越高，为了实现对电子商务交易行为的有效监控，弥补现行发票管理制度的不足，国家大力推行网络发票和电子发票的使用。

国家税务总局 2013 年 2 月 25 日发布、2013 年 4 月 1 日起施行的《网络发票管理办法》（国家税务总局令第 30 号）第 3 条规定：本办法所称网络发票是指符合国家税务总局统一标准并通过国家税务总局及省、自治区、直辖市国家税务局、地方税务局公布的网络发票管理系统开具的发票。2019 年 7 月 22 日，国家税务总局发布的《企业自建和第三方电子发票服务平台建设标准规范》规定，电子发票是指单位和个人在购销商品、提供或者接受服务，以及从事其他经营活动中，按照税务机关要求的格式，使用税务机关确定的开票软件开具的电子收付款凭证。

为适应经济社会发展和税收现代化建设需要，国家税务总局自 2015 年起，分步推行增值税电子普通发票（以下简称"电子普票"）。电子普票推行后，因开具便捷、保管便利、查验及时、节约成本等优点，受到越来越多的纳税人欢迎。2020 年 12 月 20 日，国家税务总局发布《国家税务总局关于在新办纳税人中实行增值税专用发票电子化有关事项的公告》（国家税务总局公告 2020 年第 22 号），详细规范增值税电子专用发票的管理。

《电子商务法》第 14 条规定：电子商务经营者销售商品或者提供服务应当依法出具纸质发票或者电子发票等购货凭证或者服务单据。电子发票与纸质发票具有同等法律效力。

2019 年 8 月 1 日，国务院办公厅发布的《国务院办公厅关于印发全国深化"放管服"改革优化营商环境电视电话会议重点任务分工方案的通知》（国办发〔2019〕39 号）中明确规定：2019 年底前建成全国统一的电子发票公共服务平台，为纳税人提供免费的电子发票开具服务，加快电子发票的推广应用。尽快研究推进增值税专用发票电子化。2021 年 1 月 8 日召开的全国税务工作会议要求，2021 年要稳妥实施发票电子化改革，推进信息化建设迈出实质性步伐，建成并上线全国统一的电子发票服务平台。

由此可见，电子商务将全面进入电子发票时代，电子商务发票管理也主要体现为对电子发票的管理。

三、电子发票基础信息规范

相较于传统纸质发票，电子发票在发票开立、申报、留存和成本等诸多方面有着实时性强、交互性强、成本低、易存储和加大了作假成本等特点，电子发票的推出是国家规范电子商务纳税的必然方式，既有利于国家对网络交易的监管，维护消费者的合法权益，也有利于解决传统发票管理和税收制度方面存在的各种问题。电子发票的使用，一方面能对电子商务中存在的纳税主体进行有效监管，大大节约税务机关的征税成本。另一方面，电子发票与电子支付相结合，将税务机关、银行和纳税人紧密结合，通过银行付款和交易记录，很容易核查纳税人申报信息的真实性，纳税人、纳税环节、纳税期限等问题更容易解决，从而更加规范电商企业的经营行为。

2018 年 9 月 17 日，国家市场监督管理总局、国家标准化管理委员会发布《电子发票基础信息规范》，2019 年 1 月 1 日开始实施。《电子发票基础信息规范》主要针对不同电子发票系统对发票信息的规定与描述千差万别、无法统一等问题，规定了电子发票基础信息的描述属性、描述方法、模型、摘要描述以及扩展方法，适用于电子发票基础信息的采集、发布、交换、存储和管理，引导电子发票信息的正确描述和展示方法，以便于实现不同电子发票系统对电子发票基础信息的统一描述和使用，促进跨系统信息的交换、共享，为电子发票监管提供标准依据，促进电子发票的广泛规范使用。

电子发票基础信息模型，如图 5-2 所示。

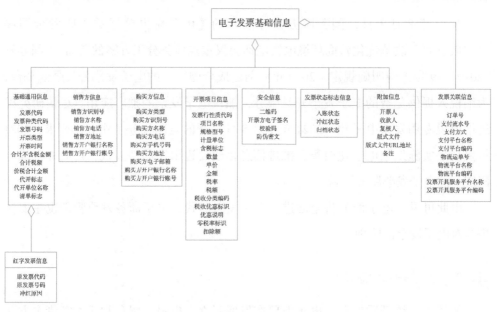

图 5-2　电子发票基础信息模型

第二节 增值税电子发票

一、增值税电子发票的分类

（一）增值税电子专用发票

1.增值税电子专用发票的适用依据

2020 年 12 月 20 日，国家税务总局发布《国家税务总局关于在新办纳税人中实行增值税专用发票电子化有关事项的公告》（国家税务总局公告 2020 年第 22 号），对增值税专用发票的电子化及其管理进行了规范，决定采用先在部分地区新设立登记的纳税人（以下简称"新办纳税人"）中实行增值税专用发票电子化（以下简称"专票电子化"），此后逐步扩大地区和纳税人范围的工作策略。一是先在新办纳税人中实行专票电子化，在完善系统、积累经验的基础上，下一步再考虑在其他纳税人中实行专票电子化。二是对于新办纳税人，从 2020 年 9 月 1 日起先逐步在宁波、石家庄和杭州开展专票电子化试点，在此基础上再分两步在全国实行：第一步，自 2020 年 12 月 21 日起，在天津等 11 个地区的新办纳税人中实行专票电子化，受票方范围为全国。第二步，自 2021 年 1 月 21 日起，在北京等 25 个地区的新办纳税人中实行专票电子化，受票方范围为全国。实行专票电子化的新办纳税人具体范围由国家税务总局各省、自治区、直辖市和计划单列市税务局确定。

2.增值税电子专用发票的具体内容

1）发票票面样式

增值税电子专用发票进一步简化发票票面样式，采用电子签名代替原发票专用章，将"货物或应税劳务、服务名称"栏次名称简化为"项目名称"，取消了原"销售方：（章）"栏次，使增值税电子专用发票的开具更加简便。

2）采用电子签名

增值税电子专用发票采用电子签名代替发票专用章，其法律效力、基本用途、基本使用规定等与增值税纸质专用发票一致。纳税人以增值税电子专用发票的纸质打印件作为报销入账归档依据的，无须要求销售方在纸质打印件上加盖发票专用章，但应当同时保存打印该纸质件的增值税电子专用发票。

3）确认发票用途

与增值税纸质专用发票的处理方式一致，纳税人取得增值税电子专用发票后，如需用于申报抵扣增值税进项税额或申请出口退税、代办退税，应当登录本省（市）增值税发票综合服务平台确认发票用途。

增值税电子专用发票票样如图 5-3 所示。

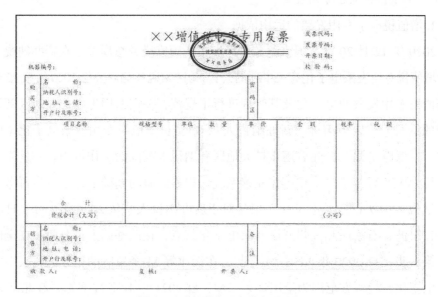

图 5-3　增值税电子专用发票票样

（二）增值税电子普通发票

增值税电子普通发票票样，如图 5-4 所示。

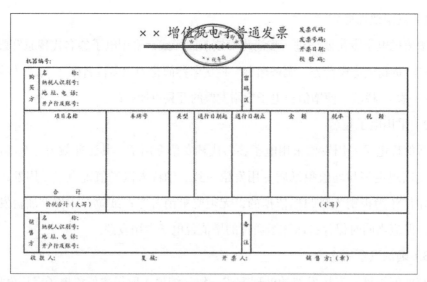

图 5-4　增值税电子普通发票票样

二、增值税电子专用发票的开具

（一）正常增值税电子专用发票的开具

1. 增值税电子专用发票形式

增值税电子专用发票属于增值税专用发票，其法律效力、基本用途、基本使用规定等与增值税纸质专用发票相同。实行专票电子化的新办纳税人开具增值税专用发票时，既可以开具增值税电子专用发票，也可以开具增值税纸质专用发票（以下简称"纸质专票"）。受票方索取纸质专票的，开票方应当开具纸质专票。

2. 领取税务 UKey 开具发票

需要开具增值税纸质普通发票、增值税电子普通发票、纸质专票、电子专票、纸质机动车销售统一发票和纸质二手车销售统一发票的新办纳税人，统一领取税务 UKey 开具发票。税务机关向新办纳税人免费发放税务 UKey。

3. 免费电子专票开具服务

税务部门依托增值税电子发票公共服务平台，为纳税人提供免费电子专票开具服务，纳税人通过该平台开具电子专票无须支付相关费用。

4. 实行"首票服务制"

税务部门对首次开具、首次接收电子专票的纳税人实行"首票服务制"，通过线上线下多种方式，帮助纳税人及时全面掌握政策规定和操作要点。

5. 增值税发票综合服务平台管理

税务部门对增值税发票综合服务平台进行了优化升级，纳税人可以通过该平台及时掌握所取得的电子专票领用、开具、用途确认等流转状态以及正常、红冲、异常等管理状态信息。这一举措有助于纳税人全面了解电子专票的全流程信息，减少购销双方信息不对称或滞后而产生的发票涉税风险，有效保障纳税人权益。

纳税人可以通过增值税发票综合服务平台，批量下载所取得的增值税纸质普通发票、增值税电子普通发票、纸质专票、电子专票、纸质机动车销售统一发票和纸质二手车销售统一发票等发票的明细信息。

（二）红字增值税电子专用发票的开具

纳税人开具电子专票后，发生销货退回、开票有误、应税服务中止、销售折让等情形，可以开具红字电子专票。相较于红字纸质专票开具流程，纳税人在开具红字电子专票时，无须追回已经开具的蓝字电子专票，具有简便、易行、好操作的优点。具体来说，开具红字电子专票的流程主要可以分为三个步骤。

1. 购买方或销售方纳税人填开《开具红字增值税专用发票信息表》

购买方或销售方纳税人在增值税发票管理系统（以下简称"发票管理系统"）中填开《开具红字增值税专用发票信息表》（以下简称《信息表》）。根据购买方是否已将电子专票用于申报抵扣，开具《信息表》的方式分为两类。

1）购买方开具《信息表》

如果购买方已将电子专票用于申报抵扣，则由购买方在发票管理系统中填开并上传《信息表》，在这种情况下，《信息表》中不需要填写相对应的蓝字电子专票信息。

2）销售方开具《信息表》

如果购买方未将电子专票用于申报抵扣，则由销售方在发票管理系统中填开并上传《信息表》，在这种情况下，《信息表》中需要填写相对应的蓝字电子专票信息。

2. 税务机关信息系统自动校验

税务机关通过网络接收纳税人上传的《信息表》，系统自动校验通过后，生成带有红字发票信息表编号的《信息表》，并将信息同步至纳税人端系统中。

3. 销售方纳税人开具红字电子专票

销售方在发票管理系统中查询到已经校验通过的《信息表》后，便可开具红字电子专票。红字电子专票应与《信息表》一一对应。

第三节　电子发票服务平台

一、电子发票服务平台概述

电子发票服务平台是指向单位或个人提供电子发票开具、打印、查询、交付及其他相关服务的信息系统。平台包括第三方运营机构建设的电子发票服务平台、企业自建的电子发票服务平台。

电子发票服务平台的目标是建设安全实用、方便快捷的电子发票管理和服务系统，提供电子发票开具、查验、监控、管理职能，推进电子发票规范应用，并保障电子发票数据正确生成、可靠存储、安全传输、有效查询。平台设计的基本思路是以互联网、大数据技术、云计算和密码技术为依托，建立健全电子发票完备的监控管理和服务机制，实现电子发票资格认定、配号、开具、存储、传输、查验、稽核的全程闭环式管理。

2017 年 3 月 21 日，国家税务总局下发《国家税务总局关于进一步做好增值税电子普通发票推行工作的指导意见》（税总发〔2017〕31 号），明确电子发票服务平台以纳税人自建为主，也可由第三方建设提供服务平台。国家税务总局 2019 年 6 月 30 日发布并实施的《企业自建和第三方电子发票服务平台建设标准规范》，明确电子发票服务平台的业务功能及服务、技术、安全、运维等保测评等要求，规定了 54 个电子发票服务平台数据交换信息项说明，以指导公共服务、企业自建、第三方、电商、中介等机构电子发票服务平台的整体规划、设计、开发。

（一）电子发票服务平台的业务功能

1. 基础服务

电子发票服务平台应遵循国家税务总局电子发票相关业务要求，可在开票设备及开票接口服务的配合下实现电子发票开具、打印、查询和交付等基础服务。

2. 查询功能

电子发票服务平台应支持开票方按照发票代码、发票号码、受票方名称、受票方统一社会信用代码、开具日期等维度查询已开具的电子发票。开票方对于查询到的电子发票可以进行批量下载，对查询到的电子发票开具明细信息可以导出数据文件。

电子发票服务平台通过开票设备及开票接口服务进行纳税人电子发票的领用、退回等操作，并提供相关查询功能。

3. 发票开具

电子发票服务平台按照税务部门对发票填开的相关要求，通过开票设备及开票接口服务进行电子发票开具。发票开具完成后，由开票设备自动将发票信息上传至税务机关信息系统。

电子发票服务平台应支持对电子发票数据封装生成版式文件，电子发票版式文件应该遵循国家税务总局管理要求，格式支持 PDF（便携式文档格式）、OFD（打开固定布局文档）格式、税务自定义格式等。

4. 发票交付

电子发票服务平台需支持电子发票版式文件交付功能。开票方和受票方可通过电子发票服务平台自行下载电子发票版式文件或者由平台方通过邮件、短信等方式将电子发票版式文件或相关信息交付给受票方。

电子发票服务平台需对发票下载操作进行校验，防止恶意下载发票数据或版式文件。

（二）电子发票服务平台的运营要求

1. 建立并公布平台服务内容、流程和运营管理制度

电子发票服务平台的运营须满足规范、高效、安全、便捷等服务要求，因此需要建立并公布平台服务内容、流程和运营管理制度。

2. 建立完善的客户服务体系

接受用户及相关方的咨询、投诉、建议，服务方式包括客服电话、电子邮箱、在线服务等。

3. 提供 7×24 小时电话服务

电子发票服务平台运营商提供 7×24 小时电话服务的主要内容应包括咨询、问题解答、升级维护、技术支持等。

4. 完成系统开发和升级

当业务发生变化时，电子发票服务平台开发商应按税务机关要求，及时、准确地完成系统开发和升级工作。

5. 各平台间数据迁移要求

用户在电子发票服务平台上的数据资产属于用户本身，电子发票服务平台方在未得到用户授权的情况下不得使用、更改或删除用户数据。用户和电子发票服务平台之间的服务合同解除时，电子发票服务平台方应提供数据迁移服务，以便用户数据可以从原电子发票服务平台转移给新电子发票服务平台或用户的存储设备。数据迁移服务方式包括但不限于：离线数据库文件、离线 XML（可扩展标记语言）文件或在线数据接口等。

（三）电子发票服务平台的技术要求

1. 系统建设

电子发票服务平台应按照先进性、易用性、安全性、稳定性、高响应速度、灵活性和可维护性、可扩展性、标准化、合法性、数据完整性等软件设计开发原则进行系统建设。

2. 选择标准

电子发票服务平台在操作系统、数据库、网络环境的选择上要求安全、稳定、可靠。

3. 数据管理

电子发票服务平台的数据管理必须准确、可信、可用、完整、规范及安全可靠，数据之间无歧义。

（四）电子发票服务平台的安全要求

1. 电子发票生成安全

电子发票生成是指将发票全票面数据生成电子发票版式文件的过程。电子发票服务平台需要通过开票设备及开票接口服务对发票数据进行数字签名，确保数据的安全、防篡改和防抵赖。

2. 数据存储安全

电子发票服务平台应按税务机关对发票管理的相关要求，对发票数据、纳税人信息等敏感数据进行加密存储，加密过程使用的密码技术应符合国家密码管理局相关密码技术要求，确保数据的安全性及完整性。电子发票服务平台应及时对数据进行备份，并同时在异地进行数据灾备，防止重要数据被破坏或丢失。

3. 数据传输安全

1）数据加密

电子发票服务平台对发票数据、纳税人信息等敏感数据进行互联网传输时，根据数据的敏感性，采用加密技术，确保数据在传输过程中不被泄露和篡改，选择和应用加密技术时，应符合以下要求：①加密过程使用的密码技术应符合国家密码管理局相关密码技术要求。②数据在传输时需要加密，加密算法的复杂度充分考虑数据传输的效率。

2）数据签名

根据安全需要，数据在传输过程中可使用数字签名确保真实性、完整性、不可抵赖性。使用数字签名时应符合以下要求：①充分保护私钥的机密性，防止窃取者伪造密钥持有人的签名。②根据数据的敏感程度，确定签名算法的类型、属性以及所用的密钥长度。③用于数字签名的密钥应不同于用于加密的密钥。④签名算法应充分考虑数据传输的效率。

4. 数据管理安全

对于数据的管理，应制定健全、可操作的安全管理制度，明确安全目标、明确责权。对电子发票的各项操作要具备完整的日志记录，日志记录不少于 6 个月。对操作人员进行权限管理，采用多角色分权管理方式，使各人员都在一个可控的范围内完成相关职责，对于重要操作应采用多操作员共同授权、同时操作的方法提高安全性。重点防范对电子发票的非法使用、恶意破坏、信息泄露等安全风险。

5. 应用安全

1）身份认证

电子发票服务平台应提供双因子认证机制，用户通过双因子身份认证才能访问电子发票服务平台。双因子认证机制中，其中至少有一种认证方式安全级别高于或等于协同签名。

2）权限管理

电子发票服务平台应提供完整统一的安全访问机制，对用户的访问权限进行安全管理。

3）审计跟踪

电子发票服务平台应对系统中重要行为进行记录，可通过审计识别和跟踪未被授权的行为。识别和跟踪的对象包括管理员、用户以及系统自身的行为。由于审计跟踪会产生大量的信息，在具体实施中管理员可以限定一些必须审计的行为，这些审计包括但不限于以下行为：电子发票版式文件的浏览、下载、另存、打印等。审计日志保存期限不少于 6 个月。

电子发票管理服务平台，如图 5-5 所示。

图 5-5　电子发票管理服务平台

二、电子发票管理服务的平台组成

电子发票管理服务平台由电子发票管理系统和电子发票综合服务系统两部分组成。

（一）电子发票管理系统

电子发票管理系统实现电子发票资格认定配号发放、模板设置、数据采集功能。其主要组成部分包括电子发票安全管理模块、电子发票数据发送／接收模块，以及电子发票数据应用模块，电子发票管理系统的使用者是税务机关。

（二）电子发票综合服务系统

电子发票综合服务系统实现电子发票开具、查验，信息采集，自动配号申请，接收电子发票管理系统的电子发票管理数据，以及向电子发票管理系统发送电子发票数据等功能。其主要组成部分包括电子发票赋码模块、电子发票安全生成模块、电子发票数据发送／接收模块、电子发票数据收集处理模块、电子发票综合服务模块。电子发票服务系统与企业交易系统 [电子商务交易平台、ERP/CRM（企业资源规划／客户关系管理）系统等] 对接开具电子发票，并为电子发票监管机构、开票单位、受票单位、商品维保单位、消费者及其他广大受票人提供可定制的数据服务和在线技术支持。电子发票管理服务平台原理，如图 5-6 所示。

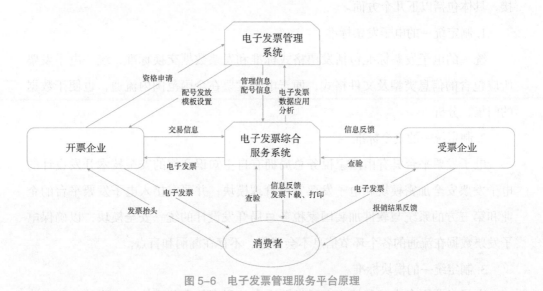

图 5-6　电子发票管理服务平台原理

平台的两个系统间采用异步交互的松耦合机制，隔离相互间的依赖和故障影响，确保系统的稳定性。系统内部又分为互相联系却又功能不同的模块，便于在安全隔离的基础上完成相应模块和企业交易系统、财务核算系统、第三方加值服务商的对接，为企业和消费者提供更便捷实用的服务，提升平台的价值，为社会经济发展提供更大的帮助。

平台的不足是电子发票管理系统和电子发票综合服务系统在运行过程中均会形成庞大的数据库，数据库里含有大量的经济数据信息，如果信息泄露或者遗失，会对企业甚至整个社会产生不利影响。因此，需要制订一系列措施确保数据库的安全性和完整性，防范外界拒绝服务攻击和网络攻击等对数据库和平台的恶意攻击，两大系统里的汇总数据传输需进行加密处理，数据库应进行异地备份，并对数据库访问施行严格的授权机制。

三、电子发票管理服务平台类型

（一）全国统一电子发票公共服务平台

2019 年 8 月 13 日，国家税务总局发布的《国家税务总局关于实施第二批便民办税缴费新举措的通知》指出，税务总局建设全国统一的电子发票公共服务平台，为纳税人提供电子发票开具等基本公共服务。为确保全国电子发票平台的推行，税务总局将制定统一的技术标准和接口规范，以保证和全国电子发票平台成功对接，具体包括以下几个方面。

1. 制定统一的电子发票标准

统一的电子发票标准包括发票格式标准和发票数据交换标准，统一电子发票所应包含的信息类型及文件格式，便于电子发票在全国范围内流通，也便于数据的归集、分析。

2. 制定统一的安全标准

电子发票平台具有由国家税务总局拥有自主知识产权的安全技术开发设计的电子发票安全加密模块和电子发票安全管理模块，并要求接入电子发票平台的企业和第三方的系统与软件加装国家税务总局开发设计的统一安全模块，以确保电子发票数据在流通的各个环节信息不会泄露，不存在漏洞和盲点。

3. 制定统一的模块标准

电子发票平台内部及接入电子发票平台的程序的主要模块标准要统一，以确保电子发票平台及相关系统的稳定性及可维护性。

4. 制定统一的接口规范

电子发票平台和企业的财务核算系统、发票查验系统、第三方服务平台等外部系统的对接接口规范要统一，确保不同的系统之间具有良好的兼容性，方便企业接入电子发票平台。

（二）企业自建和第三方电子发票服务平台

全国电子发票平台分为税务机关电子发票管理系统和第三方信息服务商运营管理的电子发票综合服务系统。专业的第三方信息服务商具有资金和技术优势，能弥补政府层面的不足，双方合作将大大提高电子服务平台的建设效率，同时第三方在专业领域多年的经验也能为电子发票平台进一步完善提供帮助。在平台建设过程中，国家税务总局和第三方信息服务商明确分工，国家税务总局负责统一规划设计平台、制定系统模块标准和接口规范，对第三方信息服务商予以指导和监管。第三方信息服务商负责具体模块和子系统的设计实施，最后由国家税务总局进行统一验收，利用自身优势运行发票综合服务系统为税务机关、开票企业、消费者提供更好的价值服务。

对国家电子发票平台发展有利的第三方主要分为三种：①提供与电子发票平台对接的财务核算系统软件的软件服务商，如用友、金蝶、SAP 等。②参与电子发票平台建设和提供运营服务的信息服务商，如东港股份、航天信息等。③与电子发票平台、企业交易系统、财务核算系统对接，为消费者提供便捷服务的应用提供商，如微信支付、支付宝和 Apple Pay 等。针对以上各点，可尝试设计由国家税务总局主导、第三方信息服务方参与建设和运营的全国电子发票平台。

"互联网 + 支付"形成的第三方支付平台发展迅速、使用广泛。与企业交易系统及电子发票平台相应模块相连接，在用支付宝、微信或者 Apple Pay 完成支付后，电子发票可以直接发送到支付平台的卡券包里，归集管理方便，消费者可以在支付平台上通过和电子发票平台关联的功能模块对电子发票进行查验，省去了告知开票企业邮箱、收邮件、下载查验的烦琐步骤，甚至和受票企业的财务核算系统对接后能直接在支付平台上实现报销，快速实现消费、报销的闭环。对比具有可行性的两种报销方案分析如下。

1. 京东商城电子发票报销方案

京东商城开具的电子发票可以在与其展开合作的中国人保、中国联通等单位实现报销，其流程如图 5-7 所示：①消费者购买商品，向京东商城提供发票抬头。②京东商城向电子发票综合服务平台提供电子发票元数据。③电子发票综合服务平台赋码，生成电子发票。④京东商城把电子发票通过税务局的电子发票综合服务平台发送给受票企业，同时电子发票以 PDF 文件的形式显示在消费者的已完成订单中。⑤消费者向企业提供电子发票代码。⑥企业查验、核对发票。⑦反馈发

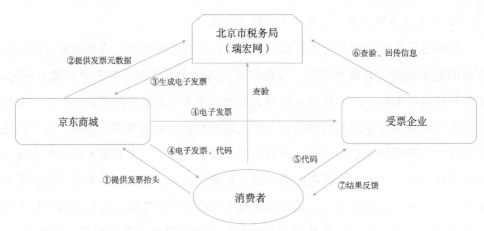

图 5-7   京东商城电子发票报销方案流程

票核对结果与消费者。

2. 第三方支付平台电子发票报销方案

第三方支付平台（支付宝、微信支付、Apple Pay 等）利用其自身平台优势，可以实现电子发票的快速报销，其流程如图 5-8 所示：①消费者通过第三方支付平台付款，并提供给开票企业发票抬头信息。②开票企业向电子发票综合服务平台提供电子发票元数据。③电子发票平台赋码，生成电子发票。④电子发票发送到第三方支付平台卡券包。⑤通过第三方支付平台把电子发票传到受票企业的第三方支付平台支付公众号报销系统。⑥受票企业查验发票。⑦反馈报销结果，报销款项打到第三方支付平台钱包。

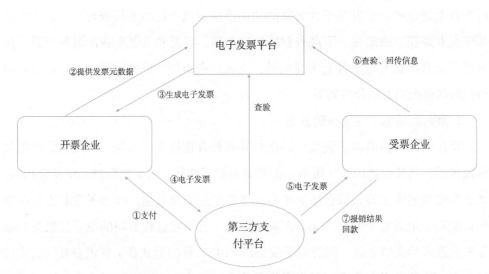

图 5-8   第三方支付平台电子发票报销方案流程

对比两套报销方案流程可以发现，第三方支付平台电子发票报销方案具有明显优势。一是消费者在第三方支付平台移动端就能够完成所有操作，无须再登录企业的报销系统，也无须再向财务部门提供电子发票信息，操作简便。二是第三方支付平台电子发票报销方案能够快速实现消费付款、报销回款的闭环，极大缩短了流程时间，提升了消费者的服务体验。三是第三方支付平台电子发票报销方案使企业不用购买建设财务报销系统，直接通过财务核算系统中相应的模块和第三方支付平台及电子发票平台对接即可，既减少了企业的采购和维护成本，又能够完善公司治理，适用于大量的小微型企业和创业初期企业。

通过对比可以看到，第三方支付平台与电子发票平台的对接可以为消费者、受票企业带来很大便利。利用现有的互联网工具或者平台架构与电子发票平台、企业交易系统、财务核算系统在安全的前提下对接，发挥现有平台的优势为电子发票各相关方提供便捷的加值服务，不仅能促进电子发票的推广，也能实现电子发票更大的价值。

【知识图谱】

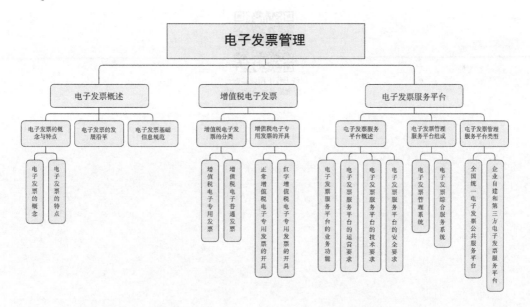

【本章小结】

本章首先介绍了电子发票的基本概念和主要特点，电子发票的历史发展沿革，电子发票的基础信息规范以及电子发票基础信息模型。然后重点介绍了增值税电子发票的两种类型，并详细介绍了增值税电子专用发票的正常开具要求和红字发票的开具要求。最后介绍了电子发票管理服务平台的相关知识，阐述了电子发票服务平台的工作原理，针对全国统一电子发票公共服务平台和企业自建及第三方电子发票服务平台这两种主要类型进行了详细介绍。

【复习思考题】

1.电子发票有什么特点？电子商务背景下的电子发票应当如何管理？

2.增值税电子发票的开具需要注意哪些问题？

3.阐述电子发票管理服务平台组成部分及其工作原理。

4.企业自建和第三方电子发票服务平台具有哪些优势，可行的报销方案有哪些？

【思政经典案例】

思政经典案例，请扫描二维码阅读。

线上线下同频共振，
精细服务解企业之困

第六章 电子商务税款征收

【学习目的和要求】

通过学习本章，了解电子商务税款征收方式和征收保障方式；理解和掌握以票控税和资金流控税两种税款征收方式的基本原理以及相关机制。

【重点问题】

1. 电子商务税款征收和保障方式。

2. 以票控税税款征收方式。

3. 资金流控税税款征收方式。

【引导案例】

北京税务稽查乘上 AI 快车

《中国税务报》大篇幅刊登的一篇文章引来业界广泛关注。作为税务稽查智能化应用探索的先行者，国家税务总局北京市税务局第三稽查局通过建设"税务稽查智能辅助应用系统"，加强业务数字化链接，促进服务内容和工作方式不断升级，提升税务稽查工作质效。据悉，该智能辅助应用系统自运行以来，已经高质高效地对 200 余件协查函件进行了辅助处理，大大减轻了稽查人员的工作量；智能语音笔录与接访系统，也使案件询问笔录告别手写，当面检举变得简单化、人性化。

智慧＋税务稽查，刻不容缓

大数据、人工智能时代，"智慧＋产业"已成为大势所趋，税务稽查领域同样如此。

2015 年，国家税务总局印发《"互联网＋税务"行动计划》；2019 年 1 月，国务院办公厅发布《国务院办公厅关于全面推行行政执法公示制度执法全过程记录制度重大执法决定法制审核制度的指导意见》。在国家战略指导下，推进税务稽查工作更加现代化、智能化发展刻不容缓。

利用大数据、人工智能、语音识别、文本解析等先进技术，在不改变现有业务流程的情况下，充分依托已有信息系统和数据资源，通过开发智能辅助工具能够切实为税务工作人员减负，不断提升稽查工作质效。未来，通过对整个税务信息化系统进行全流程的、整体的、深入的调研和梳理，进行"科学、高效、合理、可持续发展"的总体规划，将孤立的应用工具整合成平台，同时促进业务流程中的数据有机融合，税务业务体系将实现从浅层效率工具到深层业务数据整体能力的提升。

数据＋知识驱动，专业服务数字化

在以司法、审计、金融、税务稽查等为代表的专业服务领域，因其领域的特殊性，沉淀积累了海量的数据，对数据治理、提质增效，实现科技化、智慧化发展有迫切需求。

然而，目前的大数据、人工智能技术如果仅仅依靠数据驱动，在专业应用场景下则无法精准解决实际问题，如在智能翻译领域，仅靠数据训练会产生错误。未来需要运用业内领先的大数据、人工智能技术能力，并且深耕垂直领域，融合行业专家经验，将数据与知识经验结合，解决更多业务应用场景的痛点和问题，推动产业人工智能落地。

资料来源：看，北京税务稽查乘上 AI 快车 [N]. 中国税务报，2019-10-29.

电子商务及网络交易具有后台运转、数据电子化、交易信息容易更改等特征，税务机关按照传统征管方式很难掌握购物网站的电子交易信息，导致网络交易流失税款不断增多。面对电子商务和网络交易的广泛普及与深入发展，税款的征收和保障方式需要充分结合大数据、人工智能等新技术而不断与时俱进，及时补充修订、更新和完善。

第一节　电子商务税款征收概述

税款征收是国家税务机关依照税收法律、法规规定将纳税人应缴纳的税款组织征收入库的一系列活动的总称。税款征收是税收征收管理工作的中心环节，它既是纳税人依法履行纳税义务的重要体现，也是税收征管工作的目的和归宿。

一、税款征收方式

税款征收方式是指税务机关依照税法规定和纳税人生产经营、财务管理情况，以及便于征收和保证国家税款及时足额入库的原则，而采取的具体组织税款入库的方法。税款征收方式包括以下四种。

（一）查账征收

查账征收也称查账计征或自报查账，是指纳税人自行计算应纳税额，并按规定期限向税务机关申报，经税务机关审查核实填写税收缴款书后，由纳税人向国库或国库经收处缴纳税款的一种方式。这种方式适用于账簿、凭证、财务核算制度比较健全，能够据以如实核算，反映生产经营成果，正确计算应纳税款的纳税人。

（二）核定征收

核定征收是指按查账征收方式难以合理准确地认定纳税人应纳税额时，由税务机关根据生产经营情况核定应纳税款数额的一种征收方式。其具体包括三种方式。

1. 查定征收

查定征收是指税务机关根据纳税人的从业人员、生产设备、原材料耗用情况等因素，查实核定其在正常生产经营条件下应税产品的数量、销售额，并据以征收税款的一种方式。如果纳税人的实际应税产品超过查定数量，由纳税人报请补征。当实际数量不及查定产量时，可由纳税人报请重新核定。这种方式适用生产经营规模较小、产品零星、税源分散、会计账册不健全的纳税人，但这些纳税人能控制其材料、产量或进项货物。税务机关根据其正常生产能力对其生产的应税产品、销售额等征收税款。

2. 查验征收

查验征收是指税务机关对某些难以进行源泉控制的征收对象，通过查验证、照和实物，按市场一般销售单价计算其销售收入，并据以计算应纳税款的一种征收方式。这种方式主要适用于城乡贸易市场的临时经营以及场外经销商品，如火车站、机场、码头、公路交通要道等地方销售商品的征税。

3. 定期定额征收

定期定额征收是税务机关依照法律、法规，按照规定程序，核定纳税人在一定经营时期以内的应纳税经营额和收益额，并以此为计税依据，确定其应纳税额的一种征收方式。这种征收方式适用于生产、经营规模小，确实没有建账能力，经过税务机关审核，报经县级以上税务机关批准，可以不设置账簿或者暂缓建账的个体工商户。

纳税人有下列情形之一的，税务机关有权核定其应纳税额：①依照法律、行政法规的规定可以不设置账簿的。②依照法律、行政法规的规定应当设置账簿但未设置的。③擅自销毁账簿或者拒不提供纳税资料的。④虽设置账簿，但账目混乱或者成本资料、收入凭证、费用凭证残缺不全，难以查账的。⑤发生纳税义务，未按照规定的期限办理纳税申报，经税务机关责令限期申报，逾期仍不申报的。⑥纳税人申报的计税依据明显偏低，又无正当理由的。

上述情形下，税务机关有权采用下列任何一种方法核定其应纳税额：①参照当地同类行业或者类似行业中经营规模和收入水平相近的纳税人的税负水平核定。②按照营业收入或者成本加合理的费用和利润的方法核定。③按照耗用的原材料、燃料、动力等推算或者测算核定。④按照其他合理方法核定。采用上述所列一种方法不足以正确核定应纳税额时，可以同时采用两种以上的方法核定。纳税人对税务机关核定的应纳税额有异议的，应当提供相关证据，经税务机关认定后，调整应纳税额。

（三）代扣代缴、代收代缴

1. 代扣代缴

代扣代缴是指依照税法规定负有代扣代缴义务的单位和个人，对纳税人的应纳税款进行扣缴并定期向税务机关解缴所扣税款的方式。该方式适用于对零星、分散不易控制的税源实行源泉控管。

2. 代收代缴

代收代缴是指按照税法规定负有收缴税款法定义务的单位和个人，对纳税人应纳税款进行收缴并定期向税务机关解缴税款的方式，即由与纳税人有经济往来关系的单位和个人，在向纳税人收取款项时依法收取税款。该方式一般适用于税收网络覆盖不到或很难控制的领域，如受托加工应缴消费税的消费品、由受托方代收代缴的消费税等。

扣缴义务人依照法律、行政法规的规定履行代扣、代收税款的义务。对法律、行政法规没有规定负有代扣、代收税款义务的单位和个人，税务机关不得要求其履行代扣、代收税款义务。扣缴义务人依法履行代扣、代收税款义务时，纳税人不得拒绝。纳税人拒绝的，扣缴义务人应当及时报告税务机关处理。税务机关按照规定付给扣缴义务人代扣、代收手续费。

（四）委托代征

委托代征是指税务机关为了解决税务专管员人力不足的矛盾，根据国家法律、法规的授权，并根据加强税款征收、保障国家税收收入实际需要，依法委托其他部门和单位代为执行税款征收任务的一种税款征收方式。

二、税款征收保障

（一）纳税担保

1. 纳税担保的概念

纳税担保是指经税务机关同意或确认，纳税人或其他自然人、法人、经济组织以保证、抵押、质押的方式，为纳税人应当缴纳的税款及滞纳金提供担保的行为。

2. 纳税担保的主体

纳税担保人包括以保证方式为纳税人提供纳税担保的纳税保证人和其他以未设置或者未全部设置担保物权的财产为纳税人提供纳税担保的第三人。纳税保证人是指在中国境内具有纳税担保能力的自然人、法人或者其他经济组织。法律、行政法规规定的没有担保资格的单位和个人，不得作为纳税担保人。

扣缴义务人同税务机关在纳税上发生争议时，必须先依照税务机关的纳税决定缴纳或者解缴税款及滞纳金或者提供相应的担保。纳税担保人按照规定需要提供纳税担保的，应当按照规定的抵押、质押方式，以其财产提供纳税担保。纳税担保人已经以其财产为纳税人向税务机关提供担保的，不再需要提供新的担保。

3. 纳税担保范围

纳税担保范围包括税款、滞纳金和实现税款、滞纳金的费用。费用包括抵押、质押登记费用，质押保管费用，以及保管、拍卖、变卖担保财产等相关费用支出。

用于纳税担保的财产、权利的价值不得低于应当缴纳的税款、滞纳金，并考虑相关的费用。纳税担保的财产价值不足以抵缴税款、滞纳金的，税务机关应当向提供担保的纳税人或纳税担保人继续追缴。

4. 纳税担保的适用范围

（1）税务机关有根据认为从事生产、经营的纳税人有逃避纳税义务行为的，可以在规定的纳税期之前，责令限期缴纳应纳税款。在限期内发现纳税人有明显的转移、隐匿其应纳税的商品、货物以及其他财产或者应纳税的收入的迹象的，税务机关可以责成纳税人提供纳税担保。

（2）应缴税款的纳税人或者其法定代表人在出境前未按照规定结清应纳税款、滞纳金或者提供纳税担保。

（3）纳税人同税务机关在纳税上发生争议而未缴清税款，需要申请行政复议的。

（4）税收法律、行政法规规定可以提供纳税担保的其他情形。

5. 纳税担保的方式

1）纳税保证

纳税保证是指纳税保证人向税务机关保证，当纳税人未按照税收法律、行政法规规定或者税务机关确定的期限缴清税款、滞纳金时，由纳税保证人按照约定履行缴纳税款及滞纳金的行为。

（1）纳税保证为连带责任保证，纳税人和纳税保证人对所担保的税款及滞纳金承担连带责任。

（2）纳税保证人是指在中国境内具有纳税担保能力的自然人、法人或者其他经济组织。法律、行政法规规定的没有担保资格的单位和个人，不得作为纳税担保人。

（3）纳税担保人同意为纳税人提供纳税担保的，应当填写纳税担保书，写明担保对象、担保范围、担保期限和担保责任以及其他有关事项。担保书须经纳税人、纳税担保人签字盖章并经税务机关同意，方为有效。

2）纳税抵押

纳税抵押是指纳税人或纳税担保人不转移对可抵押财产的占有，将该财产作为税款及滞纳金的担保。

（1）纳税人逾期未缴清税款及滞纳金的，税务机关有权依法处置该财产以抵缴税款及滞纳金。其中纳税人或者纳税担保人为抵押人，税务机关为抵押权人，提供担保的财产为抵押物。

（2）纳税人提供抵押担保的，应当填写纳税担保书和纳税担保财产清单。纳税担保财产清单应当写明财产价值以及相关事项。

（3）纳税担保书和纳税担保财产清单须经纳税人签字盖章并经税务机关确认。纳税抵押财产应当办理抵押物登记。纳税抵押自抵押物登记之日起生效。

3）纳税质押

纳税质押是指经税务机关同意，纳税人或纳税担保人将其动产或权利凭证移交税务机关占有，将该动产或权利凭证作为税款及滞纳金的担保。

（1）纳税人逾期未缴清税款及滞纳金的，税务机关有权依法处置该动产或权利凭证以抵缴税款及滞纳金。

（2）纳税质押分为动产质押和权利质押。动产质押包括现金以及其他除不动产以外的财产提供的质押。

（3）纳税人提供质押担保的，应当填写纳税担保书和纳税担保财产清单并签字盖章。纳税担保财产清单应当写明财产价值及相关事项。纳税质押自纳税担保书和纳税担保财产清单经税务机关确认和质物移交之日起生效。

（二）税收保全

税收保全是指税务机关对可能由于纳税人的行为或者某种客观原因，以后税款的征收不能保证或难以保证的案件，采取限制纳税人处理和转移商品、货物或其他财产的措施。

1. 税收保全的条件

1）行为条件

税务机关有根据认为从事生产经营的纳税人有逃避纳税义务行为的。逃避纳税义务行为包括转移、隐匿应纳税的商品、货物以及其他财产或者应纳税的收入。

2）时间条件

纳税人在规定的纳税期届满之前和责令缴纳税款的期限之内。

3）担保条件

在上述两个条件具备的情况下，税务机关可以责成纳税人提供纳税担保，纳税人不提供纳税担保的，税务机关可以依照法定权限和程序，采取税收保全措施。

2. 税收保全的内容

1）冻结存款

书面通知纳税人开户银行或其他金融机构冻结纳税人的金额相当于应纳税款的存款。

2）扣押、查封

扣押、查封纳税人的价值相当于应纳税款的商品、货物或者其他财产。

3. 税收保全的期限

税务机关采取税收保全措施的期限一般不得超过 6 个月。重大案件需要延长的，应当报国家税务总局批准。

4. 税收保全的终止

1）纳税人按期缴纳税款

纳税人在税务机关采取税收保全措施后，按照税务机关规定的期限缴纳税款的，税务机关应当自收到税款或者银行转回的完税凭证之日起 1 日内解除税收保全。

2）纳税人超期不缴纳税款

纳税人超过规定的限期仍不缴纳税款的，经税务局（分局）局长批准，终止保全措施，转入强制执行措施，即书面通知纳税人开户银行或者其他金融机构从其冻结的存款中扣缴税款，或者拍卖、变卖所扣押查封的商品、货物或其他财产，以拍卖或者变卖所得抵缴税款。

（三）税收强制执行

税收强制执行是指纳税人、扣缴义务人不按照规定的期限缴纳或者解缴税款，纳税担保人不按照规定的期限缴纳所担保的税款，或者当事人不履行税收法律、行政法规规定的义务，税务机关依法采取的强制追缴手段。

1. 税收强制执行的对象

（1）从事生产、经营的纳税人、扣缴义务人。

（2）未按照规定期限缴纳所担保税款的纳税担保人。

（3）对税务机关处罚决定逾期不申请行政复议也不向人民法院起诉，又不履行的当事人。

2. 税收强制执行的范围

税收强制执行措施的实施范围包括应纳税款、滞纳金和罚款。

3. 税收强制执行的环节

在征收、管理、检查三个环节，税务机关均可采取税收强制执行措施。

4. 税收强制执行的实施

1）扣缴存款

书面通知开户银行或其他金融机构从其存款中扣缴税款、滞纳金或者罚款。

2）扣押、查封、拍卖、变卖

扣押、查封、依法拍卖或者变卖其价值相当于应纳税款、滞纳金或者罚款的商品、货物或其他财产，以拍卖或变卖所得抵缴税款、滞纳金或者罚款。

税务机关采取强制执行措施时，对上述纳税人、扣缴义务人、纳税担保人未缴纳的滞纳金同时强制执行。

第二节　电子商务税款征收方式

电子商务税款征收主要有以票控税、资金流控税两种方式。电子商务税收征管流程，如图6-1所示。

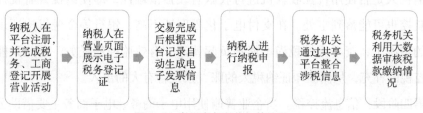

图6-1　电子商务税收征管流程

如图6-2所示，税源监控存在由低到高的几个层次。

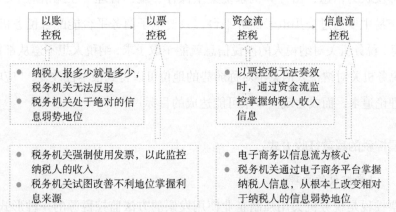

图6-2　税源监控路线图

第一阶段：以账控税。税务机关只靠纳税人自己提供的财务报表判断应纳税所得额，而对其数据的真实性无能力质疑。政府因缺乏信息来源，处于绝对的信息弱势地位。

第二阶段：以票控税。税务机关尝试建立自己的涉税信息来源。通过强制使用发票，对纳入发票登记的交易额准确把握。纳税人的所得不再仅靠纳税人自报，而是要与发票核对吻合。这样，税务机关信息不对称的弱势地位得到了很大改善。这是税务机关进行税源监控的主要途径。

第三阶段：资金流控税。以票控税的前提是纳税人据实开票。但恶意不遵从的纳税人不会据实开票，通常采用（收入）不开票、假发票、阴阳票等手段逃避发票对真实收入的记录，这样，以票控税就无法取得应有的效果。资金流控税可以作为对以票控税的补充。通过监控纳税人的所有账户，可能发现纳税人的资金是否与账目和发票有较大的出入。通过税控收款机的强制使用，对使用税控收款机进行收款的收入进行准确统计。资金流控税需要银行的普遍联网和大力配合，并对纳税人是否使用税控收款机进行收款有较强依赖性，即使纳税人有税控收款机，监控也可能落到空处。在支付电子化程度还不高、银行等金融机构还未充分联网的情况下，资金流控税尚不能担负起普遍、有效监控的任务，因此只能作为以票控税的补充，从侧面印证纳税人的账、票是否有大的出入。

第四阶段：信息流控税。当企业普遍使用电子商务、电子商务主要借助公用的电子商务平台时，信息流控税有望取代以票控税，成为税源监控的主流方式，且监控力度也将得到很大提高。电子商务的特征是以信息流带动资金流、物流，所有交易都反映为信息，由计算机系统集中保存、统一管理。在此情况下，假设电子商务交易主要通过公用电子商务平台，只要电子商务平台能配合税务机关掌握交易信息，税务机关对纳税人的涉税信息就能予取予求，纳税人想不遵从都做不到。此时，税务机关对纳税人信息不对称弱势的地位可以得到根本性改变，"应收尽收"不再是理论追求，而成为现实中很可能达成的目标。

一、以票控税的税款征收方式

（一）以票控税的原理

以票控税是税务机关用强制企业使用发票的方法监控税源的一种形式。"票"是指由税务机关发行、带有税务机关公章的发票。每张发票都有不同的发票代码和号码组合，借以表征发票的唯一性。

1. 发票领购

企业向税务机关提交领购发票的资料，获批后领购发票，并登记所领发票的号码。

2. 发票开具

企业在经营过程中，要依法对所有取得的收入都开具发票，记录付款人、开票事由、发票金额等。同一号码的三联发票金额须相同，并经收款方加盖发票章方为有效。

3. 凭票制证

发票分为发票联、记账联、存根联三联。其中，发票联提供给客户，用于制作支出凭证，非正规发票不得列支。记账联由收款单位保留，用于制作收入凭证。存根联留在发票簿内，供税务机关检查。如有发票填错作废，须将作废的三联一并留于发票簿内，不得损毁、缺失，违者罚款。

4. 凭证制账

企业根据各项收入、支出凭证编制账本，并进一步填写纳税申报表。交易数据通过"发票—凭证—账本"的传递链条，最终形成企业的收入、支出及利润数据，并汇总到纳税申报表，成为流转税和所得税的税基。

5. 发票检查

每次报税时，企业应向税务机关提交当期发票使用记录。税务机关对发票记载的收入与纳税申报表填报的收入进行一致性校验，以保证纳税人按照发票金额记账。另外，在换购发票或企业注销前，税务机关检查企业发票的存根，核对发票与以往报送的收入数据是否有出入。

以票控税的前提是企业依法进行税务登记及按实际交易金额开具发票。如果企业不按规定使用发票，其效果就无法实现。对以票控税威胁最大的三种不遵从行为如下。

1. 不开票

收入不开票将导致账面收入减少（流转税税基减少）、账面利润减少（所得税税基减少）。

2. 假发票

收入企业使用假发票，可以将收入不入账，造成账面收入和利润虚减，危害流转税和所得税的税基。支出企业使用假发票，可以对未发生的交易虚列支出，造成利润虚减，危害所得税税基。

3. 阴阳票

发票是真发票，但三联金额不一致。如发票联金额高，记账联、存根联金额低，同样会造成收入企业流转税和所得税的税基减少、支出企业所得税税基减少。

（二）三种发票的控税效力比较

1.传统手工发票

传统手工发票的特点是纸质发票，整本预领，手工填写。企业用自己编的软件打印发票，如果发票数据不受税务机关监控，也算手工发票。纸质发票建立在纳税人自愿遵从和习惯遵从的前提下，是防君子不防小人的一种控税机制。

2.税控打印发票

税控打印发票的特点是发票不得手工填写，必须使用税控设备（税控卡读卡器）通过计算机打印。税控设备存放于企业处，使用时无须与税务机关联网。打印前须向税控设备输入发票信息，税控软件限制每号发票只能打印一次。报税时，税务机关通过读取税控卡的开票记录统计收入金额，省却了对发票逐张录入的过程。

3.电子发票

电子发票是一种新型发票制度。它不以纸质发票为统计依据，而是以税务机关服务器的数据为准。开票需和税务机关联网，通过税务机关服务器签发一份发票信息，并用开票方的数字证书对发票进行数字签名。卖方开票后，数据直接进入税务机关数据库，无法作假。收票方不是通过发票纸张外观鉴别真伪，而是通过验证与税务机关数据库中的发票记录进行发票验真。电子发票既可以作为电子商务税收管理的理想工具，强制性嵌入电子商务平台，也可以提供给有联网条件的企业对传统商务的收入联网开票。

电子发票开创了全新的税源认定方式，以税务机关数据库为准，而不是难以防伪的纸张，可以从根本上遏制假发票和阴阳票的使用。如果实现与电子商务系统的对接，还能对电子商务的税源管理做更进一步改善：成交即自动计税，想不开票都不行。

（三）电子对账原理与实现方法

根据税收制约链原理，当买方为企业时，卖方无法拒绝提供发票，要想在发票上作假，只能用假发票或阴阳票。同时，买方如想虚列开支，也不可能要求卖方多开发票，只能自己另找假发票，或与卖方合谋开阴阳票。为解决此问题，根据税收制约链中的凭证制约原理，提出一种税源监控机制，即将买方手中的发票客户联和卖方手中的发票记账联信息用计算机进行交叉对比，快速发现不符点，从而大大遏制假发票和阴阳票的使用。

1. 电子对账原理

如图 6-3 所示，当卖方企图利用发票作假逃避税收时，会按照"买方是否要发票—假发票是否容易被识别—税务机关是否掌握买卖双方发票信息"的顺序决定是否不开票、用假发票和阴阳票。如税务机关同时掌握交易双方的发票信息（分别为记账联和发票联），并且能高效率比对，阴阳票就无所遁形了。而假发票的发票号码、金额与真发票完全相同的概率非常低，因此也有很大机会被查出。那么，税务机关能否同时掌握买卖双方的发票信息呢？

图 6-3　企业发票作假决策路线

在传统税收征管中，税务机关已规定卖方于每月报税时登记当月已使用发票的开票日期、号码、付款单位及发票金额，因此卖方发票信息是现成的。发票信息录入计算机后，就成为电子对账交叉比对中的卖方票信息。卖方票信息是否正确？由于卖方的发票存根联最终是要交给税务机关的，考虑到税务机关会逐张核对存根联与以往卖方登记的记账联信息，卖方不敢不如实登记。另外，随着税控打印发票的全面实行，卖方的开票信息即时存入税控卡，数据准确性和传递效率也会有更好的表现。

现假设：要求买方将自己获得的发票联信息录入计算机并交给税务机关。税务机关可以利用计算机对买方和卖方的发票信息进行高效率的交叉比对，从而对以下几种发票信息不符情况作出判断。①同一票号有支出无收入：买方使用了假发票。②同一票号支出凭证和收入凭证金额不一致：存在假发票或阴阳票。买方使用了假发票，或交易双方的真实发票是阴阳票，即卖方手中的金额低，买方手中的金额高。③同票号重复列支：存在假发票。重复列支的发票最多只有一张为真，其他都为假。

只要进入交叉比对过程，阴阳票一定会被发现，假发票在绝大多数情况下也会被发现，只有一种情况例外：真发票已开给个人消费者，该消费者未到单位报销，因此真实支出发票未进入税务机关数据库。此时，另有一家企业持票面信息完全相同的一张假票入账列支,该假票信息进入交叉比对后,由于数据库中确实存在如此信息的真票记录,交叉比对不会发现问题。当然,此种情况也只限于第一张假票,如再有相同信息的假票出现,交叉比对必然会被发现。现实中,假票制作者要知道真票上的全部信息还是不容易的,就算知道了,也只能冒充一张,还要确保真票持有人不会入账列支,这种概率已经很小了。所以,交叉比对一旦真正推开,必将对遏制假发票、阴阳票起到重大的作用。

对于同一票号既有收入也有支出的情况,交叉比对能发现是否存在假发票、阴阳票。但使用假发票、阴阳票的责任在于买方还是卖方,该机制没有能力确定,还需配合其他方法。其具体分两种情况。

(1)如发票的防伪能力强,易于区分真假发票,则买方在收票时一定能辨别出假发票,据此可将发票验真的义务归于买方。只要查到买方用了假发票,就可以对其追究责任。在这种情况下,当交叉比对不符时,对于判断为假发票的情况,不需查原始凭证,可以直接判定为买方的责任。对于可能是假发票也可能是阴阳票的情况,即同一票号支出凭证与收入凭证金额不一致,可调阅买方的支出凭证,区分是假发票还是阴阳票。如税务机关查阅后发现是假发票,责任归买方。如为真发票但属阴阳票,责任归卖方。考虑到即使交叉比对能通过,也存在小概率的假票可能(假票制作者知道真票上的全部信息,且真票未登记),税务机关还应对通过交叉比对的买方支出凭证也实施一定比例的抽查。

(2)如发票防伪能力弱,或虽有防伪措施但检查太麻烦,以致不可能每票都验,就不能将发票验真的义务归于买方。当交叉比对发现不符时,税务机关可能判断不出这是假发票还是阴阳票,或看出是假发票,但也不能立即判断买方对此有无过错,需通过另行调查才能界定责任。真发票是由税务机关监制处于合法领用状态的发票。辨别真假发票有以下两种方法。

①印刷防伪(确保型防伪)。使用特殊技术使发票上的校验位置在受热、受特殊光线(如紫外线)照射时能改变颜色、图案,以产生防伪效果。印刷防伪易于用视觉方式检查,买方收到票可立刻鉴别,如能观察到防伪印刷效果,就可以判断为税务机关监制票。再经上网查询确定为有效票(非过期票、挂失票),就可以判断为真发票。印刷防伪发票制作成本高,但买方检验方便、及时性强,较适合大额发票。

②发票信息查询防伪(不确保型防伪)。在税务机关网上查询系统中输入发票

代码、发票号码和卖方统一社会信用代码，如系统反馈为"信息错误"，则判断为假发票。但即使系统反馈为"信息正确"，也不能证实是真发票，因为发票代码、发票号码和卖方统一社会信用代码等都是直接印在真发票上的，造假者只要在一张真票上获得了这些信息，就可以造出无数张具有同样信息的假票。因此这种方法仅能验伪而不能验真。此种防伪方式成本较低，但检验的可靠性差，不能确保通过检查的都是真票。大部分发票都仅使用这种方式防伪。

通过以上两种方法分析可得出结论：当前发票防伪措施还不够可靠，因此交叉比对的作用仅为发现问题。发现问题后的查实责任，还需启动另外的调查。

2. 电子对账实施方法

电子对账交叉比对要求将买卖双方企业的发票都录入税务机关系统，其中卖方收入凭证中的发票原来已登记，不需再行录入，因此实施难度在于买方支出凭证中的发票录入。

（1）发票需录入的信息。发票日期、发票代码、发票号码、卖方统一社会信用代码、发票金额、支出凭证号码等信息需要录入，买方统一社会信用代码可由系统根据企业登录账号自动读取。

（2）发票录入的速度。当所有信息都通过手工录入时，根据试验，以中等速度，每小时可录入 75 条记录，略高于每分钟 1 条。如使用电子发票，因发票信息可于网上下载，此时只需补登凭证号，速度还可提高。

（3）发票录入对买方遵从成本的影响。发票录入将增加买方的工作量。如买方财务每天报销发票 150 张，每天用于发票录入的时间就要 2 个小时。因此，只能在有充分证据证明假发票、阴阳票的危害已经很大，不得不实行该管理方式时使用。为了尽可能减少纳税企业对电子对账交叉比对的遵从成本，但又保留其使用效力，可以将以下三种方案结合使用。

①买方需录入所有支出凭证（有发票的录发票，无发票的录摘要），由税务机关对这些凭证的数据加总，确认其成本费用。这样，买方将不得不录入所有发票，否则支出不予承认，会增加所得税成本。该方案能同时对卖方作假和买方作假有查获能力（所有发票一览无余，无论是卖方提供的假发票还是买方自己找的假发票都包含在内），但因遵从成本高，只适合交易次数较少、支出发票总量较少（每天少于 100 张）的企业常年使用或支出发票总量较多的企业偶尔使用。可要求每个企业每年都有一个月参加发票全查，具体是哪个月由税务机关事后决定，收到

通知将该月凭证都做录入。这样，企业工作量将大大减少。就算该年未被要求录全凭证，企业也会因为担心以后被抽到而不敢主动进行发票作假。

②买方录入一定金额（如100元）以上的全部发票，录入发票与税务机关确认成本费用无关。发票金额录入线越高，需要录入的发票数量越少，监控的力度也相应减弱。实际运用时，要根据假发票、阴阳票的集中面额区间进行合理设置和调整。此种情况下，买方没有很强的愿望去录全发票，录多录少都不影响支出确认，不会使所得税发生变化，很可能草草了事。另外，买方一定会隐瞒自己找来的假发票，因此需定期或不定期地抽查，核对是否有漏录的大额发票。此方案对买方明知的假发票查验能力不足，对卖方欺骗买方开出的假发票、阴阳票查出能力无大影响。

③买方录入一定金额（如100元）以上的发票，且最多不超过多少张（如两张），录入发票与税务机关确认成本费用无关。此方案限制了需录入发票的最高数量，不会造成遵从成本过高，但对大发票存在漏检。同样，买方一定会隐瞒自己明知作假的发票。因此，此方案只对买方在不知情的情况下收到的假发票、阴阳票有查出能力。

实际工作中，可先对企业的支出凭证发票数量进行预调研。根据财务报表中的成本费用额估算及企业自报发票数量确定适用的方案。如月支出凭证发票较少（每月少于10张），可常年使用方案①。如月支出凭证发票较多，且不能确定是否为纳税遵从优秀公民或企业，可常年使用方案②，并随机抽月份使用方案①。如月支出凭证发票较多，且确定为纳税遵从优秀公民或企业，可常年使用方案③。纳税遵从优秀公民或企业身份定期评估，不永久保留。

实行电子对账交叉比对的意义在于：①可以从根本上杜绝阴阳票。在传统管理方式下，发票记账联和发票联不进行核对，税务机关基本无法查出阴阳票。②能在绝大多数情况下发现假发票，除非真发票未报销，而假发票与真发票的信息完全相同。在传统管理方式下，税务机关没有精力审查企业的全部支出凭证，只能对很少部分凭证进行抽查，假发票被发现的概率较低。

电子对账交叉比对机制对遏制假发票、阴阳票的使用不足之处在于：当买方为不需要报销的个人时，税收凭证制约无法起作用。因为买方不会主动将发票录入电子对账系统，税务机关也无法要求买方这样做。弥补此缺陷的方法是设计出令买方愿意参加电子对账的利益机制，如：①发票抽奖机制。买方录入数据、参加电子对账后，可以获得抽奖的机会。奖励方式除极小概率的高额奖品、奖金外，可多用商家促销券，如淘宝代金券、当当折扣券等，在降低有奖发票总成本的同时促进经济发展。②凭票维权机制。将维护消费者权益和发票验真方法捆绑宣传，强调用假发票维权不予受理的案例，让消费者明白假发票的危害。

基于凭证制约链原理的买卖双方发票信息交叉比对机制，通过利用电子对账解决企业对企业交易中的假发票、阴阳票行为，为提高税源监控效力提供强有力的支持。

（四）电子发票运行机制

在电子发票机制下，由电子商务交易平台将成交信息传输给税务机关，税务机关为每笔成交的交易自动生成发票信息，从而彻底解决电子商务中不开票、假发票和阴阳票的问题。该方案不仅适用于面向个人的销售，还适用于面向企业的销售，并且可以显著降低电子对账交叉比对的遵从成本。针对电子商务平台与税务机关合作的不同可能情况，在此设计了两种类型的电子发票运行机制。

1. Ⅰ型（嵌入型）电子发票

Ⅰ型（嵌入型）电子发票是由电子商务交易平台连接税务局的电子发票接口，为每笔成交的交易自动生成发票信息。只要成交,卖方想不开票也做不到。Ⅰ型(嵌入型）电子发票是一种数字化发票，卖方无须事先到税务机关领购纸质发票，具有使用灵活、成本低廉的优点。在线开票后，既可由买卖双方分别登录交易系统，通过交易系统上的开票模块自行打印，也可由卖方统一打印后分发给买方。每个人只能打印在该交易平台中由自己成交的交易发票，不能查询和打印他人的发票（保护商业机密和个人隐私）。

Ⅰ型（嵌入型）电子发票的生成应满足以下条件：①交易达成必生成发票。②交易取消必不生成发票。③允许退货，退货时可标注发票的退票状态。

以使用最广泛的第三方担保在线支付（如支付宝）交易系统为例，说明Ⅰ型（嵌入型）电子发票的使用流程。

（1）买方提交订单时，在发票信息中填写发票抬头和交易备注（对交易的特殊要求，如对产品、保修、包退服务等的要求），这些要求应与卖方协商取得一致。买方单击"提交订单"后，系统进入步骤（2）。如买方未填交易备注就提交了订单，系统进入步骤（4）。

（2）卖方审核交易备注，如同意，单击"同意将交易备注写入发票，通知买方付款",系统进入步骤(4)。否则单击"通知买方修改交易备注",系统进入步骤(3)。

(3)买方修改交易备注后,再次单击"提交订单",将修改后的订单(含发票条款)重新提交,系统重新转入步骤(2)。如不愿修改,买方单击"取消订单"以关闭交易,或不进行任何处理,订单将不会进入下一步。

(4)如买方填写交易备注,且卖方已同意,系统显示:"您的交易条款已由卖方确认同意。您可以直接进行付款。"如买方未填写交易备注,系统显示:"您的发票中无任何交易条款,是否确认?如确认,您可以直接进行付款。"接下来,买方将货款预付到第三方支付平台,系统在卖方管理界面中显示"买方已付款,请您发货",并进入步骤(5)。

(5)卖方看到买方已预付货款后,单击"发票预制",生成发票预制信息。发票预制信息为将来要打印在发票上的全部交易要素,含买方、卖方、成交金额、当前时间(此四项系统在发票预制时自动提取)及发票中的交易备注[已由买方预填,卖方在步骤(2)中同意]。卖方如有自己的数字证书,还应对发票预制信息进行数字签名,以确保发票预制信息不可篡改。如卖方尚未办理数字证书,数字签名可暂免。系统进入步骤(6)。

(6)卖方完成发票预制后,单击"发货"按钮,向交易系统报告已发货,交易系统将此消息显示于买方管理界面。系统进入步骤(7)。卖方另行安排物流送货。

(7)买方收货后,如感到满意,可单击"确认收货",系统自动将买方预付的货款转给卖方,交易成功结束。此时,系统自动将含全部交易要素和卖方数字签名在内的卖方预制发票信息传输至税务局服务器。系统进入步骤(8)。

(8)税务局服务器收到卖方预制发票信息后,为该笔交易生成一个唯一的发票号,将此发票号与预制发票信息合成,并用税务局的开票专用数字证书对其进行数字签名,作为正式电子发票信息,一起存入电子发票数据库。系统进入步骤(9)。

(9)交易双方如需发票,可登录原交易系统,在发票管理模块中选择相应的电子发票进行打印。每个人只能看见属于自己的发票。通过单击发票上的税务局签名,可以验证该发票是否由税务局签发及是否被篡改。如卖方也对发票信息进行过签名,发票上还将显示卖方的数字签名。通过单击发票上的卖方签名,可以验证该发票信息是否由卖方审核过(防止交易平台或黑客冒用卖方名义开票)。如因系统故障或忘记密码无法进入原交易系统打印发票，也可凭数字证书直接到税务局网站打印发票，或持有效证件到税务机关现场打印电子发票。

通过以上步骤，电子发票系统可确保实现"交易成功必生成发票，交易不成功必不生成发票"。之所以要用卖方的数字证书对发票预制信息进行签名，是为了确保发票信息不可篡改和不可抵赖，同时，也防止他人冒用卖方名义开发票。

电子发票的最后一条要求"允许退货但不能骗税"如何实现呢？可规定退货只能由买方发起，卖方在交易系统中单击"同意退货"后，必须进一步完成在线退款，将货款退到买方账户，才能进一步申请"退回发票"，且退回发票的金额由系统自动读取卖方的实际退款数据，不由卖方自行输入。然后系统才能将退票号码和退回金额发往税务机关，由税务机关对发票标注退票状态，将来在对卖方进行计税时进行扣除。已退回的发票将不能出现在电子对账的正常发票队列中，所以如买方企业用此发票虚假列支，交叉比对会将此票判断为"有支出凭证无收入凭证"，从而归为"使用假发票"之列。为什么要规定退票只能用在线支付的方式退款？因为只有这样，系统才能确认卖方真正退了款，这和传统征管中以收回发票实体为退货标志的认定方式是不同的，是电子发票特有的认定方式。否则卖方只要和买方串通，声称退了货，就可以作废发票、逃避税收。而采用在线支付退款，当卖方不收回货物却将货款真正退给买方时，买方几乎不可能再把钱还给卖方。由此保证退货的真实性。

2. Ⅱ型（非嵌入型）电子发票

Ⅱ型（非嵌入型）电子发票是由卖方在线填制、本地打印的税务局监制的纸质发票。卖方可先办理一个用于证明自己身份的数字证书，并向税务机关领购专用的Ⅱ型（非嵌入型）电子发票空白票本。该发票与普通发票的不同之处在于：发票联印有供买方退货专用的退货密码，并以覆膜遮盖，每张发票的退货密码均不同。之所以称其为"电子发票"，是因为其开票、计税、退票、验真的实现都需使用电子方式。"纸质发票，电子控制"，这是该型电子发票与Ⅰ型（嵌入型）电子发票和传统发票的不同。

Ⅱ型（非嵌入型）电子发票的开具与电子商务交易系统相互独立，降低了使用门槛，适合未使用Ⅰ型（嵌入型）电子发票的电子商务卖家及有联网开票条件的传统交易卖家使用。使用税务局监制的纸质发票，而不是像Ⅰ型（嵌入型）电子发票那样由交易双方自行打印，是为了防止卖方重复打印发票进行虚假退货。

开票时，由卖方另行登录税务局网站，直接在税务局网站的开票模块中填写发票信息（发票号码、开票日期、交易双方各自名称及唯一代码、成交金额、交易备注等），在线开具电子发票。Ⅱ型（非嵌入型）电子发票需由卖方统一打印，而后将发票联交给买方。卖方只能打印由自己开具的发票。但所有人都可以对任何发票进行验真查询。

为方便未事先购票和办理数字证书的卖方随时开票，税务机关可提供"Ⅱ型（非嵌入型）电子发票快速通道"服务，即无须开票人事先购票，也不需用数字证书证明自己身份，只要在线输入开票信息，就可由税务机关代为开具发票。开票的同时即进行简易征税，按开票金额乘以相应税率收取增值税和预提所得税，税款由开票人在线即时支付。开票成功后，开票人可持有效证件（需与发票上标的证件相符）到税务机关取票。税务机关也可按要求代卖方向买方寄送发票（另收费）。对于已办理税务登记的卖方，其使用"Ⅱ型（非嵌入型）电子发票快速通道"服务时预缴的税款可于纳税申报时从本期应纳税款中扣除。对于未进行税务登记的卖方，预缴税款不得在办理税务登记后的应纳税款中扣除，以引导卖方尽早办理税务登记。"Ⅱ型（非嵌入型）电子发票快速通道"服务将发票使用门槛降到最低，真正做到无须预领、即用即开，但成本略高（自己取票或付发票寄送费，有的还要交预提所得税），适合业务量少或偶尔上网销售时需要发票的卖家。

Ⅱ型（非嵌入型）电子发票与退货相关的流程设计如下。

（1）买方收到发票的发票联后，需检查其上的退货密码覆盖层是否完好。如已破坏，应要求卖方重开。为保证自己拿到的是真发票，最好按发票上的提示到税务局网站进行发票验真。

（2）买方提出退货后，如卖方同意退货，买方应将相应发票的发票联和所退货品一并退还卖方。

（3）卖方登录税务局网站，挑选需进行退货操作的发票记录，刮开发票的发票联上的退货密码，进行退货登记。税务机关据此确认发票的退货状态，并于其后不定期地检查卖方手中的退货发票联。每张发票只能执行一次退货操作，退货金额不得超过原开票金额，退货密码错误者不接受退货登记。

用以上控制方法，卖方一旦使用Ⅱ型（非嵌入型）电子发票开票，发票信息就立即进入税务机关数据库，实现了税源统计的准确性和高效率。卖方是否能用假发票、阴阳票欺骗买方和税务机关？通过发票验真可以解决。卖方是否能用虚假退货骗税？没有买方的配合，卖方无法得到退回的发票客户联和退货密码，因此无法登记退货。买方会配合卖方进行虚假退货吗？没有必要，如果那样做，还不如一开始就不索取发票。

与Ⅰ型（嵌入型）电子发票不同，Ⅱ型（非嵌入型）电子发票是由卖方打印后交给买方，而不是由买方直接在可信系统中打印，买方拿到票后，并不能直接确定是否真票，因此税务机关需提供发票验真服务。对于Ⅰ型（嵌入型）电子发票，如得票人不能信任在交易系统中打印的发票，也可以直接登录税务局网站进行发票验真，或凭可靠身份证明（数字证书，将来也可开发直接利用第二代居民身份证作为天然的数字证书，只是使用时也要输入个人密码）对自己的发票详情进行查询。以下设计的验真服务可面向Ⅰ型、Ⅱ型两种类型的电子发票提供。

（五）电子发票验真准则

电子发票是否为真，不由打印所用的纸张决定，而是看该发票所记载的信息是否能唯一确定一笔交易，且这笔交易属于正确的买卖双方。它依据信息流防伪，而不是票面印刷防伪。因此，设计的电子发票对买卖双方来说都是实名使用，这是与传统发票不同的地方。电子发票验真的判别准则有两种。

1.交易唯一性判别准则

1）交易唯一性判别准则的含义

交易唯一性判别准则是指一个确定的买方与一个确定的卖方在一个精确的时间点只可能发生一笔交易。这符合电子商务的特点，即使同样的买方和卖方几乎在同一时刻对两笔交易单击了"确定"，系统也会将这两笔交易登记为不同时间。因为人有同名同姓，所以要用买卖双方各自的唯一代码，实践中可用统一社会信用代码（对企业）和身份证号（对个人）表征交易双方。

2）交易唯一性判别准则的充要条件

"买方唯一代码＋卖方唯一代码＋时间（精确到秒）"是充要条件。时间要精确到秒，不能只到期，因为同一天可能发生多笔交易。卖方的名称和唯一代码一定会显示在发票中，这与传统发票一样。买方唯一代码是否要显示在发票中？对于单位，本来报销也是要有正确抬头的，电子发票中显示买方代码不会有问题。而对于个人消费者，考虑到保护个人隐私，买方唯一代码只保存在税务机关数据库中，不在电子发票中。

2. 发票真实性判别准则

1）发票真实性判别准则的含义

发票真实性判别准则是指"买方唯一代码＋卖方唯一代码＋时间＋金额"必须与数据库记录完全吻合，任何一项不吻合都说明这不是该笔交易的发票。交易唯一性判别准则所要求的信息项加上交易金额，就是确定某次交易真实金额所需要的最少信息。

2）发票真实性判别准则的充要条件

全部必填项"买方唯一代码＋卖方唯一代码＋时间（精确到秒）＋金额"与数据库记录完全吻合是发票真实性判别准则。显然，真实性判别准则已经蕴含了唯一性判别准则。所以，实际验真时只需输入"买方唯一代码＋卖方唯一代码＋时间＋金额"，就可以查出发票是否为真且属于当笔交易，而不是交易双方以前发生过的同等金额的其他交易发票。另外，发票号显然是数据库中发票记录的主件，但可以不作为验真查询输入的必填项，因为发票要证明的全部必要信息就是"买方唯一代码＋卖方唯一代码＋时间＋金额"。相反，如果只选"发票号＋金额"进行验真，反而会出现问题，因为无法证明是谁与谁之间发生的交易。其他字段（如交易备注）也不用作为发票验真的必填字段。操作时，发票验真查询不需任何特殊权限，查询人无须登录，直接进入税务局发票查询页面，输入发票查询必填信息（买方唯一代码＋卖方唯一代码＋时间＋金额），便可得知发票是否为真。

发票验真与发票详情查询不同。发票验真任何人都可以操作，使用时需输入所有必填字段，而系统反馈只有"发票信息完全吻合"和"发票信息不吻合"两种结果。发票详情查询需用能证明自己身份的方式，如数字证书、第二代身份证等登录，登录后能将属于自己名下的所有发票的全部信息（包括发票号码、金额等发票真实性判别信息和产品描述、保修条款、包退承诺等交易备注信息）和票面外观都显示出来。

总结以上，电子发票将传统的基于纸张发票的以票控税提升到基于交易真实性判别准则和数据库记录的以信息流控税的层次，可以大大加强政府对税源监控的能力，无论是统计效率还是监控力度，都有很大的提升。

二、资金流控税的税款征收方式

为弥补以票控税的缺陷，使用资金流控税征缴方式，以实际发生的资金流动为税源统计依据，而不管这笔资金流动有没有发票，避开了买方是否索取发票的问题。

资金流控税和以票控税的区别在于：以票控税以纳税人开出的发票为统计依据，而不管是否发生了支付。资金流控税以实际发生的支付为统计依据，而不管是否开出了发票。以票控税既管收入也管支出，其中，对企业支出的监管能力强（无发票支出不予认定），对企业收入的监管能力弱（不开票就可以隐瞒收入）。要保证卖方开票主要靠的是税收链制约。而资金流监控更擅长统计收入，可以很好地弥补以票控税对收入统计能力不足的缺陷。

完整的资金流控税应包含"两个监控"和"一个自动"。"两个监控"是现金监控和账户监控，其中，"账户"既包含传统的银行账户，也包含现代电子商务环境下的各种电子货币账户。"一个自动"是纳税人在进行电子商务交易时，电子商务交易平台或支付平台可以自动计税甚至自动扣税。

（一）电子资金流账户监控

传统商务中，现金监控主要靠税控收款机的推广和强制使用。电子商务中使用现金结算较少，即使有少部分交易采用货到付款方式结算，也不可能用税控收款机对此进行监管，因此现金监控对电子商务税收征管的意义不大。

1. 账户监控

账户监控最早仅指对银行账户的监控。该方法奏效的前提是：被监控对象的资金存储和转移主要通过银行账户进行，且所有可能的银行账户都已被监控。监控的账户越全，账户资金占纳税人全部资金的比例越高，账户监控的效力越强。最理想的情况是：所有资金往来都通过刷卡或其他电子方式在账户间进行。用基于信息流的电子监控取代目前的纸质监控，以提升监控效率，并扩大监控范围，做到账户监控不再是偶尔执行的特例，而是可以经常执行的惯例。审查的不仅仅是纳税人报告的银行账户，而是从所有主要银行及电子商务支付服务商等账户管理者手中获得的全面信息。

2. 电子资金流监控的意义

（1）弥补以票控税的不足。电子资金流监控能够弥补以票控税的不足，减少账外交易造成的税源流失。

（2）建立电子商务税收征管的有效途径。通过电子资金流监控，建立电子商务税收征管的有效途径，弥补按营业地址查补税源的传统税收征管方式对电子商务管理能力弱的缺陷。

（3）实现电子商务"从源扣税"。实现电子商务"从源扣税"，避免无常设机构的跨国零售对本国税收造成冲击。这种冲击在国外卖家向国内个人销售数字化产品时最易出现。

（4）协助反腐败及反洗钱。及时地发现大额不明来源收入，为反腐败及反洗钱提供强有力的支持。

3. 电子资金流监控模型

电子资金流监控模型，如图6-4所示。

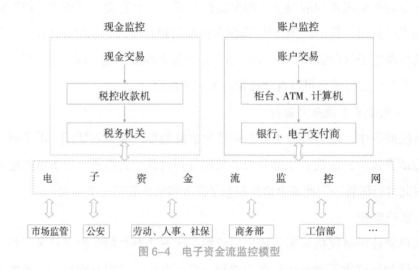

图6-4　电子资金流监控模型

完整的电子资金流监控包括现金监控和账户监控两部分，依托多部门共建的电子资金流监控网高效地共享信息。其中，现金监控由税控收款机实现。当纳税人用现金收款时，税控收款机自动记录交易信息，并最终汇入税务局数据库。账户监控含传统的银行账户监控和电子商务环境下的各种电子货币账户监控。当委托人通过柜台交易、ATM（自动取款机）交易、计算机网上交易等方式进行资金转移时，交易信息即时进入银行或电子支付商的数据库，以供各相关单位共享查询。税务机关、银行、电子支付商是资金信息的提供者，市场监管等部门是其他信息（如身份、就业信息等）的提供者，各单位共同参与电子资金流监控网的建设，向其提供数据，并查询自己所需要的信息。

根据信息共享方式和共享程度，各部门掌握的信息可分三个层次，如图6-5所示。

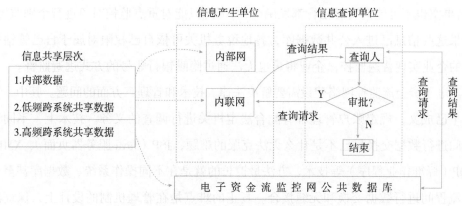

图 6-5　资金流监控网的信息共享层次

1）内部数据

仅为各部门内部使用的数据应保留于内部网，只能由本单位用户按权限使用，外单位不能自主查询。如有特殊情况需要查询，必须出具有足够效力的文件，才能由本单位查询后对外提供，如公安部掌握的公民亲属关系信息。即使税务机关怀疑纳税人通过亲属账户转移资产逃税，也不能自说自话，仅通过税务机关领导审批就直接查公安部的户口数据库，而是需由税务机关向公安机关申请，由公安机关查询。

2）低频跨系统共享数据

该数据可以被其他单位通过电子资金流监控网查询，但查询频率较低，不需要保存于电子资金流监控网的公共数据库，而是由本单位数据库通过内联网向电子资金流监控网的外单位用户提供有条件的自主查询，如个人不涉税收入的每笔来源、金额等。当税务机关、公安机关等单位立案调查时，银行应该配合提供这些信息，但仍需有符合法定条件的手续，不能无任何合理理由就进行查询。此类信息应保留于信息产生单位内部，有条件地对外提供，并且查询单位也需有内审机制，必须通过一定级别的审批才能发出查询请求。

3）高频跨系统共享数据

其他单位对此数据有法定的普遍了解权限，且访问频率非常高，可由信息产生单位输出，保存于电子资金流监控网的公共数据库，由查询单位依权限查询，如企业的银行账户对账单，其上含每笔收入和支出的时间、金额、交易类型信息。这些信息是税务机关有权要求企业提供、企业不得拒绝的信息。在传统情况下，尽管法律赋予税务机关该项权力，但由于税务机关不掌握企业所有的银行账号,事实也不可能向所有银行都发函征询,因此只能对重点监控对象进行个别监控。如果这些信息已进入公共数据库,各地税务机关可依自己权限对属于自己管辖范围的企业实现普遍监控,企业将再也无法通过隐瞒银行账号的方式逃避监督。

电子资金流监控网络建设需要解决法律、技术和管理三方面的问题。其中,法律早已成文,规定账户管理者有配合法定机关进行调查的义务。技术上,不同系统间进行数据交换早已不是什么无法克服的难题,JSP(Java 服务器页面)、XML、SOP(标准作业程序)等技术、方法最擅长的就是在不同操作系统、数据库甚至业务流程间进行数据交换和无缝接合。真正的难点是在管理机制的设计上,保证法定机关的监控需求和公民自由、个人隐私及商业机密得到良好的平衡,具体包括:账户交易信息分类登记、查询制,法定监控机关内部权限管理机制,个人隐私和商业机密保护机制。

(二)账户交易分类登记查询制

为提高资金流监控的效率,所有的账户交易均应分类登记交易类型,以便监控机构快速查询、统计。交易类型应由资金转出人在交易时选择,可选择的类型应能符合监控机构按关键字查询的要求。实践中,可由税务机关、公安机关等电子资金流监控网的使用单位分别提出自己的监控要求,统筹规划、合理确定交易类型的可选项目。

1.账户交易分类登记的实现方式

1)付款人选择资金移转类型

付款人在通过银行、电子商务支付商等账户管理机构进行资金转移操作时,应根据工作人员或操作界面的要求选择资金转移的类型。

2)账户管理机构将信息存入数据库

账户管理机构负责将每笔资金的转入方、转出方、交易金额、交易类型、备注等信息存入数据库,以备查询。其中,涉税信息将由账户管理机构定期从内部数据库传输至电子资金流监控网的公共数据库,供税务机关按权限自由查询。

3)账户管理机构

有字符输入功能的界面可由付款人或银行员工于下拉菜单中选择交易类型,并在备注中输入事由。无交易类型选择功能的付款工具,如刷卡器,一律默认为涉税买卖交易。

各类账户收入在账户交易发生时即分类登记,将来监控单位查询时可以很好地将所需类型的数据与其他信息相比较，较快地发现有疑点的收入。这不仅对税收征管有用，也是反洗钱、反腐败的重要手段。

2. 账户交易分类登记的监控重点

实践中，不必对所有账户都进行同等严密的监控，监控单位可将重点放在以下几类情况。

（1）传统商务监控重点对象。传统商务中，顾客主要为个人且一般不索取发票，同时未使用税控收款机收款的企业。

（2）电子商务监控重点对象。电子商务中，交易系统尚未嵌入Ⅰ型（嵌入型）电子发票的卖家。

（3）怀疑有不进账收入的对象。不论何种商务形式，怀疑有不进账收入的对象。特点是不涉税收入与在纳税申报表中填报的收入比值偏高。

（4）怀疑有洗钱、非法收入等情况的对象。

3. 税务机关涉税信息查询

应根据该信息与税务机关业务的关系紧密度及税务机关是否有权掌握所有此类信息来决定。

1）涉税信息

对涉税信息可以查明细，在查询人管辖范围内无限制，如谁、于何时、因为什么、向谁转入了多少金额。如果发现收款交易为涉税交易类型中的任何一种，而发票上没有记载，则可能是应开而未开发票。这样，只要付款人登记了正确的账户交易类型，即使没开发票，收款人也是无法隐瞒收入的。涉税信息原本就是法律赋予税务机关掌握的信息，在税收征管过程中，只要纳税人依法提供，税务机关原本就应掌握，因此税务机关的查询只是对已有数据的印证，不构成对银行的商业机密侵害。

2）不涉税信息

不涉税信息，如纳税人与他人的借贷信息，与纳税无直接关系，一般不用查询。银行只需提供分类汇总数据，如某人本月共新增多少同名存款，供税务机关从总体特征上比较即可。如税务机关认为纳税人有逃税嫌疑，需查询纳税人的不涉税信息详情，应先进行税收稽查立案，通过两人以上授权方可查询。

（三）法定监控机关内部权限管理机制

电子资金流监控网络赋予了法定机关以相应较宽松的自由度和较高的效率，

联网查询个人及机构资金账户信息的权力，但应建立在严密的权限管理机制的基础上。电子资金流监控网络的权限管理可以用"法定机构内部审批对外查询授权"的方式解决。信息储存单位以监控单位的单位数字签名为查询权限的识别标志，监控单位则由内部审批机制决定是否对某笔查询请求附加单位数字签名，对查询授权。其具体制度如下。

1. 法定监控单位的权限分配

每个法定监控单位应根据业务范围和职务级别分配内部人员的查询权限，明确哪个部门、哪一级人员、可以查询什么样的信息，将此权限分配方案记入内部系统数据库的权限表。内部人员只能执行权限表中规定的操作。

2. 系统自动记录操作

系统应使用可靠方式确定内部人员的真实身份，并由系统自动对其操作进行记录。身份确定应使用数字证书口令卡或证书，不能仅使用用户名和密码。对每一笔查询都需查询人输入数字证书的使用密码，用数字证书单独对查询请求进行数字签名，不能一次签名后就一直查询下去。为方便在不同系统中进行查询，可使用统一身份认证技术，互信系统间可进行统一单点登录。在人员职务变动时，权限上也要相应变动。

3. 内部信息的签名查询

本单位、本部门的内部信息，可由具有相应权限的人员用自己的数字证书进行数字签名，独自发起查询。

4. 高频跨系统共享数据的签名查询

对电子资金流监控网公共数据库中的高频跨系统共享数据，可由具有相应权限的人员用自己的数字证书进行数字签名，发起查询后由本单位服务器用单位数字证书进行数字签名，然后发往电子资金流监控网公共数据库执行。

5. 低频跨系统共享数据的批准查询

对存储于其他单位内联网中的低频跨系统共享数据，内部人员无权独自查询，需以合理理由向上级申请，经上级审批同意后，方可进行查询。此种情况下，法定监控单位应由系统自动记录该笔查询的申请人、批准人及各自的数字签名，并用单位数字证书对查询请求进行数字签名后，方能发往银行等信息储存单位。信息储存单位核对查询单位数字证书的权限，对具有权限的查询请示进行执行，反馈结果。对同一人在短时间内查询大量存款人的情况，银行系统转为人工审核方式，需银行一定级别负责人批准方可进入下一步，以防法定监控单位的内部人员滥用职权侵害银行商业机密。

6.查询方式的限制

查全部细节，如每笔账户交易的来源、去向、金额等，需有具体的针对对象。如果不指明具体被查对象，只能查分类总数据，如查询人负责管理的纳税人某种账户交易类型的总金额，不能查交易细节，如所有交易的来源、去向、金额等。

（四）个人隐私和商业机密保护机制

该机制将以最少泄露个人隐私和商业机密为原则，确定法定监控单位能自由查询的信息范围。以合法手续和多重审批为手段，限制不必要的查询发生。以系统记录和失密责任追究为方法，防止法定监控单位内部人员泄露个人隐私和商业机密。其具体包括以下方法。

1.高频跨系统共享数据的保护

保存于电子资金流监控网公共数据库的高频跨系统共享数据仅限于法定监控机关对此拥有普遍知晓权限的信息，即如不通过电子资金流监控网，该法定机关本身也能拥有的信息。例如，税务机关本来就拥有对涉税收入的全部了解权限，因此可凭税务局数字证书自由查询或下载公共数据库中本辖区所有纳税人的涉税收入详情。不涉税收入详情属于个人隐私或商业机密，如无合理理由或相关法律程序，税务机关无权随意了解。因此，公共数据库只储存分类汇总信息，如某人不涉税的转账业务共发生了多少金额，而不含每笔转账的来源、去向。如需调查详细信息，必须经过立案、上级审批等必要的法律程序，方能向信息产生单位的内联网申请个别查询。

2.低频跨系统共享数据的保护

法定监控机关不具备普遍知晓权限的低频跨系统共享数据，只保留在信息产生单位的内联网中。法定监控机关启动个案调查时，需将查询人、审批人信息一并提交信息产生单位进行记录，经信息产生单位批准方可查询。信息产生单位对法定监控单位每人每天可查询的信息数量上限进行定义，在此数量范围内，法定监控单位的查询人可由系统自动批准进行查询，超过此范围，则系统不能直接放行，改由信息产生单位人工审核批准后才可执行。法定监控单位应做好内部权限管理工作，每笔查询都由系统记录操作人的信息，并对低频跨系统共享数据的查询设立至少两人同意方可启动的约束机制，避免工作人员随意获取信息产生单位的商业机密和客户的个人隐私。

3. 法定监控单位工作人员的保密义务

法定监控单位工作人员须保守机密，不得对无关人员透露被查询对象的信息。每笔查询均应有合理理由和必要的审批手续，发出查询请求的系统和接受查询请求的系统应记录每笔查询的查询人与审批人。当发现个人隐私、商业机密泄露情况时，可根据系统记录追查责任。电子资金流监控网的运行机构应与法定监控机关联合，定期或不定期对已发生的查询业务进行抽查，以检查是否有充足的理由开展该笔查询。对无充足理由开展查询的查询人，应视情节严重程度予以处理。

（五）电子商务平台自动计税

1. 自动计税、扣税的原因

现实中，是不是所有的经营行为都事先进行了税务登记呢？

传统商务是依托固定营业地址开展的（图6-6）。当纳税人不进行税务登记时，税务机关可对本辖区内的经营场地进行检查，从而发现无证经营的情况。在电子商务环境下，经营者大量采用无店铺销售，对固定营业地址的依赖大大降低，税务机关使用传统方式发现无证经营的方法不再可取。如果税务机关自行到各家电子商务交易平台上识别本辖区的经营者，又会因电子商务跨地区经营的特点，税务机关需遍历电子商务交易平台上的卖家才能发现本辖区的全部经营者，工作量过大。因此，需改变对纳税人的归口管理方式，由电子商务交易平台负责统计本系统内所有注册的卖家，将其资料报送全国统一的电子资金流监控网络，而后各地税务机关可到电子资金流监控网络下载或查询位于本辖区的纳税人信息。再进一步，甚至可以将电子发票和征税流程嵌入电子商务平台，由电子商务交易平台或支付平台代税务机关进行纳税宣传、纳税登记、税额统计和税款扣收，如图6-7所示。

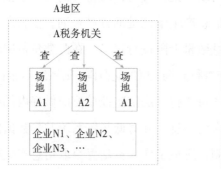

图6-6　传统商务税源查补依地区进行

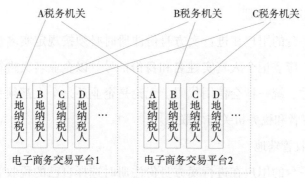

图6-7 电子商务税源发现依交易平台进行

利用电子商务平台开展税务管理的好处有：①加强电子商务税务登记，避免越来越多的电子商务无证经营对税收的冲击。②简化税务登记手续，由经营者开业前到税务机关现场税务登记，转变为在电子商务交易平台中注册时由系统自动登记，并将登记信息远程传输至电子资金流监控网。按需即时登记简化了税务登记手续，降低了交易门槛，有利于电子商务交易的发生，有利于搞活经济和创新创业。③提高了税务宣传、税源统计和税款征收的效率，有利于提高电子商务纳税遵从比例，降低征收成本。

为了保证税源统计的完整性和及时性，应出台正式法规，明确电子商务平台向资金流监控网提供税源信息的义务。应规定从事网络经营需实名登记，由电子商务交易平台、电子商务支付平台等核实身份后，自动向资金流监控网进行税务备案。各电子商务交易平台中，有条件使用Ⅰ型（嵌入型）电子发票的，尽量推行Ⅰ型（嵌入型）电子发票，在每笔交易成交的同时自动计税。暂无条件使用Ⅰ型（嵌入型）电子发票的，可先由交易平台提供成交额信息、支付平台提供支付额信息，作为税务机关计税的依据。对于我国居民向境外的支付，可委托交易平台或支付平台"源泉扣缴"，直接从我国居民买方的支付款中扣取税额，实现我国合理的税收管辖权。

2. 自动计税

电子商务平台自动计税可采用的流程如下。

1）纳税宣传

将纳税义务告知作为电子商务平台用户注册的标准协议内容，说明网上销售与传统销售一样负有依法纳税义务，电子商务平台有义务将用户的销售额信息提交给税务机关，作为计税依据。设立有关纳税知识的链接，通往国家税务总局网站相关页面。

2）卖方身份实名注册

电子商务平台的用户在进行卖方身份注册时必须按规定实名注册。以个人名义进行销售的，应登记个人真实姓名和身份证号。以企业名义进行销售的，应登记企业真实名称、统一社会信用代码。无论是企业还是个人都须登记详细的联系方式，以便消费者和税务机关与之联系。

3）确定税收管辖地

电子商务平台的用户在进行卖方身份注册时选择自己的税收管辖地，一般优先选择与居住地、经营地对应的税务机关。如无常住地址，也可按户口所在地选择对应税务机关。如已办理税务登记，可直接填写纳税人识别号和对口税务机关。

4）交易时自动计税

对每笔成功交易或支付，由电子商务平台记录用户的成交额、支付额，定期传输至全国电子资金流监控网，供税务机关计税比对。凡使用Ⅰ型（嵌入型）电子发票的电子商务交易系统，系统在交易成功完成时自动生成电子发票信息，纳税人在期末进行申报时可下载发票统计信息，据此进行纳税申报。未使用Ⅰ型（嵌入型）电子发票的交易系统，应由纳税人通过Ⅱ型电子发票、税控收款机收款、传统手工发票等其他方式开具发票或登记收入信息，并于期末进行申报时下载电子商务交易统计信息，按交易号逐笔标注成功交易的发票号码，计算未开发票的交易总金额，报税务机关进行计税。电子商务平台应为用户下载及统计交易信息提供便捷的服务。

5）税务机关审核

对于已主动进行纳税申报的纳税人，税务机关按常规方式进行纳税审核和税款征收。对于未主动进行纳税申报的卖方，由相关税务机关根据电子商务交易系统提供的成交额计算税额，并将结果通知纳税人。纳税人对税务机关提供的统计结果有不同意见的，应及时向税务机关说明。否则应按要求于指定期限内纳税。对于月交易额小于起征点的卖方，税务机关不予征税，但应将计税结果和不予征税的决定通知纳税人。对于使用Ⅱ型（非嵌入型）电子发票快速通道、在开票时已预缴税款的，已预缴的税款可于本期应缴税款中扣除。

6）合作奖励

税务机关可设定一定比例，将因电子商务平台配合而获得的税收作为代办费，返还相关电子商务平台，以鼓励电子商务平台积极履行义务。

3. 电子商务平台不配合的措施

当立法规定了电子商务平台向资金流监控网提供税源信息的义务后，所有向国内用户提供服务的电子商务平台应同等遵守法律，履行提供税源信息的义务。有条件的可在交易系统内嵌入 I 型（嵌入型）电子发票。国家应定期组织对电子商务平台履行法定义务的检查，及时纠正问题，并对严重违规的平台给予处罚。

如果国外平台配合我国监管规定，可与国内平台一样管理。如其不配合，建议采用"视同交易法"进行处理：将其视作一个国外的卖方，凡从我国付往该处的资金，不管是购买、转账还是为电子货币账户充值，一律视为国外卖方自我国取得的收入，对其实行"源泉扣缴"，由国内办理该笔业务的支付机构直接从我国的支付款中扣取流转税和预提所得税。这样，可以间接实现该平台卖家对我国进行销售的税收征管。如有我国卖家利用该平台开展对外销售，考虑到我国目前外销以有形产品为主，已有海关从物流方面进行监控，自该平台转往我国的资金可暂不做税务处理，既不扣税也不退税。

三、电子商务税款征收方式立法完善

（一）小型或微型电商：优惠扶持、加强监管

《财政部　国家税务总局关于进一步扩大小型微利企业所得税优惠政策范围的通知》（财税〔2015〕99 号）规定，自 2015 年 10 月 1 日起至 2017 年 12 月 31 日，对年应纳税所得额在 20 万元到 30 万元（含 30 万元）之间的小型微利企业，其所得减按 50% 计入应纳税所得额，按 20% 的税率缴纳企业所得税。

《国家税务总局关于小微企业免征增值税和营业税有关问题的公告》规定，增值税小规模纳税人（包含个体工商户、其他个人、企业和非企业性单位），月销售额不超过 3 万元（含）的，可以享受免征增值税优惠政策。《财政部　国家税务总局关于继续执行小微企业增值税和营业税政策的通知》将此优惠继续执行至 2017 年 12 月 31 日。

《财政部　税务总局关于延续小微企业增值税政策的通知》规定，为支持小微企业发展，自 2018 年 1 月 1 日至 2020 年 12 月 31 日，继续对月销售额 2 万元（含本数）至 3 万元的增值税小规模纳税人，免征增值税。

《国家税务总局关于小规模纳税人免征增值税征管问题的公告》规定，自 2021 年 4 月 1 日至 2022 年 12 月 31 日，对月销售额 15 万元以下（含本数）的增值税

小规模纳税人，免征增值税。

上述优惠政策对于小型电商而言，具有较大优惠力度，但是由于当前税收征管难以触及个人层面，再加上买家不要发票，中小电商普遍零申报。随着金税四期系统的推出使用，对于自然人纳税义务的监管将会进一步增强。

（二）中型电商：规范征管、堵塞漏洞

中型电商主要存在不开或少开发票、不报或少报收入的问题，很难用增值税专用发票抵扣体系中购买者倒逼销售者开票的机制来应对，应当设置对销售者开具发票的流程约定或者制度规范。京东商城采取的"逐笔开具电子发票"模式值得借鉴。对于中型电商不列或者少列收入的问题，要着眼于大数据处理，立足于税务机关信息化建设工作的开展。电商企业有别于传统零售企业的最大特征就是交易具有网络痕迹或者电子痕迹。所有的网上销售记录，从接收订单到收款，再到发货、配送、评价和退换货都有痕迹可以追踪。有鉴于此，建议通过修订《税收征收管理法》，明确各类平台的披露义务，在税务机关与平台商之间建立信息交换机制，适时通过电商提供的数据与申报信息进行比对，加强后续风险管理。

（三）大型电商：信息共享、整体应对

税务机关应与电商平台建立信息共享机制，加强对于电子商务企业的管理，从大型平台电商处获得入驻电商的交易信息。鉴于入驻电商企业的跨地区性，建议由国家税务总局层面与平台商实现数据共享，并自上而下分解各地税务机关需要的数据信息。由于大型电商境内外关联交易错综复杂，大企业税收管理部门应从集团整体层面开展风险应对工作。对于集团成员企业之间通过关联交易转移利润的行为，应依法开展特别纳税调查和调整。

第三节 电子商务税务稽查

一、电子商务税务稽查概述

（一）税务稽查的概念与特征

税务稽查是税务稽查局依法对纳税人、扣缴义务人和其他涉税当事人履行纳税义务、扣缴义务情况及涉税事项进行检查处理，以及围绕检查处理开展的其他相关工作。税务稽查的特征主要包括以下四点。

1. 法定的主体

税务稽查的主体是稽查局，即省以下税务局的稽查局。税务稽查在所属税务局领导下依法实施。

2. 明确的对象

税务稽查的对象包括纳税人、扣缴义务人及其他涉税当事人。

3. 清晰的实体

税务稽查主要是对纳税人、扣缴义务人和其他涉税当事人履行的纳税义务、扣缴义务情况以及涉税事项的稽查。

4. 完整的程序

税务稽查的职责是检查处理和围绕其开展的其他相关工作，检查处理包含选案、检查、审理、执行四个环节，围绕其开展的其他相关工作指的是除检查处理外的如制订税务稽查计划、税务稽查成果分析等相关工作。选案、检查、审理、执行四个环节相互分离、分工明确，既相互合作又相互制约，保证税务稽查依法高效地运行。

（二）电子商务对税务稽查的影响

电子商务交易的虚拟性、电子化、无纸化，使传统税务稽查的询问、查看账簿信息、就地稽查等方式无法适用，因此建立应对电子商务的税务稽查制度势在必行。首先，对于纳税人是否进行工商及税务登记、电子凭证记录的交易信息是否真实、申报款项是否属实等情况，税务机关可以委托第三方交易平台、社交平台、第三方支付平台等对其进行核实。其次，税务机关可以开发专门软件开展税务稽查工作，税务稽查软件实时对交易中自动生成的电子交易凭证（或电子发票）进行真实性、合法性检查，检查其是否是真实交易、单价是否合理等，以实现从交易源头上对税源的实时监控。

从电子商务交易特点看，电子商务给税务稽查带来的影响主要有积极和不利两个方面。

1. 积极影响

1）有利于税务稽查实现由"有限稽查"向"全面稽查"转换

传统税务稽查是根据纳税申报表，发票领、用、存情况，各种财务账簿和报表等信息，确认稽查对象并实施稽查。企业提供的涉税信息的充分性和可靠性非常有限，而实行电子商务后，可以通过互联网获取该企业所属行业信息、货物交易情况、银行支付情况、发票稽核情况及其关联企业情况等，促进稽查的有效实施。同时，稽查人员可随时获取法律、法规、条例等信息，甚至可以网上取证。

2）电子商务推动税务稽查的方法和手段走向现代化

税务机关与银行联网，通过网上银行、电子货币、电子支票来收缴查补税款，缩短税款入库时间。传统查账方式将被"网上稽查"所代替，通过税务机关与电子商务认证中心、网上银行、海关、市场监管、外汇管理、人民法院、公安等部门的联网，共同建立专门的计算机税务稽查与监控网络，研制具有网上追踪统计功能的网上稽查软件，查处电子商务中税收违法案件，从而加强依法治税的力度。

3）有效降低稽查成本

电子商务促进了对纳税人实行计算机化、网络化管理，稽查机关可以要求纳税人以电子邮件形式，把电子账册、电子票据等信息发送到稽查部门，实行网上稽查，避免了目前烦琐的实地稽查的调账稽查，避免了与纳税人接触，更加符合税收的简便和最小征收成本原则。

2. 不利影响

1）传统的凭证追踪审计失去基础

由于订购、支付甚至数字化产品的交付都可通过网上进行，无纸化程度越来越高，订单、买卖双方的合同、作为销售凭证的各种票据都以电子形式存在，且电子凭证又可被轻易地修改而不留任何线索、痕迹，导致传统的凭证追踪审计失去基础。

2）信息源为境外的银行易逃税

互联网贸易的发展刺激了电子支付系统的完善，联机银行与数字现金的出现，使跨国交易的成本降至与国内成本相当的水平，一些资深银行纷纷在网上开通"联机银行"业务，开设在国际避税地。国内银行一直是税务机关的重要信息源，即使税务机关不对纳税人的银行账号进行经常性检查，潜在的逃税者也会意识到面临的风险。如果信息源为境外银行，则税务机关很难对支付方的交易进行监控，从而丧失了对逃税者的一种重要威慑手段。

3）数字现金逃税更难控制

数字现金的使用应引起重视。从传统方式看，现金货币在逃税中发挥了重要作用。数字现金不但具有现金货币的特点，且可以随时随地通过网络进行转账结算，加上数字现金的使用者可采用匿名方式，难以追踪，较之现金货币在征管上更难控制。

4）网上交易征税难度加大

随着计算机加密技术的成熟，纳税人可以使用加密、授权等多种保护方式掩藏交易信息，税务机关既要严格执行法律对纳税人的知识产权和隐私权的保护规定，又要广泛收集纳税人的交易资料，管理工作难度越来越大。如何对网上交易进行监管以确保税收收入及时、足额入库是网上征税的又一难题。

二、电子商务税务稽查流程

（一）稽查选案

稽查选案是税务稽查工作的起点，是指税务部门根据稽查工作的需要，利用电子商务税收征管系统及其他信息资源，根据所掌握的各类税务信息、纳税资料，运用人工、计算机或其他方法进行归类、分析，确定选案指标、待稽查项目和待稽查纳税人。

稽查选案的方法包括：采用计算机选案分析系统进行筛选；人工选案；随机抽查；根据公民举报、部门转办、上级交办、情报交换的资料确定。

计算机选案是将具有普遍意义的人工税务稽查的经验标准化和数据化，依据计算机拥有的征管资料，进行分析、对比、排列、组合，从中发现异常，发出警报，列出重点稽查对象。其具体选案流程如下。

1. 收集选案资料

选案资料包括有关纳税人的税收征管资料（如税务登记资料、网上银行的自动扣税资料等外部采集的与纳税人有关的资料）和工商登记信息等。其中，税收征管资料是最基本的信息。

2. 确定选案指标

1）选案指标的项目

选案指标是指确定纳税人的相关信息资料的加工项目以及加工方法，是决定选案内容的多少及选案内容深度、广度的关键。选案指标主要有分行业生产经营指标平均增长值分析、分行业财务指标分析、企业常用财务指标分析、流转税选案分析、企业所得税税前限制列支项目分析、地方税类指标分析、进出口税收指标分析、税收管理分析等多方面。

2）计算机选案使用的主要变量

主要变量包括进项税额、销项税额、应纳税额、应税销售额、销售成本、期初存货、期末存货、销售收入、销售税金、销售利润、销售毛利、应收账款、负债总额、资产总额、本期折旧额、固定资产原值、投资收益额、长期投资、短期投资、工资总额、平均职工人数、产值，共计 22 项。关联关系企业依据登记和申报资料做是否的判定。

3）选案指标的变化

选案指标会随着经济形势的发展，税制结构、税收政策的变化，税收违法手段以及对计算机开发应用程度的变化而相应变化，各级稽查机关应当根据不同阶段的经济发展情况以及税收政策的调整等因素经常调整和修改这些指标，以适应选案的实际需要。

3. 生成计算机选案参数

要分析计算机选案指标就必须有参数。没有参数值比较，选案指标就不能使用。所需参数绝大多数是可以用计算机自动生成的，如对于在征管环节输入计算机的申报资料通过一定的方法，就可以计算同行业或同等规模纳税人的有关参数。另外，还可以从法规库中提取，因为有些参数是法定的，如税前列支标准、人均工资额等。此外，还可根据实际情况，如地区的经济发展阶段、企业的经济管理水平等确定相关参数。

4. 设置选案条件

在正式选案前还要设置一定约束条件，主要是选择选案的范围、选案兑现的所属周期等。

5. 确定稽查对象

必须对计算机选案初步结果进行整理后才能确定稽查对象。因为任何单项指标经过分析对比，都可能产生与参数值不一致的异常用户。对各单项指标选出的待查对象进行综合打分，按分数高低排列，分数高的排在前面，可以优先考虑予以稽查。通过该方法确定的稽查对象加上专项稽查确定的待查纳税人和专案稽查的对象形成案源库。选案完成后打印《稽查任务通知书》，并通过网络传递稽查实施环节。稽查选案业务流程如图 6-8 所示。

（二）稽查审理

稽查审理是指税务机关对查处的各类税务违法案件在实施稽查终结后，由税务稽查审理环节，根据税收法律、法规对实施情况进行审核，并制作有关审理报告和案件处理文书的活动过程。税务稽查审理实行两步审理：一般性案件由审理

图6-8 稽查选案业务流程

环节审理，案件复杂、性质严重的大案、要案，由案件审理委员会会审处理。

1. 稽查审理环节

稽查审理环节是税务稽查的重要环节，接收稽查实施环节移送的稽查实施终结案件，核实稽查案卷资料种类和数量，待审理案卷登记，同时将这些资料输入计算机，并根据案件性质确定由本环节直接审理和本级案件审理委员会审理。

2. 稽查审理人员工作

稽查审理人员对稽查案卷或稽查结论中所提出的问题和相关处理意见进行审查，并核对证据、数据、法律依据。审理结束后，打印《税务处理决定书》，经批准，由稽查人员打印《税务行政处罚事项告知书》。

3. 稽查报告制度

在税务稽查工作中，执行稽查报告制度，上报案情案例，产生、报送各类稽查报表，并根据各类税务稽查成果资料，进行稽查成果分析。同时，计算机根据相关信息自动生成各类统计表，以供查询。稽查审理流程如图6-9所示。

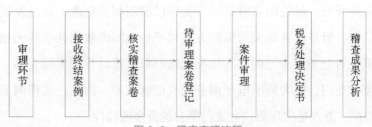

图6-9 稽查审理流程

（三）强制执行

稽查强制执行是指税务稽查执行环节根据审理环节做出稽查案件处理意见，将税务处理文书送达被执行人，督促和强制其依法履行税务处理决定的管理活动。执行人将已送达的《送达回证》录入计算机，并录入《执行报告》，以备查询被执行人履行义务的情况。

三、电子商务税务稽查制度完善

(一)完善税务稽查电子系统

从我国电子商务行业特点来看,当前绝大部分电子商务经营者,不论是 B2C 模式还是 C2C 模式,都集中在大型电子商务平台。消费者进行网购时,一般都是先锁定电子商务平台,再通过电子商务平台搜索平台商家,最后向平台商家下单完成交易。在电子商务平台强大的用户资源吸引下,新进的电子商务经营者会主动选择加入电子商务平台,反过来又进一步扩充了电子商务平台的电商资源,用户可选择的空间更大,三方互利互惠,由此形成了平台集中的汇聚效应。在税收征管实践中,由于电子商务的虚拟性,税务机关全面及时地掌握电子商务交易物流、资金流、信息流的难度较大,而事后追征税款的税收征管成本则相对更高。因此,应充分借助电子商务平台在交易中的核心地位,委托其代收代缴税款,建立"税务部门—电商平台—电商经营者"的集中征税模式,以点带面,有效降低征税成本,提高税收征管效率,从而实现税款源泉控制,堵塞税收征管漏洞。

(二)电子账目稽核检查与在线检查

目前我国电子商务交易绝大多数都是通过第三方支付平台支付货款,小部分通过网上银行进行支付。银行是制度规范的金融机构,且有专门的银行监管机构,银行内部资金流向管理十分严格,税务机关与银行存在相应的沟通机制,对通过这一途径完成网上支付的电子商务交易,其资金流信息共享相对较易实现。第三方支付平台是基本为以公司为形式的营利组织,平台资金的流动多为商业机密,基本不会对外开放。尽管国家对第三方支付已制定相关规范,通过发放金融牌照实现准入门槛,但是税务机关与第三方支付平台之间的数据共享并无相应法律支撑,税务机关对此类资金流的实际情况无法获取,难以分辨实际交易,实际上形成了资金监管空白,极大影响电子商务税收征管效率。因此,实现网上支付系统资金流的监控,重点是实现第三方支付平台的资金流监控。

1. 明确设定第三方支付平台配合税务机关协查的义务

建立部门间信息共享机制,税务机关有权调阅平台支付数据,了解其交易资金流向。此外,可以建立双向反馈机制,若税务机关在对电子商务经营者交易监控中发现其有涉嫌逃税漏税行为,可告知第三方支付平台,平台运营商配合调查,及时提供此经营者的资金流向,帮助税务机关掌握其资金情况,以此查证电子商务经营者实际经营情况。

2.通报第三方支付平台运营商暂停其支付服务通道

强化诚信经营在第三方支付的应用，若税务机关经过检查核实后确认电子商务经营者存在逃税漏税行为，可以通报给第三方支付平台运营商，暂停其第三方支付服务通道。作为电子商务受众最广的支付工具，关闭第三方支付通道必然影响电子商务运营者交易支付的便捷性，降低电商消费者的黏度，用户的购买体验将大打折扣，其经营自然也受到影响。因此，抓好网上支付平台资金流监管这一环节，税收征管工作将事半功倍。

（三）查阅复制纳税人电子数据信息

1.明确相关基础数据、资料、凭证等法律效力

应当在法律中明确电子数据、电子交易凭证、电子账簿作为税收凭证的法律效力，做到税务征收管理有的放矢。在《税收征收管理法》中对税务部门的权利与义务予以明确，授权税务部门对电子商务交易中的电子数据信息进行查阅、复制、解密等，使税务部门全面掌握电子商务交易数据，杜绝篡改电子数据、毁损记账凭证等现象。

2.建立税务云端数据库

在明确税收凭证的法律效力之后，储存和应用好所采集到的电子数据。通过建立税务云端数据库，存储电子商务平台信息流和网上支付系统资金流积累的海量数据信息，对电子商务涉及的订单信息、物流信息和支付信息比对分析，以税务检查所需的涉税信息为导向，查找关联数据，确定交易数据流向。根据交易平台的订单信息，检索订单派送的物流公司，以其货物运送状态追踪货物流向，以此确定交易的真实性及交易是否存在虚开发票行为。调取网上支付系统的涉税资金信息，梳理出完整的资金交易链条，核查确定纳税义务的发生及涉税交易金额。

3.以税务机关涉税交易数据库为基础形成大数据平台

以税务机关涉税交易数据库为基础，联合市场监管、海关等行政部门，对接金融机构以及电子商务平台，打通交易涉及的整个管理链条，形成大数据平台。根据电子商务的行业特点，建立行业模型及风险指标体系，对交易数据自动进行比对核查，监控纳税人依法纳税遵从度，从而有效防止违反税收诚信的行为发生。

【知识图谱】

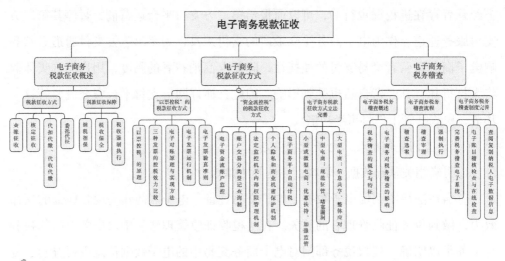

【本章小结】

　　本章首先介绍我国税款的主要征收方式以及税款征收保障的主要方式。然后重点介绍电子商务税款征收的两种主要方式，包括以票控税与资金流控税的税款征收方式，并提出电子商务税款征收方式的立法完善建议。最后，重点介绍电子商务税务稽查。本章对我国电子商务相关税收立法提供可参考借鉴的意见建议，对促进电子商务的良好发展以及电子商务税收的规范管理起到积极作用。

【复习思考题】

　　1.简述以票控税和资金流控税的基本原理及优缺点。

　　2.电子商务对当前税务稽查有哪些积极影响和不利影响？

　　3.电子商务税务稽查制度存在哪些不足？应当如何完善？

【思政经典案例】

　　思政经典案例，请扫描二维码阅读。

新冠肺炎疫情催热"宅经济"，
厦门市税务部门主动跟进做好服务

第七章 电子商务税收法律

【学习目的和要求】

通过学习本章，了解电子商务税收法律原则与电子商务税收法律关系；掌握电子商务税收实体法律的组成与电子商务税收程序法律的组成。

【重点问题】

1. 电子商务税收法律关系的要素。

2. 电子商务流转税法律的组成。

3. 电子商务所得税法律的组成。

4. 电子商务税收确定程序法律的组成。

5. 电子商务税务救济程序法律的组成。

【引导案例】

国家税务总局南京市税务局稽查局税务处理决定书

宁税稽处〔2020〕94 号

南京×××电子商务有限公司：

我局（所）于 2018 年 12 月 28 日至 2020 年 11 月 13 日对你（单位）2016 年 1 月 1 日至 2017 年 12 月 31 日城市维护建设税、地方教育附加、教育费附加、企业所得税、增值税情况进行了检查，违法事实及处理决定如下：

一、违法事实

你单位 2016—2017 年在天猫平台开设的×××品牌童装的经营过程中隐瞒销售收入，在账簿上少列收入 2016 年为 235 936.59 元，2017 年为 571 723.41 元。

以上违法事实，由你单位相关纳税资料证明。

二、处理决定

（一）增值税

你单位销售货物未按规定确认销售收入和申报纳税的行为违反了《增值税暂行条例》第 1 条、第 2 条第 1 款第 1 项、第 19 条第 1 款第 1 项，《增值税暂行条例实施细则》第 38 条第 1 项，合计补征 2016 年增值税 34 281.38 元、2017 年增值税 78 418.08 元。

（二）企业所得税

由于你单位 2016—2017 年少列的收入，对应的大部分支出未取得发票入账，相关税前扣除凭证难以取得，采用查账征收方式不能反映其真实经营状况，根据《税收征收管理法》第 35 条第 1 款第 4 项和《中华人民共和国税收征收管理法实施细则》（以下简称《税收征收管理法实施细则》）第 47 条第 1 项规定，决定对你单位 2016—2017 年度少确认的企业所得税采用核定税款方法核定征收企业所得税。根据财税〔2015〕99 号，对年应纳税所得额在 20 万元到 30 万元（含 30 万元）之间的小型微利企业，其所得减按 50% 计入应纳税所得额，按 20% 的税率缴纳企业所得税。

补征你单位 2016 年企业所得税 167.51 元，补征你单位 2017 年企业所得税 405.92 元。

（三）城市维护建设税、教育费附加、地方教育附加

1. 根据《中华人民共和国城市维护建设税暂行条例》第 1、2、3 条规定，补征 2016 年城市维护建设税 2 399.69 元、2017 年城市维护建设税 5 489.27 元。

2. 根据苏政办发〔2003〕130 号规定，补征 2016 年教育费附加 1 028.43 元和地方教育附加 685.62 元。补征 2017 年教育费附加 2 352.54 元和地方教育附加 1 568.37 元。

3. 根据《税收征收管理法》第 32 条的规定，分别对以上补征的增值税、企业所得税及城市维护建设税，自滞纳之日起至缴纳之日止按规定加收滞纳金。

限你（单位）自收到本决定书之日起 15 日内到国家税务总局南京江宁经济技术开发区税务局将上述税款及滞纳金缴纳入库，并按照规定进行相关账务调整。逾期未缴清的，将依照《税收征收管理法》第 40 条规定强制执行。

你（单位）若同我局（所）在纳税上有争议，必须先依照本决定的期限缴纳税款及滞纳金或者提供相应的担保，然后可自上述款项缴清或者提供相应担保被税务机关确认之日起六十日内依法向国家税务总局南京市税务局申请行政复议。

税务机关（签章）

2020 年 12 月 30 日

资料来源：搜狐网．某电商企业偷税被处罚，企业所得税的处理值得关注 [EB/OL].2021-03-30.

南京市税务局稽查局对某电商隐瞒销售收入、账簿上少列收入的违法行为，涉及增值税、企业所得税、城市维护建设税等税种，依据《增值税暂行条例》《增值税暂行条例实施细则》《城市维护建设税暂行条例》《税收征收管理法》等税收法律法规，做出补缴税款及滞纳金的处理决定。

第一节　电子商务税收法律概述

一、电子商务税收法律原则

电子商务税收法律原则是一国调整电子商务税收关系的基本规律的抽象和概括，包括税收法定原则、税收公平原则、简便透明原则与国家利益原则。

（一）税收法定原则

税收法定原则要求税种法定、税收要素明确法定及税收征管程序法定。2015 年 3 月，修改后的《中华人民共和国立法法》明确和细化了税收法定原则，第 8 条第（6）项规定：税种的设立、税率的确定和税收征收管理等税收基本制度只能制定法律。电子商务其本质是"商务"，"电子"只不过是交易手段而已。电子商务交易包括货物或劳务交易属于商品经济范畴，与传统实体交易本质相同，两者区别在于载体与形式不同。因此，电子商务税收与传统商务税收同等遵守税收法定原则。

电子商务作为全新的商务运作模式，对税收法定原则造成一定的冲击。各国目前尚无一套完整的电子商务征税体制，是否应该对电子商务征税也无统一定论。有观点认为应以互联网传送的信息流量的字节数作为计税依据计算应纳税额，开征新税——比特税（Bit tax），但比特税方案一经提出即引起广泛的争议。美国和欧盟坚决反对，认为比特税不能区分信息流的性质，若一律按流量征税则无法划分税收管辖权，并将导致价值高而传输信息少的交易税负轻，价值低而传输信息多的交易税负重，从而无法实现税负公平。如果对电子商务中的某些交易行为征收新的税种，因有时很难明确地将电子形式的交易与实体的交易截然分开，很可能会产生双重征税或发生对电子商务的歧视性待遇问题，而不对电子商务双重征税及不对电子商务征收歧视性的税种，已是国际社会及各国普遍接受的原则之一。从目前来看，已经对电子商务征税的国家基本上采取把电子商务纳入现行税制征税范围的做法，并没有开征新税。

税收要素法定要求必须由法律明确规定税种所包括的税收要素，电子商务对税收要素的影响突出表现在纳税人、征税对象和纳税地点上，如何在电子商务环境下确定纳税人、征税对象和纳税地点等基本税收要素，是电子商务对传统税收要素的挑战。2014年1月1日起施行《关于跨境电子商务零售出口税收政策的通知》（财税〔2013〕96号），2016年4月8日起施行《财政部 海关总署 国家税务总局关于跨境电子商务零售进口税收政策的通知》（财关税〔2016〕18号），2018年10月1日起施行《财政部 税务总局 商务部 海关总署关于跨境电子商务综合试验区零售出口货物税收政策的通知》（财税〔2018〕103号），2019年1月1日起施行《财政部 海关总署 税务总局关于完善跨境电子商务零售进口税收政策的通知》（财关税〔2018〕49号），2019年1月1日起施行《电子商务法》，2020年1月1日起施行《国家税务总局关于跨境电子商务综合试验区零售出口企业所得税核定征收有关问题的公告》（国家税务总局公告2019年第36号）。上述涉及电子商务税收的法规层级过低且集中于跨境电子商务，因此从整体来说电子商务税收法律法规不够系统，有必要对现行税法进行修改或者制定专门的电子商务税收条例，以符合税收法定原则的要求。

（二）税收公平原则

税收公平原则是指纳税人地位必须平等，对税收负担的分配应当公平、合理。电子商务交易作为一种以网络为依托和平台的交易模式，是传统实体业态在互联网的延伸。电子商务交易虚拟化、无形化、数字化等特征并未改变其商品交易的实质，因此，应对电子商务交易与传统商务交易同等征税，两种交易方式的纳税人地位平等，不因交易方式不同而区别对待。既不对电子商务课以重税，也禁止对电子商务免税，否则有违税收公平原则。B2B、B2C、C2C 同为电子商务经营模式，但目前 B2B、B2C 模式已经实现税收全覆盖，C2C 模式还游离于监管之外，因此，不同电子商务经营模式的纳税人也应同等征税。

纳税人税收负担的横向公平要求经济条件或纳税能力相同的纳税人，应负担相同数额的税收。因此，电子商务交易和传统商务交易应该适用相同的税法。电子商务交易中具有相同利润水平的纳税人，应适用相同税种与税率，负担相同数额的税收。纳税人税收负担的纵向公平要求指经济条件或纳税能力不同的人，应缴纳不同的税，即不同情况不同税负。因此，电子商务交易不同模式的纳税人，纳税能力不同则税负不同，高收入者应当比低收入者多纳税。

（三）简便透明原则

简便透明原则是传统交易所遵循的税收效率原则在电子商务交易中的具体化。税收效率原则包括税收经济效率与税收行政效率。

税收经济效率是指通过优化税制，尽量使税收保持中立性，尽可能减少税收对社会经济的不良影响，或者最大限度地促进社会经济良性发展。目前世界各国在制定电子商务税收制度时，绝大多数遵循税收中性原则，对电子商务不开征新税。在修改传统税制时应注意对电子商务征税，既不能够限制电子商务的成长，也不应区别对待电子商务交易形式而征税。

电子商务税收效率原则重在税收行政效率，即努力使税收行政优化，使税务机关的征税成本和纳税人的税法遵从成本尽量降低，最大限度地减轻国家征税对电子商务发展的妨碍，以最少的税收成本或者最小的额外损失取得同样或较多的税收收入。要求征收制度简便易行、税务机构精干有力、税收信息流程通畅、最少的征收费用和额外负担。因此，电子商务税收应遵循简化便利原则，控制纳税人的纳税成本和税务机关的征税成本在最低限度范围内。电子商务平台收集交易双方的基本注册信息、交易信息和资金信息并加以集中存储和处理，数据相对安全，不易灭失或被篡改，能为交易双方、市场监管部门和税务机关进行查询、统计及核查。因此，通过控制资金支付对电子商务企业进行征税，以资金流转额作为计税依据，有利于形成一个高效率、透明化的征税解决方案。此外，宜充分考虑互联网技术特点，简化申报、缴纳、稽核流程，尽快实现税务机关与市场监督、海关、银行等其他部门信息资源共享，利用先进的电子技术提高办税效率与征管水平。

（四）国家利益原则

国家利益是电子商务应维护的最高利益，包括税收管辖权利益与财政收入利益。国际上通过居民税收管辖权和收入来源地税收管辖权相互配合、相互制约，完成对跨国纳税人所征税收在各国之间的税收利益分配。电子商务跨国交易的虚拟化、数字化、匿名化、无国界和支付方式电子化，使得税务机关难以根据传统税收法律法规判断交易对象和场所、服务提供地和使用地等，经营业务常用"常设机构"判定标准不适用于电子商务，使得政府税收管辖权难确定，进而与其他国家在税收利益的分配上存在冲突。我国是发展中国家且这一状态将在很长时间内存续，属于电子商务的进口国，因此，应坚持收入来源地税收管辖权和居民税收管辖权并用，且优先适用地域管辖权，避免发达国家通过网上交易绕开关税壁垒，损害我国的税收利益。

税收最基本的职能是筹集财政收入。电子商务的快速发展能够扩大税源，因此，电子商务税收制度要与国家整体税收制度协调配合，体现财政收入原则。对于电子商务而言，财政收入有两方面要求：一是要求通过对电子商务的征税与其他产业的征税共同构成的税收收入充分满足一定时期的公共支出的需要。二是要求对电子商务征税有一定的弹性，以确保财政收入与日益增加的国民收入同步增长。

二、电子商务税收法律关系

（一）电子商务税收法律关系的要素

电子商务税收法律关系是指由税法所调整而形成的，在电子商务税收活动中税收法律关系主体之间发生的具有权利义务内容的社会关系。

1.电子商务税收法律关系主体

1）征税主体

电子商务税收法律关系中的征税主体取决于对电子商务交易是否具有税收管辖权，包括税务机关与海关。

2）纳税主体

电子商务税收法律关系中的纳税主体取决于其是居民纳税人还是非居民纳税人，包括电子商务经营者、电子商务消费者及第三方平台提供者。

2.电子商务税收法律关系客体

电子商务税收法律关系客体包括有形产品、无形产品（应税劳务、数据产品、网络服务等），其中数字化产品是电子商务特有的，具有虚拟性。

3. 电子商务税收法律关系内容

电子商务税收法律关系内容是电子商务税收征纳双方所享有的权利（权力）及义务，与传统征税主体的权利与义务没有区别。电子商务纳税主体的权利义务除了《税收征收管理法》规定的权利与义务外，还应根据电子商务特性，履行电子纳税申报、在网站首页公示纳税人识别号、接受电子税务监管等特殊义务。

（二）电子商务税收法律规范的调整对象

1. 税收法律规范的调整对象

税收法律规范的调整对象是税收关系。税收关系是税法主体在各种税收活动过程中形成的社会关系的总和。税收关系包括税收征纳关系与其他税收关系。

1）税收征纳关系

税收征纳关系，是代表国家的税收征收管理机关与负有纳税义务的单位和个人相互之间，因为征税、纳税而发生的社会关系。

2）其他税收关系

其他税收关系是次要的、从属的税收关系，是除税收征纳关系以外的税收关系，主要指国家权力机关之间和由其授权的行政机关之间以及二者相互之间在税法的制定及解释权、税种开征与停征决定权、税率调整与税目增减决定权、减免税决定权和税收监督权等方面的权限分工与权责关系，还包括主权国家与其他国家之间发生的税收权益分享关系等一些由涉外税法进行调整的税收关系。

2. 电子商务税收法律规范的调整对象

电子商务税收法律规范的调整对象是特定条件下的税收关系，即电子商务条件下的税收关系，同样包括税收征纳关系与其他税收关系，以税收征纳关系为主。电子商务交易的虚拟性、无纸化、跨国化等特点，给传统的税收征管带来新的挑战，对税收原则、主要税种、税收要素、税收征管及国际税收产生不同程度的影响。

第二节　电子商务税收实体法律

一、电子商务流转税法律

电子商务流转税以电子商务交易的商品流转额和非商品流转额为征税对象，主要包括增值税、消费税与关税。因此，电子商务流转税法律包括电子商务增值税法律、电子商务消费税法律与电子商务关税法律。

（一）电子商务增值税法律

1. 电子商务增值税一般法律规定

1）《增值税暂行条例》

我国增值税以《增值税暂行条例》为基本法，《增值税暂行条例实施细则》做详细、具体的解释和补充。2012 年 1 月 1 日起，我国在上海开始"营改增"改革试点。2016 年 3 月 23 日，财政部、国家税务总局发布《财政部 国家税务总局关于全面推开营业税改征增值税试点的通知》（财税〔2016〕36 号），《营业税改征增值税试点实施办法》《营业税改征增值税试点有关事项的规定》《营业税改征增值税试点过渡政策的规定》《跨境应税行为适用增值税零税率和免税政策的规定》四个附件全面规定"营改增"问题。2016 年 5 月 1 日起，我国全面推开"营改增"试点。为巩固"营改增"试点成果，2017 年 10 月 30 日，国务院常务会议通过了《国务院关于废止〈中华人民共和国营业税暂行条例〉和修改〈中华人民共和国增值税暂行条例〉的决定》，全面取消营业税，调整完善《增值税暂行条例》相关规定。经过 8 年十大步的改革，我国已经基本建立了现代增值税制度，为增值税立法夯实了制度基础。2019 年 11 月 27 日，财政部、国家税务总局发布《中华人民共和国增值税法（征求意见稿）》公开征求意见，涉及征税范围、纳税人和扣缴义务人、税率和征收率、销售额、期末留抵退税制度、混合销售与兼营、税收减免、计税期间及过渡期安排等主要内容。

2）《财政部 国家税务总局关于全面推开营业税改征增值税试点的通知》

增值税是以商品在流转过程中的增值额为计税依据的一种流转税。电子商务增值税的特殊性在于商品流转过程中采取的是电子商务方式而非传统实物交易，但交易方式的变化并不能影响增值税对商品增值额征税的本质属性，因此，电子商务增值税法律体系沿用现有增值税法律制度，关于电子商务增值税已有相关法律法规做相应规定。《财政部 国家税务总局关于全面推开营业税改征增值税试点的通知》（财税〔2016〕36 号）附件《销售服务、无形资产、不动产注释》规定销售服务中的现代服务包括信息技术服务。信息技术服务是指利用计算机、通信网络等技术对信息进行生产、收集、处理、加工、存储、运输、检索和利用，并提供信息服务的业务活动。其中的信息系统增值服务，是指利用信息系统资源为用户附加提供的信息技术服务，包括数据处理、分析和整合、数据库管理、数据备份、数据存储、容灾服务、电子商务平台等。因此，电子商务平台按照现代服务征收增值税。

2. 电子商务增值税特别法律规定

1)《关于调整音像制品和电子出版物进口环节增值税税率的通知》

2007 年 9 月 3 日，财政部、国家税务总局发布《关于调整音像制品和电子出版物进口环节增值税税率的通知》（财关税〔2007〕65 号）规定，自 2007 年 9 月 15 日起将电子出版物的进口环节增值税税率由 17% 下调至 13%。电子出版物是指以数字代码方式将图文声像等内容信息编辑加工后存储在具有确定的物理形态的磁、光、电等介质上，通过计算机或者具有类似功能的设备读取使用，用以表达思想、普及知识和积累文化的大众传播媒体。2019 年 4 月 1 日起，增值税的基本税率由 16% 下调至 13%，而 2007 年电子出版物进口环节的增值税税率就已降至 13%。

2)《财政部 海关总署 国家税务总局关于跨境电子商务零售出口税收政策的通知》

跨境电子商务零售出口符合条件时免征增值税。财政部、国家税务总局 2013 年 12 月 30 日发布，2014 年 1 月 1 日起执行的《财政部 海关总署 国家税务总局关于跨境电子商务零售出口税收政策的通知》（财税〔2013〕96 号）规定：退（免）税、免税政策的电子商务出口企业，是指自建跨境电子商务销售平台的电子商务出口企业和利用第三方跨境电子商务平台开展电子商务出口的企业。除财政部、国家税务总局明确不予出口退（免）税或免税的货物以外，电子商务出口企业出口货物，同时符合四项条件，适用增值税退（免）税政策。四项条件一是电子商务出口企业属于增值税一般纳税人并已向主管税务机关办理出口退（免）税资格认定。二是出口货物取得海关出口货物报关单（出口退税专用），且与海关出口货物报关单电子信息一致。三是出口货物在退（免）税申报期截止之日内收汇。四是电子商务出口企业属于外贸企业的，购进出口货物取得相应的增值税专用发票、消费税专用缴款书（分割单）或海关进口增值税、消费税专用缴款书，且上述凭证有关内容与出口货物报关单（出口退税专用）有关内容相匹配。不符合上述规定条件的电子商务出口企业出口货物，同时符合三项条件，适用增值税免税政策。三项条件一是电子商务出口企业已办理税务登记。二是出口货物取得海关签发的出口货物报关单。三是购进出口货物取得合法有效的进货凭证。电子商务出口企业提供交易服务的跨境电子商务第三方平台不适用该退免税政策。

3)《财政部 税务总局 商务部 海关总署关于跨境电子商务综合试验区零售出口货物税收政策的通知》

财政部、税务总局、商务部、海关总署 2018 年 9 月 28 日联合发布，2018 年

10月1日起执行的《财政部 税务总局 商务部 海关总署关于跨境电子商务综合试验区零售出口货物税收政策的通知》（财税〔2018〕103号）规定：对综试区电子商务出口企业出口未取得有效进货凭证的货物，同时符合下列条件的，试行增值税免税政策：一是电子商务出口企业在综试区注册，并在注册地跨境电子商务线上综合服务平台登记出口日期、货物名称、计量单位、数量、单价、金额。二是出口货物通过综试区所在地海关办理电子商务出口申报手续。三是出口货物不属于财政部和税务总局根据国务院决定明确取消出口退（免）税的货物。综试区，是指经国务院批准的跨境电子商务综合试验区。电子商务出口企业，是指自建跨境电子商务销售平台或利用第三方跨境电子商务平台开展电子商务出口的单位和个体工商户。具体免税管理办法由省级税务部门商财政、商务部门制定。

（二）电子商务消费税法律

1. 电子商务消费税一般法律规定

消费税是在增值税基础上针对15个特定商品加征的一种税。《消费税暂行条例》是消费税基本法律，《中华人民共和国消费税暂行条例实施》进行解释细化。电子商务交易对象如果属于消费税税目，应依法征收消费税。

2. 电子商务消费税特别法律规定

1）《关于跨境电子商务零售出口税收政策的通知》《财政部 税务总局 商务部 海关总署关于跨境电子商务综合试验区零售出口货物税收政策的通知》

财政部、国家税务总局2013年12月30日发布，2014年1月1日起执行的《关于跨境电子商务零售出口税收政策的通知》（财税〔2013〕96号），以及财政部、税务总局、商务部、海关总署2018年9月28日联合发布，2018年10月1日起执行的《财政部 税务总局 商务部 海关总署关于跨境电子商务综合试验区零售出口货物税收政策的通知》（财税〔2018〕103号），均规定电子商务出口企业出口货物免征消费税的条件，其条件与免征增值税相同。

2）《关于跨境电子商务零售进口税收政策的通知》《财政部 海关总署 税务总局关于完善跨境电子商务零售进口税收政策的通知》

财政部、海关总署、国家税务总局2016年3月24日联合发布，自2016年4月8日起执行的《财政部 海关总署 国家税务总局关于跨境电子商务零售进口税收政策的通知》（财关税〔2016〕18号），规定B2C即企业对消费者模式的进口消费税政策与增值税相同。自2019年1月1日起执行的《财政部 海关总署 税务总局关于完善跨境电子商务零售进口税收政策的通知》（财关税〔2018〕49号）的进口消费税政策与增值税相同。

（三）电子商务关税法律

1. 电子商务关税一般法律规定

关税是由海关对进出国境或关境的货物和物品征收的一种税，包括进口关税和出口关税，进口基本征收关税，出口基本不征关税。《进出口关税条例》是我国关税基本法。跨境电子商务零售进口涉及征收进口关税。

2. 电子商务关税特别法律规定

1）《关于跨境电子商务零售进口税收政策的通知》

为营造公平竞争的市场环境，促进跨境电子商务零售进口健康发展，财政部、海关总署、国家税务总局2016年3月24日联合发布，自2016年4月8日起执行的《财政部 海关总署 国家税务总局关于跨境电子商务零售进口税收政策的通知》（财关税〔2016〕18号），规定B2C即企业对消费者模式的进口税收政策。一是跨境电子商务零售进口商品按照货物征收关税，购买跨境电子商务零售进口商品的个人作为纳税义务人，实际交易价格（包括货物零售价格、运费和保险费）作为完税价格，电子商务企业、电子商务交易平台企业或物流企业可作为代收代缴义务人。二是明确跨境电子商务零售进口税收政策的适用范围，包括：所有通过与海关联网的电子商务交易平台交易，能够实现交易、支付、物流电子信息"三单"比对的跨境电子商务零售进口商品；未通过与海关联网的电子商务交易平台交易，但快递、邮政企业能够统一提供交易、支付、物流等电子信息，并承诺承担相应法律责任进境的跨境电子商务零售进口商品。不属于跨境电子商务零售进口的个人物品以及无法提供交易、支付、物流等电子信息的跨境电子商务零售进口商品，按现行规定执行。三是跨境电子商务零售进口商品的单次交易限值为人民币2 000元，个人年度交易限值为人民币20 000元。在限值以内进口的跨境电子商务零售进口商品，关税税率暂设为0。超过单次限值、累加后超过个人年度限值的单次交易，以及完税价格超过2 000元限值的单个不可分割商品，均按照一般贸易方式全额征税。四是跨境电子商务零售进口商品自海关放行之日起30日内退货的，可申请退税，并相应调整个人年度交易总额。

2）《财政部 海关总署 税务总局关于完善跨境电子商务零售进口税收政策的通知》

自2019年1月1日起执行的《财政部 海关总署 税务总局关于完善跨境电子商

务零售进口税收政策的通知》（财关税〔2018〕49号）规定：将跨境电子商务零售进口商品的单次交易限值由人民币2 000元提高至5 000元，年度交易限值由人民币20 000元提高至26 000元。完税价格超过5 000元单次交易限值但低于26 000元年度交易限值，且订单下仅一件商品时，可以自跨境电商零售渠道进口，按照货物税率全额征收关税，交易额计入年度交易总额，但年度交易总额超过年度交易限值的，应按一般贸易管理。

二、电子商务所得税法律

所得税包括企业所得税与个人所得税，因此，电子商务所得税法律包括电子商务企业所得税法律与电子商务个人所得税法律。

（一）电子商务企业所得税法律

1. 电子商务企业所得税一般法律规定

我国企业所得税以《企业所得税法》为基本法律，《企业所得税法实施条例》对其详解细化。电子商务交易双方如果是企业所得税纳税人，应沿用现有企业所得税法律制度，关于电子商务企业所得税已有法律法规做相应规定。

2. 电子商务企业所得税特别法律规定

国家税务总局2019年10月26日发布，自2020年1月1日起施行的《国家税务总局关于跨境电子商务综合试验区零售出口企业所得税核定征收有关问题的公告》是为支持跨境电商新业态发展，推动外贸模式创新，有效配合《财政部　税务总局　商务部　海关总署关于跨境电子商务综合试验区零售出口货物税收政策的通知》（财税〔2018〕103号）落实工作，配合落实"无票免税"政策所出台更加便利企业的所得税核定征收办法，促进跨境电商企业更好开展出口业务。该公告从核定征收范围、条件、方式、程序、优惠政策等方面对综试区内跨境电商企业核定征收企业所得税相关事项进行了规定，旨在为综试区内跨境电商企业提供更为便利的操作办法。

1）核定征收范围

为配合落实好"无票免税"政策，跨境电商企业是指自建跨境电子商务销售平台或利用第三方跨境电子商务平台开展电子商务出口的企业。

2）核定征收条件

跨境电商企业符合规定条件可以试行"无票免税"政策。对于符合公告规定的企业，企业所得税可以试行采取核定方式征收。

3）核定征收方式

由于跨境电商企业可以准确核算收入，为简化纳税人和税务机关操作，综试区内核定征收的跨境电商企业统一采用核定应税所得率方式核定征收企业所得税。同时，考虑到跨境电商企业出口货物的采购、销售，主要是通过电子商务平台进行的，不同地区之间差异较小，为进一步减轻企业负担，促进出口业务发展，综试区核定征收的跨境电商企业的应税所得率按照《国家税务总局关于印发〈企业所得税核定征收办法〉（试行）的通知》（国税发〔2008〕30号，国家税务总局公告2018年第31号修改）中批发和零售贸易业最低应税所得率确定，即统一按照4%执行。

4）核定征收程序

综试区内跨境电商企业和税务机关均应按照有关规定办理核定征收相关业务。税务机关应及时完成综试区跨境电商企业核定征收鉴定工作，跨境电商企业应按时申报纳税。

5）优惠政策

综试区内核定征收的跨境电商企业，主要可享受以下两类优惠政策：①符合《财政部　税务总局关于实施小微企业普惠性税收减免政策的通知》（财税〔2019〕13号）规定的小型微利企业优惠政策条件的，可享受小型微利企业所得税优惠政策。上述规定如有变化，从其规定。②取得的收入属于《企业所得税法》第26条规定的免税收入的，可享受相关免税收入优惠政策。

（二）电子商务个人所得税法律

我国个人所得税法以《个人所得税法》为基本法律，《中华人民共和国个人所得税法实施条例》对其详细解释。国务院2018年12月13日发布，自2019年1月1日起施行的《国务院关于印发个人所得税专项附加扣除暂行办法的通知》（国发〔2018〕41号）规定个人所得税的综合所得专项附加扣除具体办法。2019年12月7日，财政部、税务总局发布《财政部　税务总局关于个人所得税综合所得汇算清缴涉及有关政策问题的公告》，规定个人所得税综合所得汇算清缴。

电子商务经营者是指通过互联网等信息网络从事销售商品或者提供服务的经营活动的自然人、法人和非法人组织。如果电子商务经营者是自然人，其通过电子商务交易取得的纯所得，依法缴纳个人所得税。个人独资企业的业主、合伙企业的自然人合伙人及个体工商户取得的各类所得亦属于个人所得税的征收范围，因此，如果电子商务经营者是个人独资企业业主、合伙企业的自然人合伙人及个体工商户，其通过电子商务交易取得的纯所得，亦应依法缴纳个人所得税。

三、电子商务印花税法律

印花税是对经济活动和经济交往中书立应税凭证、进行证券交易的行为征收的一种行为税。《印花税法》是印花税的基础法律，《中华人民共和国印花税暂行条例施行细则》对其细化解释。

电子商务交易双方存在书立应税凭证、进行证券交易的行为应缴纳印花税。2006 年 12 月 27 日，财政部、国家税务总局发布《财政部 国家税务总局关于印花税若干政策的通知》（财税〔2006〕162 号）规定：对纳税人以电子形式签订的各类应税凭证按规定征收印花税。《印花税法》第 12 条规定：个人与电子商务经营者订立的电子订单，免征印花税。

第三节　电子商务税收程序法律

电子商务税收程序法律是保证电子商务税收实体法所规定的权利与义务的实现的税收征管法律，原则上遵照税收征管法律制度，辅之以电子商务的特殊税收程序规定。《税收征收管理法》是税收征管基本法，《中华人民共和国税收征收管理法实施细则》（以下简称《税收征收管理法实施细则》）对其进行解释。

一、电子商务税收确定程序法律

税收确定程序包括税务登记、账簿凭证管理、纳税申报、发票管理等，相应法律制度包括税务登记法律制度、账簿凭证管理法律制度、纳税申报法律制度。

（一）电子商务税务登记法律

税务登记，又称纳税登记，是税务机关对纳税人的生产、经营活动进行登记并据此对纳税人实施税务管理的一种法定制度。税务登记是税务管理工作的首要环节和基础工作，是征纳双方法律关系成立的依据和证明，分为设立登记、变更登记与注销登记。

1.电子商务税务登记一般法律规定

《税收征收管理法》第二章税务管理的第一节是税务登记。《税收征收管理法实施细则》第二章规定税务登记。国家税务总局 2003 年 12 月 17 日发布，自 2004 年 2 月 1 日起施行的《税务登记管理办法》（国家税务总局令第 7 号）是税务登记的直接法律规范。2006 年 3 月 16 日，国家税务总局发布《国家税务总局关于完善税务登记管理若干问题的通知》（国税发〔2006〕37 号）。2007 年 5 月 18 日，国家税务总局发布《国家税务总局关于进一步加强个体工商户税务登记管理的通知》。

2. 电子商务税务登记特别法律规定

电子商务税收登记的主体是电子商务经营者，包括电子商务平台经营者、平台内经营者以及通过自建网站、其他网络服务销售商品或者提供服务的电子商务经营者。

1）《"互联网 + 税务"行动计划》

《"互联网 + 税务"行动计划》指出：实现纳税人通过互联网对自身基础信息的查询、更新和管理，网上办理临时税务登记和扣缴义务人登记，开放税务登记信息网上查验。从 2016 年 10 月 1 日起，全国范围内实施"五证合一""一照一码"登记，简化了税务登记程序，为电子税务登记提供了便利和基础。

2）《电子商务法》

《电子商务法》第 11 条规定：电子商务经营者应当依法履行纳税义务，并依法享受税收优惠。依照前条规定不需要办理市场主体登记的电子商务经营者在首次纳税义务发生后，应当依照税收征收管理法律、行政法规的规定申请办理税务登记，并如实申报纳税。

（二）电子商务账簿凭证管理法律

账簿凭证管理简称账证管理，是指税务机关对纳税单位的账簿和凭证进行监督管理的法律制度。为保证纳税人真实记录其经营活动，客观反映有关纳税的信息资料，防止纳税人伪造、变造、隐匿、擅自销毁账簿和记账凭证，《税收征收管理法》第二章税务管理第二节规定账簿、凭证管理。《税收征收管理法实施细则》第三章是账簿、凭证管理。《中华人民共和国会计法》《中华人民共和国会计法实施细则》第二章均是会计核算，规定会计账簿、会计凭证、财务会计报告和其他会计资料。

纳税人、扣缴义务人会计制度健全，能够通过计算机正确、完整计算其收入和所得或者代扣代缴、代收代缴税款情况的，其计算机输出的完整的书面会计记录，可视同会计账簿。纳税人使用计算机记账的，应当在使用前将会计电算化系统的会计核算软件、使用说明书及有关资料报送主管税务机关备案。纳税人建立的会计电算化系统应当符合国家有关规定，并能正确、完整核算其收入或者所得。

（三）电子商务纳税申报法律

纳税申报是指纳税人在发生法定纳税义务后按照税法或税务机关规定的期限和内容，向主管税务机关提交有关纳税事项书面报告的法律行为。它既是纳税人履行纳税义务的法定程序，又是税务机关核定应征税款和填写纳税凭证的主要依据。电子商务纳税申报是指经税务机关批准的纳税人通过电话语音、电子数据交换和网络传输等形式办理的纳税申报。

1.电子商务纳税申报一般法律规定

《税收征收管理法》第二章税务管理第三节规定纳税申报，《税收征收管理法实施细则》第四章规定纳税申报，纳税人采用电子方式办理纳税申报的，应当按照税务机关规定的期限和要求保存有关资料，并定期书面报送主管税务机关。

2.电子商务纳税申报特别法律规定

1)《国家税务总局关于发布〈网上纳税申报软件管理规范（试行）〉的公告》

2010年7月19日，《国家税务总局关于发布〈网上纳税申报软件管理规范（试行）〉的公告》，加强网上纳税申报软件的管理，优化纳税服务，确保纳税人申报的电子涉税数据准确、完整、安全。

2)《"互联网＋税务"行动计划》

《"互联网＋税务"行动计划》提出：为纳税人提供便捷高效的网上申报纳税平台，实现申报纳税网上办理全覆盖和资料网上采集全覆盖。拓展多种申报方式，实现纳税人多元化申报。在保障安全的前提下，将操作简便、流程简洁的申报功能拓展到移动互联网实现。借助银行等金融机构的第三方信息，探索自然人实名认证、在线开户，逐步通过互联网实现面向自然人的个人所得税、车船税申报纳税等业务。

3)《电子商务法》

《电子商务法》第11条第2款规定：不需要办理市场主体登记的电子商务经营者在首次纳税义务发生后，应当依照税收征收管理法律、行政法规的规定申请办理税务登记，并如实申报纳税。

（四）电子商务发票管理法律

发票是指在购销商品、提供或者接受服务以及从事其他经营活动中，开具、收取的收付款凭证。在中华人民共和国境内印制、领购、开具、取得、保管、缴销发票的单位和个人，必须遵守发票管理制度。电子发票是指单位和个人在购销商品、提供或者接受服务，以及从事其他经营活动中，按照税务机关要求的格式，使用税务机关确定的开票软件开具的电子收付款凭证。电子商务因其无纸化而使用电子发票。

1. 电子商务发票管理一般法律规定

《税收征收管理法》第二章税务管理的第二节账簿、凭证管理规定发票制度。为了加强发票管理和财务监督，保障国家税收收入，维护经济秩序，根据《税收征收管理法》，1993 年 12 月 23 日，《中华人民共和国发票管理办法》由财政部发布并施行。该办法是发票管理的直接法律依据。

2. 电子商务发票管理特别法律规定

1）《"互联网 + 税务"行动计划》

《"互联网 + 税务"行动计划》提出：适应现代信息社会和税收现代化建设需要，以增值税发票系统升级版为基础，利用数字证书、二维码等技术，制定统一的电子发票数据文件规范，保障电子发票的安全性。吸收社会力量提供电子发票打印、查询等服务，推动电子发票在电子商务及各领域的广泛使用，提高社会信息化应用水平。探索推进发票无纸化试点，降低发票使用和管理成本，逐步实现纸质发票到电子发票的变革。

2）《国家税务总局关于推行通过增值税电子发票系统开具的增值税电子普通发票有关问题的公告》等

2015 年 11 月 26 日，国家税务总局发布《国家税务总局关于推行通过增值税电子发票系统开具的增值税电子普通发票有关问题的公告》（国家税务总局公告 2015 年第 84 号）。2017 年 3 月 21 日，国家税务总局发布《国家税务总局关于进一步做好增值税电子普通发票推行工作的指导意见》（税总发〔2017〕31 号）。2018 年 7 月 23 日，国家税务总局发布《国家税务总局关于增值税电子普通发票使用有关事项的公告》（国家税务总局公告 2018 年第 41 号）。

3）《电子商务法》

《电子商务法》第 14 条规定：电子商务经营者销售商品或者提供服务应当依

法出具纸质发票或者电子发票等购货凭证或者服务单据。电子发票与纸质发票具有同等法律效力。

4）《国家税务总局关于发布〈企业自建和第三方电子发票服务平台建设标准规范〉的通知》

2019 年 7 月 22 日，国家税务总局发布《国家税务总局关于发布〈企业自建和第三方电子发票服务平台建设标准规范〉的通知》（税总发〔2019〕84 号），明确了电子发票服务平台的业务功能及服务、技术、安全、运维等保测评等要求，自2019 年 6 月 30 日起实施。

5）《国家税务总局关于在新办纳税人中实行增值税专用发票电子化有关事项的公告》

2020 年 12 月 20 日，国家税务总局发布《国家税务总局关于在新办纳税人中实行增值税专用发票电子化有关事项的公告》（国家税务总局公告 2020 年第 22 号），对增值税专用发票的电子化及其管理进行规范。

二、电子商务税款征收程序法律

税款征收是国家税务机关依照税收法律、法规规定将纳税人应缴纳的税款组织征收入库的一系列活动的总称。税款征收是税收征收管理工作的中心环节，它既是纳税人依法履行纳税义务的重要体现，也是税收征管工作的目的和归宿。电子商务作为交易方式并不改变税款征收方式，因此应遵循税款征收基本制度。

（一）电子商务税款征收一般法律规定

《税收征收管理法》第三章税款征收，包括税款征收方式、应纳税额的核定及调整、应纳税款的缴纳和入库等税款征收的基本制度；纳税担保、税收保全、税收强制执行、税收代位权与撤销权、税收优先权、欠税清缴等税款征收的保障制度；税收减免、多缴税款的退还、未缴或少缴税款的补缴和追征等税款入库制度。《税收征收管理法实施细则》第五章规定税款征收，税务机关应当根据方便、快捷、安全的原则，积极推广使用支票、银行卡、电子结算方式缴纳税款。国家税务总局 2005 年 5 月 24 日发布，自 2005 年 7 月 1 日起施行《纳税担保试行办法》（国家税务总局令第 11 号）。2007 年 3 月 5 日，国家税务总局发布施行《国家税务总局关于税务机关实施税收保全措施有关问题的通知》（国税发〔2007〕24 号）。2011

年 1 月 12 日，国家税务总局发布施行《国家税务总局关于严格执行税款退库办理制度的通知》（国税函〔2011〕19 号）。

（二）电子商务税款征收特别法律规定

国家税务总局 2014 年 3 月 25 日发布，自 2014 年 9 月 1 日起施行《税款缴库退库工作规程》（国家税务总局令第 31 号）。《"互联网＋税务"行动计划》提出：明确电子数据的法律效力和配套规章，探索纳税人缴税和退税新模式，修订配套规章和制度，保障纳税人涉税事项备案、审批、缴税等全程无纸化。

三、电子商务税务检查程序法律

税务检查是税务机关根据税收法律、行政法规的规定对纳税人、扣缴义务人履行纳税义务和扣缴义务的情况进行监督、审查和处理的总称。电子商务企业与传统企业并无本质区别，只是销售载体不同，电子商务税务检查程序依照《税收征收管理法》的规定进行。

（一）电子商务税务检查一般法律规定

《税收征收管理法》第四章税务检查、《税收征收管理法实施细则》第六章税务检查，规定税务机关享有账证检查、场地检查、责成提供资料、询问、交通邮政检查、存款账户检查等检查权；出示税务检查证和税务检查通知书、保密、回避等义务。纳税人及扣缴义务人享有拒绝非法检查权与保密权；接受检查、如实反映情况、提供有关资料等义务。

（二）电子商务税务检查特别法律规定

电子商务的数字化、无纸化、跨省甚至跨境结算的交易方式，给税务检查定性带来困难。无纸化网上交易，交易合同、订单销售票据等都以加密的电子票据形式存在，使以发票、凭证、账簿和报表为依据的税务检查失去了最直接的凭证依据。计算机网络加密系统给税务检查设置了防护屏障。以往税务机关通过查阅银行账户收支情况得到纳税人有关交易数据，判断其申报的收入情况是否属实，而电子货币的结合使用，使这种监督机制的作用明显降低。

《"互联网＋税务"行动计划》提出：利用移动终端，实现税务内部各系统涉税数据、涉税事项和通过互联网收集的涉税情报的整合，跟踪管理重点关注企业。将手工录入等传统渠道采集的数据和通过互联网、物联网等新兴感知技术采集的数据以及第三方共享的信息，有机整合形成税收大数据。运用大数据技术，开发和利用好大数据这一基础性战略资源，提高税收征管水平。在互联网上收集、筛选、捕捉涉税数据和公开信息，通过分析挖掘，为纳税人提供更精准的涉税服务，为税源管理、风险管理、涉税稽查、调查取证等工作提供信息支持。

四、电子商务税务救济程序法律

税务救济是国家机关为排除税务具体行政行为对税收相对人合法权益的侵害，通过解决税收争议，制止和矫正违法或不当的税收行政侵权行为，从而使税收相对人的合法权益获得补救的法律制度的总称。税务救济方式包括税务行政复议、税务行政诉讼及税务行政赔偿。电子商务只是交易方式，并不改变税务救济程序，因此，电子商务税务救济程序包括电子商务税务行政复议、电子商务税务行政诉讼及电子商务税务行政赔偿。

（一）电子商务税务行政复议法律

税务行政复议是指当事人不服税务机关及其工作人员做出税务具体行政行为，认为税务具体行政行为侵犯其合法权益，依法向上一级税务机关提出申请，复议机关经审理对原税务机关具体行政行为依法做出维持、变更、撤销等决定的活动。税务行政复议的目的是发挥行政复议解决税务行政争议的作用，保护公民、法人和其他组织的合法权益，监督和保障税务机关依法行使职权。《中华人民共和国行政复议法》（以下简称《行政复议法》）、《中华人民共和国行政复议法实施条例》是税务行政复议基本法，《税务行政复议规则》是税务行政复议特别法。

1.税务行政复议的救济主体

公民、法人和其他组织认为税务机关的具体行政行为侵犯其合法权益，可以书面或口头向税务行政复议机关申请行政复议。

2.税务行政复议的救济途径

对各级税务机关的具体行政行为不服的，向其上一级税务机关申请行政复议。对税务所（分局）、各级税务机关的稽查局的具体行政行为不服的，向其所属税务机关申请行政复议。

3.税务行政复议的救济期限

申请人可以在知道税务机关做出具体行政行为之日起 60 日内提出行政复议申请。

（二）电子商务税务行政诉讼法律

税务行政诉讼是指纳税人认为征税机关的具体行政行为侵犯了其合法权益，因而向人民法院提起行政诉讼并由人民法院做出裁决的诉讼制度，既包括纳税人对人民法院直接起诉，也包括纳税人对征税行为提起行政复议后对行政复议结果不服向人民法院提起的诉讼。税务行政诉讼原告是税收相对人，包括纳税人、扣缴义务人及其他税收相对人。被告是做出具体行政行为的税务机关。税务行政诉讼的对象只能是税务机关做出的税务具体行政行为。对于税务行政机关做出的抽象行政行为、内部行政行为和国家行为不得提起税收行政诉讼。《中华人民共和国行政诉讼法》（以下简称《行政诉讼法》）是税务行政诉讼基本法，《税收征收管理法》是税务行政诉讼特别法。

1. 税务行政诉讼的救济主体

公民、法人或者其他组织认为税务机关和税务工作人员的行政行为侵犯其合法权益，有权按照《行政诉讼法》向人民法院提起行政诉讼。

2. 税务行政诉讼的救济途径

申请人对征税行为不服的，应当先向行政复议机关申请行政复议。对行政复议决定不服的，可以向人民法院提起行政诉讼。申请人对征税行为以外的其他具体行政行为不服，可以申请行政复议，也可以直接向人民法院提起行政诉讼。

3. 税务行政诉讼的救济期限

公民、法人或者其他组织直接向人民法院提起诉讼的，应当自知道或者应当知道作出行政行为之日起 6 个月内提出。法律另有规定的除外。公民、法人或者其他组织不服复议决定的，可以在收到复议决定书之日起 15 日内向人民法院提起诉讼。复议机关逾期不做决定的，申请人可以在复议期满之日起 15 日内向人民法院提起诉讼。法律另有规定的除外。

（三）电子商务税务行政赔偿法律

税务行政赔偿是指税务机关和税务机关工作人员违法行使税收征管职权，对纳税人合法权益造成损害的，由国家承担赔偿责任，并由致害的税务机关具体履行义务的法律救济制度。税务行政赔偿的侵权主体是行使国家税收征管职权的税务机关及其工作人员，税务机关及其工作人员行使税收征管职权的行为违法，存在合法权益受到损害的事实，违法行为与损害后果有因果关系。《中华人民共和国国家赔偿法》是税务行政赔偿的基本法。

1. 税务行政赔偿的救济主体

税务机关及其工作人员、受税务机关委托的组织或个人违法行使职权侵犯公民、法人和其他组织的合法权益造成损害的，受害的公民、法人和其他组织有权要求赔偿。

2. 税务行政赔偿的救济途径

赔偿请求人可以采取书面或口头形式自行向作为赔偿义务机关的税务机关提起行政赔偿申请，也可以委托他人提起行政赔偿申请。

3. 税务行政赔偿的救济期限

赔偿请求人请求国家赔偿的时效为 2 年，自其知道或者应当知道国家机关及其工作人员行使职权时的行为侵犯其人身权、财产权之日起计算，但被羁押等限制人身自由期间不计算在内。在申请行政复议或者提起行政诉讼时一并提出赔偿请求的，适用《行政复议法》《行政诉讼法》有关时效的规定。

【知识图谱】

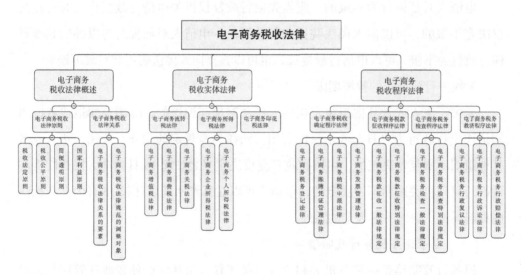

【本章小结】

本章从电子商务税收法律基础理论着手，电子商务税收法律原则包括税收法定原则、税收公平原则、简便透明原则及国家利益原则，电子商务税收法律关系要素由主体、客体与内容组成。电子商务税收实体法律包括电子商务流转税法律、电子商务所得税法律与电子商务印花税法律。电子商务税收程序法律包括电子商务税收确定程序法律、电子商务税款征收程序法律、电子商务税务检查程序法律与电子商务税务救济程序法律。

【复习思考题】

1. 如何理解电子商务税收法律规范的调整对象是特定条件下的税收关系？

2. 我国电子商务流转税法律具体包括哪些内容？

3. 我国电子商务税收程序法律由哪些程序法律构成？

【思政经典案例】

思政经典案例，请扫描二维码阅读。

完善跨境电商发展支
持政策法律，优化
相关税收环境

国际税收篇

第八章 跨境电子商务税收

【学习目的和要求】

通过学习本章，了解跨境电子商务税收的特点；掌握跨境电子商务税收管辖权及其与传统税收管辖权的不同；了解跨境电子商务的反国际避税。

【重点问题】

1. 跨境电子商务税收的特点。

2. 跨境电子商务税收管辖权。

3. 跨境电子商务反国际避税。

【引导案例】

亚马逊 Kindle 电子书的跨境电子商务征税问题

2007 年 11 月，亚马逊正式推出 Kindle 电子书阅读器，对传统书籍进行电子化处理，由此引爆了全球电子书产业链的一场革命。近三年来，亚马逊电子产品及日用商品营业收入平均增速为 25.1%，而同期自媒体业务营业收入平均增速仅为 4.2%，从这组对比数据大致可以判断，新型销售或阅读媒介的推出对电商销售起着巨大的推动作用。

我国市场方面，2012 年 12 月，Kindle 电子书商城正式发布，标志着亚马逊成功进军中国市场。电子书付费用户数量方面，从进入中国市场至 2016 年的三年多时间里，Kindle 的付费用户有 37 倍的增长。越来越多的出版社愿意接受数字出版，与 Kindle 合作的出版社目前已经有几百家。

亚马逊 Kindle 具有如此巨大的营业额，但如何针对营业额征税，哪些国家拥有税收管辖权，却始终是焦点问题。传统意义上对该类所得的税收管辖应优先适用来源地税收管辖权原则。然而实际征税过程中遇到的主要困难是对常设机构的认定。根据 OECD（经济合作与发展组织）的规定，作为企业固定经营场地的常设机构，应具备以下特点：①该营业场所是实质存在的。②该营业场所是相对固定的，并且在时间上具有一定的持久性。③全部或部分的营业活动是通过该营业场所进行的。亚马逊 Kindle 的电子书跨境交易行为，通过登录美亚网址或者日亚网址付费即可完成。网址不是固定且实际存在的营业场所，具有可移动性和变化性。在传统的认定常设机构的标准下，网址仅仅是信息技术条件下产生的虚拟存在，如果将其认定为常设机构，具有较大困难。此外，选择居民税收管辖权原则也会对我国不利。

我国是传统的电子商务净输入国，跨境电商大多来自发达国家，在其当前不断呼吁加强居民税收管辖权的背景下，发展中国家的税收选择权被削弱，最终无税可征。因此，对亚马逊 Kindle 的跨境电子书交易行为征税，会对传统税收管辖权造成冲击。面对该困境，作为发展中国家，从保护自身税收利益角度出发，不应选择"居民税收管辖权"作为征税依据，而应从"来源地管辖权"中寻求突破。

资料来源：王雪. 跨国电子商务税收管辖权的研究 [D]. 广州：暨南大学，2016.

作为一种新型的经济模式，跨境电子商务在快速提升居民生活质量、深度改变国际贸易体系和规则的同时，也对传统的税收管辖权原则，即来源地管辖权和居民税收管辖权原则的运行提出了严峻挑战。亚马逊 Kindle 的电子书就是典型案例。针对此类跨境电商，世界各国在解决税收管辖权过程中主要采取包括保守性、征收预提税等五种方案，而具体的方案则要从坚持税收中性及保护我国税收利益等角度综合考量。

第一节　跨境电子商务税收概述

一、跨境电子商务税收的特点

（一）税收主体国际化

跨境电子商务依托互联网进行，没有互联网就没有电子商务，更不可能有跨境电子商务的产生。互联网最显著的特点是模糊了国家与国家、国家与地区之间的边界。传统商务活动中的税收主体往往局限在某个区域内，即便是跨国公司在本国开展生产经营、销售商品和提供劳务的活动，也要通过设立在本国内的常设机构进行，税收主体基本不会超过本国或者本地区，来自国外的税收主体无论是从规模还是从分布地区来看也相对集中。而在跨境电子商务活动中，互联网连接了来自全球各个国家和地区的企业、个人销售者以及消费者。只需一台服务器或者网络终端，交易双方可以在任何一个国家和地区瞬间完成所有的交易行为，无须通过具有物理存在的厂商或者常设机构进行。税收主体遍布全世界各个国家和地区。

（二）征税对象虚拟化

依托互联网进行的跨境电子商务交易，具有征税对象虚拟化的特点。在互联网平台中，不仅有传统的货物贸易，还有不具备实物交流的服务贸易，如网络授课、网络翻译等。虽然软件、音乐等存在实体形式，但是无法按照传统光盘来界定征税对象的商品。此外，跨境电子商务交易的支付过程采用完全数字化的模式进行传输，部分交易金额巨大的支付行为可以利用脱离银行监控的电子货币进行支付，加大了所得税征管难度，特别是收款方处于境外时，本国税务机关确定征税对象的具体形式和规模都更为困难。

（三）交易环节分散化

传统商务活动中，交易的各个要素往往相对聚集。例如，零售行为的买卖双方大多位于同一城市，即便是大宗交易的批发行为，交易双方一般也不会超过同一省。另外，纳税主体的经营行为基本在其注册地进行，双方基本会在其中一方所在地完成交易和金融结算。但是在跨境电子商务交易过程中，经常会出现纳税主体注册在 A 地、使用的服务器在 B 地、双方签约在 C 地、货物交易在 D 地、网络结算账户设立在 E 地的情况，交易环节非常分散，从而模糊了所得来源，甚至在一宗跨境电子商务交易完成后，连本次交易中销售方的管理控制中心位于何地都难以确定。企业通过互联网平台完成跨境资源配置，最终导致税源分散在全球各地，出现涉税各国无税可收的局面。

二、跨境电子商务对国际税收的影响

（一）跨境电子商务挑战传统税法原则

传统的税法原则包括税收法定原则、税收公平原则、税收中性原则和税收效率原则。传统税法原则建立在传统国际贸易模式下，跨境电子商务有别于传统的国际贸易模式，突破了传统税法在空间和税收征管中的限制，冲击了传统税法原则。

1. 对税收法定原则的影响

税收法定原则要求税务机关及纳税人的权利义务以及税款征收的各个组成要素必须有清晰、明确的法律依据。税收的征收管理及税收优惠政策的执行等应该在法律明文规定的基础上，严格依据法定程序进行。跨境电子商务的交易模式是虚拟、无纸、无址的，现行税法对电子商务税收征管无明确规定。根据税收法定原则，缺乏法律依据的情况下税务机关不得擅自对电子商务交易进行征税，也无法对在我国从事跨境电子商务业务的境外企业征收税款，使得电子商务税收存在诸多不确定因素，影响了税收法定原则。

2. 对税收公平原则的影响

税收公平原则要求国家在进行征税活动时，必须考虑不同纳税人的经济情况，使不同纳税人的实际税收负担水平保持公平。跨境电子商务作为商品、劳务交易行为，同样具有流转税和所得税的应税行为与应税所得，应与传统商业贸易适用同种税种与税率。但跨境电子商务没有纳入现行税收法律体系中，也缺乏交易行为的有效记载，加大了税务机关征管难度，使得传统交易的纳税人和跨境电子商务的纳税人在实现相同的商品或者劳务销售时，承担的税负水平不一致，影响了税收的横向公平和纵向公平，破坏了税收公平原则。

3. 对税收中性原则的影响

税收中性原则是指国家征收税款使社会所付出的代价应以征税数额为限，不要干扰市场经济的有效运行。作为新兴发展的商业形式，如果严格遵守税收中性原则对跨境电子商务进行征税，使其与传统商务承担相同的税负，适用相同的税收征管体制，将会对处于发展中的电子商务技术造成阻碍。但是如果为了扶持电子商务产业发展，而实行与传统商务不同的税收政策，又将导致税收中性的偏离。

因此，在跨境电子商务发展过程中，如何让税收既符合税收中性原则的要求，又不影响跨境电子商务的快速发展，是税收中性原则面临的挑战。

4. 对税收效率原则的影响

税收效率原则要求税制的设计、税收政策的运用、税收的征管以及税收的管理分配等均讲求效率，用尽可能小的运行征管成本完成最大限度的税收收入筹集，同时最大限度地降低税收对经济增长的影响。在跨境电子商务交易中，销售方直接使用互联网与消费者进行产品和服务交易，虚拟化的交易环节导致税收征管和稽查工作极为困难，计算机技术的运用能够使得纳税人通过加密个人、企业和交易信息逃避税收稽核，因此税收机关必须采取更高科技的征管手段，导致税收机关征管和执行成本大幅上升，税收行政效率降低。同时，跨境电子商务可以免去交易的中介环节，批发商、零售商、代理人等相对熟悉税收法规的中介机构不再履行税款代扣代缴义务，征税机关直接向各消费者征税，征税对象的增多必然导致税收机关征管支出的大幅增加，同时纳税人的纳税费用也相应增加，从而影响税收效率。

（二）跨境电子商务造成税收管辖权冲突

1. 所得税的税收管辖权冲突

税收管辖权是国家主权的组成部分，所得税税收管辖权分为居民税收管辖权和来源地税收管辖权，前者对应居民纳税人，后者对应非居民纳税人。由于两种税收管辖权存在交集又并非完全涵盖对方，因此大多数国家为了最大限度地获取税收利益，均采取双重管辖的方案，对本国居民采取居民税收管辖，对非本国居民采取来源地税收管辖，产生对同一自然人或者法人的同一笔跨国所得进行双重甚至多重征税。

1）居民税收管辖权冲突

居民税收管辖权的核心是自然人和法人能够确定法律规定的居民身份要素。跨境电子商务的特性打破了传统居民身份要素确认的标准，无论是自然人居民身份还是法人居民身份的判断和监管均遇到了巨大困难，居民税收管辖权的顺利执行受到冲击。

2）来源地税收管辖权冲突

跨境电子商务的无边界性和隐匿性等特点割裂了贸易与来源国之间的地缘联系和经济联系，导致难以确定所得的具体性质和适用标准。与之相对应，跨境电子商务使得传统交易行为的空间限制和时间限制不复存在，因此，解决传统贸易双重征税问题的"常设机构原则"不能很好地适用于跨境电子商务。销售商在销售产品、提供劳务的过程中，不再需要在消费者所在的国家和地区设立具有物理实体的商店或者办公场所，常设机构的界定在电子商务环境下将会变得异常困难，甚至不复存在。

2. 流转税的税收管辖权冲突

流转税采用属地管辖权，纳税地点的确定对于行使流转税税收管辖权十分重要。根据《营业税改征增值税试点实施办法》《增值税暂行条例》《消费税暂行条例》的相关规定，应税行为是否发生在我国境内是征收增值税和消费税的前提条件。在传统商务中，纳税地点的确定相对简单。在间接电子商务即线上完成交易确认、线下完成货物运输的电子商务模式中，由于货物的交付需要实际通过各国边界、履行通关手续、经过海关监管，税收机关能够相对容易地判断间接电子商务的流转税税收管辖权。但是在直接电子商务中，由于交易过程并没有"跨越"客观存在的地理疆域边界，甚至一个交易行为可以通过数据传输瞬间途经多个国家，交易的互联网地址和交易双方所在地又往往没有直接联系，从而无法准确判断应税行为的确切发生地点。如果一项直接电子商务交易行为的目的地、消费地和交易依托的网络服务器处于不同国家和地区，将会造成多个国家和地区流转税税收管辖权的冲突。

（三）跨境电子商务加剧国际避税现象

1. 跨境电子商务使转让定价和转移利润更便捷

转让定价和转让利润是指企业集团在不同国家设立关联企业，利用国别间的不同税率，采用低于或者高于国际市场价格的内部交易价格，实现应税所得从高税负国家向低税负国家的转移，从而逃避应纳税款。传统的转让定价和转移利润模式中，关联企业通常采用"高进低出"或"低进高出"的方式相互转让定价，实现应税所得利益从高税负国家转移到低税负国家，降低企业集团的总体税负。税收机关可以通过可比非受控价格法，即参照企业与非受控企业之间的交易价格，判断关联企业之间的受控交易价格是否合理。然而，在跨境电子商务交易过程中，关联企业之间可以将所有的交易对象和交易信息都转化为数字化信息，传统实体化的产品和服务在被数字化、虚拟化之后，缩小了不同品类产品的区别，增加了税务机关找到可比非受控价格的难度。同时，跨境电子商务交易双方可以运用互联网信息加密技术对交易过程的关键数据信息进行加密，税务机关很难找到判断正常交易价格的凭证。

2. 避税地为跨境电子商务提供有利避税条件

避税地是指通过对在本地区从事投资活动企业的部分或者全部跨国生产经营所得提供零税率或者极低税率优惠待遇，吸引跨国公司在本地注册的国家或者地区。避税地的存在给跨境电子商务带来了广阔的避税空间，主要表现在避税地建立的联机银行及虚拟网址。跨境电子商务企业通过将其在其他国家的经营所得转化成电子货币的方式转入设立在避税地的联机银行，从而减少或者规避所得来源国或者居民国的税收。设立在避税地的联机银行成为企业应税所得的庇护和管理场所，甚至为这些企业的避税收入提供隐私保密服务。部分国家坚持以符合条件的网址或者服务器作为常设机构。此时，跨境电子商务企业在避税地注册成立一个虚拟公司，无须设立实体或者控制中心，利用虚拟网络在其他国家进行交易，从而规避所得来源地的税收管辖，达到国际避税的目的。

（四）跨境电子商务增加税收征管难度

跨境电子商务增加税收监管难度主要体现在增加海关监管难度及税收机关稽查难度两方面。

1. 增加海关监管难度

跨境电子商务交易过程中，商家采用两种销售模式：①线上交易线上运输方式，即同时在线上完成资金和货物或者劳务的全部转移过程。此时双方无须通过海关监管，并不具有传统贸易中有形的通关过程，因此，实际货物或者劳务的交易量和劳务规模被掩盖甚至删除。即便是实质上确实通过某种渠道完成过境、符合征收关税实质条件的数字产品，由于海关无法获得具体准确的交易信息，也无法进行常规检查。②线上交易线下运输方式，即在线上完成资金的转移过程，随后在线下由销售方利用传统运输方式向消费者运输货物。销售方如果通过其设立在所得来源国的常设机构向消费者运输货物，则所得来源国海关可根据常设机构原则征收关税，但由于交易双方的资金交易和缔约过程是在虚拟网络环境完成，海关很难准确追踪交易活动，销售方可以传输个人物品而非商品运输的方式掩盖销售行为的实质，从而逃避税款征收。

2. 增加税收机关稽查难度

对于税收机关稽查而言，传统贸易中税收机关可以根据企业会计账簿、合同、票据等直接纸质凭据开展征管稽查。但是，跨境电子商务活动无须使用纸质记载，而是用数字化的电子信息替代传统贸易中的纸质凭据，存储于磁盘介质中，这些交易信息缺乏固定性、可信性和不可删改性，纳税人可以轻易完成修改，或采取信息保密技术隐蔽交易信息，使税务机关缺乏征管稽查的直接凭据。

第二节　跨境电子商务税收管辖权

一、传统国际税收管辖权

税收管辖权是指一个国家有权决定其领土范围内的纳税主体、征税对象、税种以及如何行使该权力。税收管辖权分为国内税收管辖权与国际税收管辖权。国际税收管辖权分为来源地税收管辖权、居民税收管辖权和公民税收管辖权。

（一）来源地税收管辖权

来源地税收管辖权是指一国有权就跨境纳税人来源于该国领土范围内的所得征税，是属地管辖原则在国际税法上的体现。根据不同类型所得的具体情况，各国制定了不同的标准，判定不同所得的相应来源地。

1. 来源地管辖权的分类及认定标准

1）营业所得来源地

营业所得来源地包括营业机构所在地、商品交付地、商品使用地、销售合同签订地、商品交付之前储存地等认定标准。

2）股息所得来源地

股息所得来源地包括分配股息的居民所属国、分配股息法人的利润来源地等认定标准。

3）利息所得来源地

利息所得来源地包括贷款实际使用地、借款人所在地、利息支付地等认定标准。

4）动产租金和特许权使用费所得来源地

动产租金和特许权使用费所得来源地包括财产实际使用地、承租人所在地、费用支付地等认定标准。

5）个人劳务所得来源地

个人劳务所得来源地包括劳务的提供地、劳务实际使用地、报酬支付人所在地等认定标准。

6）不动产所得来源地

不动产所得来源地以不动产所在地为认定标准。

2. 常设机构原则

认定标准的多重性导致采用不同标准的国家对同一所得均有征税权力，从而引发国家税收管辖权冲突，产生国际双重征税现象。为防止该情况发生，各国均根据传统国际税法中的"常设机构原则"对非居民纳税人的跨境营业所得进行征税。常设机构原则是指来源地国只享有对非居民自然人或法人凭借建立在其境内的常设机构获得的营业利润进行征税的权力，通常表现为某国企业在其他国家进行其全部或主要营业活动的固定场所或设施，或设立具有非独立地位的代理人，且依靠该代理人进行特定的经营活动。

（二）居民税收管辖权

居民税收管辖权也被称为居住国税收管辖权，即一国有权要求居住在本国境内的主体纳税，是属人管辖原则在国际税法上的反映。纳税人和征税国之间存在某种"属人"关系，是居民税收管辖权成立的基础，征税国依据居民身份实施征税权力。居民身份包括自然人的居民身份和法人的居民身份。不同国家在判定纳税人居民身份时，采用不同的判定标准，因而产生居民税收管辖权冲突。目前，主要靠国际税收协定中的冲突规则应对居民税收管辖权的冲突问题。

1. 自然人居民身份认定

自然人居民身份认定主要包括住所标准和居所标准。住所标准主要看自然人在一国境内是否拥有永久性住所，如果自然人在不同国家地区均拥有永久性住所，一般将自然人判定为与其经济利益更为密切的国家或地区的居民。居所标准是指某个自然人因为短期停留而暂居并满足居住时间规定的场所，居所标准通常与该国家或地区的居留期限规定有关，即自然人在一国或者地区境内居留时间决定了其居民身份。因各国税法对于居留时间的规定不同，停留时间连续或者累计计算通常也不一致。

2. 法人居民身份认定

法人居民身份认定主要包括注册地标准、实际管理和控制中心所在地标准以及总机构所在地标准。注册地标准即企业的注册地国家。实际管理和控制中心所在地标准以法人是否在某国或者地区设立管理和控制中心为认定标准，管理和控制中心通常是法人的董事会所在地。总机构所在地标准以法人总机构（总部）所在的国家和地区为认定标准，一般是法人进行全部日常经营活动的中心机构。

（三）公民税收管辖权

公民税收管辖权以是否拥有一国国籍作为行使税收管辖权的标准，国籍国对具有本国国籍的公民来源于世界范围内的全部收入以及存在于世界范围内的财产行使征税权。行使公民税收管辖权的核心是纳税人公民身份的确定，由于公民资格与国籍等同，各国均以国籍来区分公民与非公民。凡是本国公民，对其一切应税所得或财产都要征税，而不论其是来源于或存在于本国或其他国家。考虑到目前只有荷兰等小部分国家实行该原则，且其与居民税收管辖权同是属人管辖原则的体现，本书不再详细介绍公民税收管辖权。

二、跨境电子商务对税收管辖权的影响

无论是采用何种税收管辖权原则，所得来源地的"可确定性"都是传统国际税收管辖权秩序得以正常运行和协调发展的重要前提。然而，跨境电子商务的诞生，极大地冲击了这一前提条件，导致传统国际税收管辖权制度面临严峻挑战。

（一）对来源地税收管辖权原则的挑战

来源地税收管辖权原则的核心是确定所得"来源地"，通过分析某项所得与特定地理位置之间的联系来决定适用的税法条款。在全球化的网络环境中，来源地税收管辖权原则在跨境电子商务活动中遭到了巨大挑战，一国税务机关难以精准判断某项经营活动的所得究竟来源于哪个国家或者地区。其具体表现在以下两个方面。

1. 所得性质难以确定

不同性质的所得适用不同的税率和计算方法。在跨境电子商务活动下，非居民纳税人所得的划分界限模糊。无论是书本、报纸等有形商品，还是计算机软件、知识产权等无形商品，抑或是提供的咨询劳务，均可以经过数字化的处理过程进行网络交易。因此，传统税法中按照交易标的性质和交易活动形式区分交易收入性质的规则很难适用于跨境电子商务，不同的所得定性将影响到税收管辖权的确定原则，从而影响到相关国家之间税收利益的划分。

2. 常设机构难以确定

常设机构是来源地管辖权的另一重要前提条件，表示经营主体相对固定的营业场所和营业设施，且场所和设施与实际营业内容具有紧密联系，其判断取决于其场所和设施是否具有固定性，与实际经营有无联系。在跨境电子商务中，由于

交易过程处于虚拟的网络环境，相对固定的营业场所和营业设施将成为难以满足的条件，从而为常设机构的判断带来巨大挑战。根据 OECD 范本相关规定，物理存在是"营业场所"成立的必要条件，虽然服务器能够满足"有形性"的要求，但服务器的设置和运行可以通过第三方进行，并不需要销售方在消费者所在国家和地区派遣雇员，所以很难判断服务器是否在销售方的"实际控制"下，难以根据现行规则判定为"营业场所"。

此外，电子商务活动属于在线交易，交易双方能够相对容易地通过信息技术改变自己的交易身份以及地理位置，销售方依托的服务器既可以是固定的物理存在，也可以是随身携带的移动设备，固定性已不再是营业场所的必要属性。跨境电子商务活动中，征税国无法准确将一些经营活动直接确定为主营业务活动或者非主营业务活动，只能依据服务器进行的营业活动进行具体分析，相同的经营业务可能在不同的经营活动、不同国家和地区最终的判定结果不同，无法一概而论。

（二）对居民税收管辖权原则的挑战

网络平台具有较强的开放性，一次商务活动可能在不同国家的互联网平台上完成交易，而且销售方和消费者可以在交易环节加密 IP、隐匿真实身份，造成网络交易者身份的判定具有不确定性，无法根据跨境电子商务主体的交易行为判定其为哪一国居民。其具体表现在以下两个方面。

1. 自然人居民身份认定困难

认定自然人居民身份的核心标准是住所、居所、停留时间以及国籍，跨境电子商务活动中，由于互联网的虚拟性和隐匿性，这几种判定标准的执行力被削弱。以荷兰为代表的发达国家采用国籍作为判定居民税收管辖权的标准，有利于维护其国家的根本利益，但显然对电子商务净输入国十分不公平。

2. 法人居民身份难以认定

"实际管理和控制中心"是法人居民身份判定的核心标准，但在跨境电子商务环境下，这一标准变得日趋模糊，企业的核心管理层可能位于世界各地的分支机构，企业的董事会和股东会会议完全可以通过网络进行，依托不同的服务器，召开地点可以遍布全球。企业的账簿资料无须专门存放在某个实体地点，而是利用移动存储设备或者云存储设备存放在世界各地的服务器中。企业的分红也无须在某一实际场所进行，只要凭借网络支付手段即可进行。在此情况下，判定法人的"实际管理和控制中心"十分困难。

三、跨境电子商务管辖权的国际经验

针对跨境电子商务给税收管辖权带来的现实挑战，国际组织和世界各国从自身利益最大化角度出发，相继提出了有利于本组织成员或者本国税收利益的制度和提案。本书主要介绍 OECD 范本、UN 范本以及欧盟在跨境电子商务管辖权确定中的相关规定。

（一）OECD 跨境电子商务税收范本和 UN 范本

1.OECD 跨境电子商务税收范本

由于 OECD 的成员大多为世界发达国家，税收制度最早受到跨境电子商务的冲击。1997 年 11 月，OECD 发布的专题报告《电子商务：对税务当局和纳税人的挑战》提出：电子商务的税收制度应当遵循税收中性和税收公平原则，电子商务税收制度的核心是沿用传统国际税收制度并进行优化，而不是针对电子商务构建全新的税收规则。次年 10 月，OECD 颁布《渥太华电子商务的税收框架条件》，明确了解决电子商务税收管辖权的基本原则，认为传统的国际税收管辖权制度仍然可以在跨境电子商务中继续运用，但是要进一步完善细化。

2000 年 3 月，OECD 通过了《常设机构概念在电子商务背景下的运用：对经济合作与发展组织税收协定范本第五条的注释的建议性说明》，同年 12 月，发布了关于"常设机构"概念使用说明的最终报告，同时在报告中补充了电子商务环境中界定常设机构的标准和方法。2004 年，针对传统国际税收管辖权规则在电子商务环境下的适用，OECD 专门出台报告《当前税收协定规则是否适合于电子商务》，详细分析并提出了针对性的改革方案。

2008 年 7 月，OECD 发布了《税收协定范本》的修订版本，在第五条注释中添加了新的常设机构判定标准，具体包括：①在第 42.2 款的注释中提到，网络上的一个网址是软件和电子数据的集合，而软件和电子数据均属于无形物，因此不可以被判定为常设机构，但是网站的服务是依托一个有物理地址的服务器设备提供的，这样的物理地址符合"固定营业地点"的要求。②第 42.3 款到第 42.9 款的注释中规定，只有在符合特定的要求时，才可以将①中有物理地址的服务器认定为常设机构，即要求企业进行经营活动的网址所使用的服务器应当是企业自有的服务器，并且该服务器要长时间固定在某一实际存在的地域上，企业的全部或者主要的经营活动均通过该服务器，但是这些活动不是预备性或者辅助性的活动。③在

第 42.10 款中指出，如果互联网服务提供商向企业提供服务，有权以该企业的名义与他人订立合同，此时的互联网服务提供商可以被判定为企业的营业代理人，从而构成常设机构。

2015 年，OECD 发布了税基侵蚀和利润转移项目（BEPS）的十三份最终报告和一份解释性声明。报告的第七项行动计划是关于"防止人为规避构成常设机构"的最终报告，对 OECD 税收协定范本第 5 条中"常设机构"的定义和相关注释进行了修改。修改后的协定范本中规定：对于特定活动（例如专为储存、陈列、交付或者加工的目的而保存本企业货物或者商品的库存，专为本企业采购货物或者商品，或者收集情报）豁免构成固定经营场所常设机构的规定，仅当这些活动相对于整体经营活动属于准备性质或辅助性质时才能适用。

综上所述，OECD 认为无须针对电子商务或者跨境电子商务建立全新的税收管辖制度，只需将传统的税收管辖制度进行修改调整，以适用于电子商务活动。服务器是 OECD 框架下唯一认可的电子商务有形物理存在，因此将符合一定条件的服务器定义为常设机构，进而在传统的税收管辖权制度框架下规制跨境电子商务活动。但是 OECD 并未全面考虑到电子商务特别是跨境电子商务的发展对传统税制的冲击。同时，为了尽可能少地影响电子商务发展，OECD 对于服务器判定为常设机构的标准过于严格，实际操作中缺乏可行性。而且，随着互联网技术的快速发展，服务器可以设立在任何国家的领域内，从而使作为电子商务净输入国的发展中国家很难行使税收管辖权，继而出现国际税收利益分配不公平的现象。

2.UN 范本

跨境电子商务税收管辖权的核心是常设机构认定，在这一点上，UN 税收协定范本与 OECD 税收协定范本没有太大区别，关于网址是否能够构成常设机构的问题，联合国国际贸易法委员会在《电子商务示范法》中采用了"功能等同"的方法，即根据网址能否实现与固定营业场所、设施或者营业代理人等同的功能，来判定其是否可以在来源地国构成常设机构。具体来看，常设机构的构成需要同时满足下列标准：①网址在网络活动上持续的时间是否满足一定条件，各国可以在订立税收协定时规定网址构成常设机构所需要满足的最短延续时间。②该网址必须是企业进行全部或者主要营业活动，且这些活动与企业的盈利具有实质性联系的网址。③网址能否实现完成全部或者大部分交易环节的功能，并且对来源地国范围内的客户实质发挥了上述功能。

综上可以看出，OECD 范本与 UN 协定范本均认为，传统税收管辖权下的常设机构标准仍然能够在电子商务环境中适用，但应当结合电子商务特别是跨境电子商务的特点进行相应修改，丰富常设机构的内涵，扩大常设机构的外延。但是，两个范本均在一定程度上存在可操作性不足、判定过于严苛的弊端，导致在执行过程中出现判定困境，部分国家税收管辖权行使困难，继而产生国际税收利益分配不公平的情况。

（二）欧盟的相关规定

欧盟在 2003 年《增值税指导法案》中，规定了所有以数字商品和服务等无形商品为交易对象的电子商务企业，必须在欧盟的某个成员国完成税收登记并且缴纳增值税。收到增值税费的国家税务机关最终负责将税费转移至消费者所在国家。2015 年 1 月起实行的《欧盟增值税新规》对跨境电子商务征税问题做出补充规定，增加了电子商务的征税范围，并且统一了电子商务的增值税税率。2017 年底，欧盟制定了针对跨境电子商务的《增值税规范化新法案》，法案规定跨境销售企业只需要按照季度统一向欧盟结算增值税，欧盟再进行内部成员国分配，大大简化了企业纳税方式。同时，法案规定电子书和普通书籍将适时采取统一的征税规制。但时至今日，欧盟对电子书和普通书籍的跨境交易仍然采取不同的征税制度，对电子书实行全面征税，对普通书籍的跨境交易一般会降税甚至免税。欧盟的电子商务税收制度中，规定将购买产品或者接受服务一方所在地判定为收入来源地，并且由该来源国实施税收管辖权，电子商务活动的消费者承担纳税义务，实际上是恪守来源地税收管辖权原则的体现，从本质上保障了所得来源地国家的税收利益。

（三）其他对策方案

除了上述范本方案之外，国际税法学界、有关国家以及国际组织的税务部门还提出了其他对策和方案，归纳总结主要包括以下几种。

1. 新税种方案

部分学者认为，跨境电子商务活动难以适用国际税收协定中的常设机构概念和原则，因此主张在所得税和增值税之外，增开专门针对电子商务交易的新税种，实行与传统实体经济不同的税收机制，从而解决跨境电子商务带来的国际税收分配问题。代表性税种包括比特税和交易税。提出比特税的学者包括加拿大的 Arthur J.Cordell 以及荷兰的 Luc Soete，即以网络信息流量为征税对象，在信息高速公路上对流动的数据进行征税，跨境电子商务活动中所有通过网络互动的数字信息都会成为征税对象。James Tobin 提出的交易税与比特税类似，是以网上交易的货币支付流量作为征收对象。

新税种方案的实质是抛弃了常设机构原则，来源国在适用该方案对跨境电商企业征收比特税或者交易税时，无须判断企业在其国内是否构成常设机构，也不用对企业通过网络从事的活动性质进行区分，而是企业通过互联网进行的所有活动都会成为征税对象。对税务机关而言，这种方案在征管时简单易行，可以省去认定电子商务企业常设机构的过程。但是新税种方案势必会导致税负的不公平，而且电子商务企业会面临更沉重的税收负担，违反了税收中性原则，不利于电子商务行业的长远发展。

2. 预提税方案

预提税方案最早由美国的 R.L.Doernberg 教授提出，核心思想是由来源地国对跨境电子商务的收入征收预提税，即对跨境电子商务的营业所得实行类似现行税收协定中对跨国股息、利息等投资所得的征税原则。由于预提税在不扣除成本费用之前完成预先支付，因此所得来源国适用于跨境电子商务的预提税税率应当限制在较低水平，从而使得另一方在来源国优先征收预提税之后仍然能够享受税收利益。此外，在来源国扣缴的预提税也应当在另一方依法享受避免国际双重征税的救济。

为简化税收征管过程，预提税方案不区分积极所得和消极所得，从而在理论上降低了操作难度，有效维护所得来源国的征税权，但这种模糊化的处理方式可能导致若干问题。①并未区分所得的性质，而是将不同性质的所得归于一类采取相同的税收政策。②实际上没有盈利的纳税人也需要缴纳所得税，这两种情况都不符合税收公平原则。此外，预提税方案适用于 B2B 的跨境电子商务交易模式，而难以在 B2C 的电商模式中采用，因为企业对外支付的价款通常可以在成本费用项目中扣除，因此企业具有履行代扣缴预提税义务的内在动力，而在跨境 B2C 模式中，所得来源国境内的客户是个人消费者，不能进行成本费用项目扣除，自然没有履行代扣缴预提税的内在动力，履行义务的可能性非常小。

3. 虚拟常设机构方案

现行常设机构认定规则中，营业场所必须具有固定的"物理存在"。Arvid. A. Skaax 和 Luc. Hinnekens 等人提出，这一规定极大地限制了来源国对电子商务的税收管辖权，据此提出了虚拟常设机构方案。该方案主张即使非居民企业在所得来源地国没有任何物理存在，但只要其利用互联网、数字技术等在所得来源国持续进行实质性的营业活动，便可以认为其与所得来源国之间产生了实质性的经济联系，应当认定其在所得来源国构成"虚拟常设机构"，所得来源国对由此产生的营业所得享有优先征税的权力。虚拟常设机构的构成要素包括：①非居民企业通过网址从事营业性的活动。②该营业活动具有持续性，且对企业本身具有实质性的重要意义。③该营业活动不属于国际税收协定范本第 5 条第 4 款规定的辅助性或准备性活动。

同上述其他方案相比，"虚拟常设机构"方案在公平性和可操作性上具有相当的进步。首先，对于营业性活动的认定，既可以使用现有税收协定中的营业活动标准，同时也可以采用各国国内法的相关规定。其次，具有可持续性，该方案认为应当从质量和数量两方面综合考虑营业收入行为，即不仅要看销售总额，还要看包括网络服务器在内的相关事实情况。最后，保留了原有常设机构认定规则中的豁免条款，仅对条款中的部分内容进行适应性调整。此外，该方案的适用方法既可在现行税收协定中对常设机构的概念和范围予以补充说明，又可作为税收协定中的新增条款，不至对现有税收协定造成较大改动，维护了来源国的税收管辖权，有利于跨境电子商务进口国和出口国公平地享有税收利益。

四、跨境电子税收管辖权的立法完善

（一）现行范本与欧盟规定的经验总结

对比 OECD 范本、UN 范本和欧盟关于跨境电子商务税收的相关规定，可以得出以下结论：① OECD 范本和 UN 范本没有完全考虑到电子商务中常设机构确定的复杂性以及由此对传统税制的冲击，对于服务器构成常设机构的判断标准太过苛刻，导致电子商务净输入国无法行使税收管辖权，税收管辖权分配有失公允，严重损害主要为净输入国的发展中国家的税收利益。②美国、欧盟、OECD 等发达国家和以发达国家为主的经济组织，倾向采用传统的税收管辖权理论，坚持传统的常设机构概念规则。发达国家大多数为电子商务的净输出国，按照常设机构规则对跨境电子商务活动实施管辖，可以攫取更多的税收利益。但是这种方式势必造成对电子商务净输入国税基的侵蚀，最终导致国际税收管辖权失衡。同时，电子商务净输出国大力倡导对跨境电子商务实行居民税收管辖权原则，这对于以我

国为代表的发展中国家而言，是对国家主权的巨大伤害。③上述各种税收方案中，虚拟常设机构方案是传统常设结构原则基础之上的重要完善，虚拟常设机构方案强调"实质性的经济联系"，加强了来源地税收管辖权，满足跨境电子商务的交易特征和税收国际分配的需要，有助于协调国际税收利益。

（二）我国跨境电子商务税收管辖权的立法完善

从我国跨境电子商务发展实际情况出发，采用来源地税收管辖权原则优先、以虚拟常设机构为主要判定标准征税，并积极参与制定国际税收协定，是我国跨境电子商务税收管辖权立法完善的主要方向。

1. 来源地税收管辖权原则优先

无论是 OECD 范本还是欧盟方案，抑或是对电子商务持"免税"态度的美国，在跨境电子商务税收管辖权制定过程中，均以本组织成员或者本国利益出发，维护自身电子商务净输出国的税收利益，或在范本方案中坚持传统常设机构原则，或大力推行税收管辖权原则。因此，我国应当充分认识到处于并将长期处于电子商务净输入国的阶段，从保护国家主权利益角度出发，在跨境电子商务税收制度中优先使用来源地税收管辖权原则。在立法时，应当统筹兼顾税收利益和经济发展之间的关系，通过税收优惠政策等方面对该行业进行适当的政策倾斜与扶持。

2. 以虚拟常设机构为主要判定标准

我国作为跨境电子商务贸易中的净输入国，应当基于虚拟常设机构方案，结合我国实际制定跨境电子商务税收制度。虚拟常设机构确定的关键，是对"实质性的经济联系"的判断。这一判断过程可根据 UN 范本的"功能等同法"来确定其是否在收入来源地国构成常设机构：①看营业网址是否和固定场所、营业代理人作用相同或者类似。②看非居民纳税人经营使用这一网址的具体情况，可根据以下标准确定。

1）时间存续标准

时间存续即非居民跨境电子商务主体通过网址完成营业活动所存续的时间期限。具体的时间期限可由缔约国双方在贸易协定中确定，在此可以借鉴 OECD 范本中的相关规定，其所确定的期限为半年和一年。如果非居民纳税人使用网址经营活动的期限未达到双方税收协定的期限，则不能被确定为常设机构。

2）营业性标准

如果非居民电商主体使用网址仅为进行预备性和辅助性活动，即便该网址的经营活动持续时间满足一定期限，也不能认定其构成了常设机构，只有在通过该网址所获得的营业活动收益能对企业产生实质性的影响时，该网址才可被认定为常设机构。

3）系统性标准

非居民纳税人通过该网址与来源地国领土范围内的消费者完成实际业务来往，并在规定期间内达到一定数量，发挥了全部或主要功能，可判定其构成常设机构。

跨境电子商务企业使用营业网址时，只有同时满足上述标准，才能判定该网址构成常设机构，继而判定该非居民企业与所得来源地国存在实质性的经济联系，此时所得来源地国就拥有了对非居民企业从该国获取的营业所得征税的权力。

第三节　跨境电子商务反国际避税

一、跨境电子商务国际避税新方式

跨境电子商务避税主要采取四种方式，分别是利用电子商务本身特性避税、利用管辖权的不确定性避税、转让利润转移定价避税和利用避税地避税。其中，后两种避税方式在传统商品与服务交易中也普遍存在，但是在跨境电子商务环境下，呈现出新的表现形式。

（一）利用电子商务本身特性避税

同传统的商品服务交易形式、流转程序及支付手段不同，电子商务整合了商务运作中的信息流、资金流及物流，通过计算机网络完成交易全过程，交易具有无国界性、虚拟化、数字化、隐匿化和分散化的特征。这些特征决定了商家的具体避税方式。

对于交易有形商品和劳务的跨境电子商务，由于交易方式突破了地域限制，甚至出现商品和劳务的提供地与实际收入来源地处于不同国家、不同地区的情况。此时，商家通过加密 IP 地址的方式，导致税务机关无法定位交易主体的具体位置，从而实现避税。针对该种形式，美国已经研发出相应的定位软件，可以准确破解定位用户的 IP 地址，但是目前我国税务机关尚不具备这种信息技术，确定具体交易商家的 IP 地址和服务器地址具有很大难度。对于数字产品的跨境电子商务，消费者可以通过网络下载商品并完成支付，极易产生著作权侵犯行为，表现形式是未就著作权使用向著作权人支付价款，从而导致国家的所得税税收管辖权遭到损害。此外，我国海关尚未建立起有关电子产品的保管制度，数字化商品无须通过海关就可以自由进出关境，外国出口企业规避了应纳关税。

（二）利用管辖权的不确定性避税

属地管辖权和属人管辖权是税收管辖权的两种基本形式。传统商务税收的形式以控制中心或者常设机构确定税收管辖权。电子商务中的企业控制中心及常设机构已经不再是实体形式。只要通过服务器和网络，任何人在任何地点都可以进入电子商务领域，动态化的交易机构导致税务机关难以定义电子商务中的控制中心和常设机构。对于以属地管辖权为主的发展中国家而言，打破地域界限的跨境电子商务给这些国家的税收制度带来严峻挑战。

税收管辖权的国别差异为跨境电子商务避税提供了条件。世界各国的税收管辖权主要包括属人原则、属地原则及属人兼属地原则。我国坚持属人兼属地原则，对于企业的纳税主体规定依据控制中心界定，导致境外企业或者个人在境外通过跨境电子商务向境内输出商品或者劳务时，我国无法就其所获经济利益征收所得税。与此同时，有些国家税收以来源地为标准，而有些国家以居住地为标准。当企业收入来源地与居住地不同，并且收入来源地与居住地税法所规定的税率高低不同时，企业就可以借电子商务的虚拟性，选择税率较低的国家为服务器地点，通过远程控制完成交易，在不违反税法的情况下避税。

（三）转让利润转移定价避税

在跨境电子商务中，转让利润转移定价避税呈现出新的形式。依托互联网，企业之间能够建立起更为便利的交易关系和关联关系，网络上的交易定价过程相较于传统形式也更为自由简便。此时，处于高税率国家和地区的企业使用税率较低的国家的网络服务器建立关联企业。一方面，生产企业从对生产材料实行低税率的国家买进生产材料，在对产品征收低税率的国家进行销售。另一方面，通过关联企业的方式，高税率国家的生产企业从关联企业高价买进生产材料，低价卖出产品，造成企业亏损的表面现象以规避企业所得税，大幅降低企业建立关联企业、完成交易的成本，实现了企业避税。

针对传统交易过程中转让利润转移定价避税，我国税法授权税务机关对价格进行合理调整，然而此规定顺利运行的前提是税务机关全面充分掌握交易商品的价格。在跨境电子商务交易中，我国税务机关对国际市场中商品信息收集能力不足，网络监控技术亦无法满足需求，造成利用转让利润转移定价的跨境电子商务避税难以控制的情况。

（四）利用避税地避税

跨境电子商务的特点使得利用避税地避税更加容易。跨境电子商务企业可以在维尔京群岛注册一个子公司，注册机构作为中介贸易机构和负责销售的子公司建立业务联系，形成紧密的业务网络，企业以接近成本的价格销售产品给注册在维尔京群岛的子公司，子公司再以市场价格将产品销售给企业的其他海外销售子公司。这样，企业不仅能够免缴所得税，同时由于境内的企业机构以接近成本的价格将产品售给注册在维尔京群岛的子公司，获得的利润极少，从而降低在境内的税款缴纳。大量的所得归入注册在维尔京群岛的子公司。最后，这一子公司再以投资或者贷款的方式将获得的利润汇入境内公司，从而实现避税。

二、跨境电子商务对传统反国际避税的影响

跨境电子商务对传统反国际避税的影响，主要体现在以下三个方面。

（一）对"实质优于形式"原则的影响

"实质优于形式"原则已经成为各国反避税活动的基本原则和通行原则，其核心是指应当忽视交易的法律形式，而关注隐藏在背后的经济实质。即便按照法律某企业并不是另一个国家名义上的所得人，但是实际上该企业确实获得了收入，另一国仍然享有征收税款的权力。电子商务特别是跨境电子商务的发展给"实质优于形式"原则带来了现实挑战，如何区分和判别形式与实质成为一大难题。跨境电子商务交易双方并不谋面，对于交易形式背后的交易实质更难察觉，根据实质判断是否形成避税在跨境电子商务中可行性不断降低。跨境电子商务使交易更加频繁快速，如何在大批量的电子交易中确定哪一笔是合理合法的真实交易，哪一笔是出于避税考量的目的性手段，难度陡然上升，"实质优于形式"的反避税原则，在跨境电子商务条件下难以执行。

（二）对常设机构认定标准的影响

常设机构要求纳税一方具有固定的经营场所，或者具有特定的营业代理人完成营业活动，来源地国依据这一标准判断纳税主体的相关经济活动是否与来源地国形成经常性和实质性的经济联系。在跨境电子商务活动中，服务操作终端易于移动和修改，跨境交易的实质变成了电子数据的交换，交易双方无须在

固定的场所进行交易谈判、合同签订、选货、下单、付款和运输等活动。虽然服务终端可视为客观的物理存在，但由于其具有移动性，并不能构成传统常设机构标准中的固定场所，当事人或者法院都无法直接准确查明某一项交易行为中交易方的固定场所。此外，常设机构原则要求营业活动具有持久性，然而服务器和网址可以在人为的管理过程中随时改变，从而不符合持久性标准。因此，跨境电子商务交易方式下的常设机构认定标准中的地域固定性和时间持久性都丧失了传统意义。电子商务对常设机构的挑战让各国在实质上丧失了本应享受的税收管辖权。

（三）对转移定价规则的影响

由于各国税率不同，跨国公司可以通过转移定价行为完成利润转让，从而完成所得税避税过程。在电子商务环境下，如何将市场价格和交易价格进行比较是个难题。首先，电子商务实质上是数据交换，所有的商品和劳务的交换都会表现为一种数据形式，很难完全掌握某一次具体交易中交易对象的品质特点，也无法将其同市场上相同或者类似的商品服务交易进行比较。其次，电子商务的交易主体具有隐蔽性和虚拟性，通过网络签订的订单、账单经过网络保密技术的处理，变成了无法准确获知的秘密，而网络故障甚至人为删除导致的数据信息清空大部分是无法复原的。无法获得交易价格，自然无法同市场价格进行对比。最后，跨境电子商务无纸化的特点导致税务机关或者司法机关无法查证具体的交易信息，不留痕迹的特点则会导致纳税人能够轻易更改与交易有关的电子信息，不列或者少列收入，多列支出、成本以及费用。正常交易原则在电子商务交易实践中，常被架空而难以实现有效的反避税。

三、反跨境电子商务避税的国际经验

利用电子商务本身特性、管辖权不确定、定价转移以及避税地避税，是跨境电子商务避税的主要形式。本节前述，为了应对税基侵蚀和利润转移（BEPS）带来的税收秩序破坏，OECD 和 G20（二十国集团）于 2013 年携手制定了 BEPS 行动计划，形成了《BEPS 多边公约》。目前，包括我国在内的 67 个国家和地区共同签署了这一公约。公约对上述避税行为提出了相应解决方法。关于管辖权不确定的问题，本节前述已经予以详细介绍，此处重点介绍其他方面的反避税规制国际经验。

（一）强制披露制度

为及时掌握境内纳税义务人的税收筹划信息，防止出现税基侵蚀和利润转移情况，BEPS 第 12 项行动计划建议各国在国内税法中根据自身发展需要和国内经济社会具体状况建立信息强制披露制度。同时 OECD 建议，为保证披露信息的有效性和有用性，强制披露制度应当简洁明了，从而保证纳税人的税收遵从成本与税务机关获取的税收利益一致。目前，英国、美国、韩国等都在国内税法中规定了强制披露制度，大体上可以分成两类：一类是基于交易方法的披露制度，监管部门会主动对纳税义务人可能诱发税基侵蚀的交易进行详细调查。另一类是基于税收筹划的披露制度，要求纳税人和税收筹划方披露筹划方法与目的。

（二）降低跨境电子商务企业所得税税率

所得税税率差异是跨境电子商务企业在不同国家之间进行纳税筹划避税的主要原因。从 OECD 官方网站公布的各国企业所得税平均税率变动情况来看，世界各国普遍呈现降低企业所得税税率的趋势。各国之所以采取降低所得税税率的办法，一方面是为吸引外国企业投资，另一方面也是为避免企业利用不同国家之间的所得税税率差异进行转移定价和利润的行为。如果一味加强对转移定价行为的打击，很可能会影响外国企业在本国投资的积极性，严重的会导致跨国公司从本国撤资，最终动摇税基，对本国经济健康平稳发展和国际竞争力造成损害。因此，降低境内企业所得税税率也是解决企业避税的有效方法。

（三）定价转移避税的反避税规制

定价转移避税主要通过受控外国公司（CFC）进行。受控外国公司通常设立在低税率国家或者地区。跨国企业通过向境外的受控外国公司转移利润和风险，实现少缴甚至不缴税款的目的。OECD 工作小组在 BEPS 第三项行动计划中提出了针对性的建议，具体包括以下三个方面。

1.重新定义受控外国公司规则

BEPS 行动计划建议重新定义 CFC 规则。一方面，调整 CFC 规则的使用范围，如果常设机构的一些经营活动造成所在国的税基受到侵蚀，在其他途径无法解决的情况下，适用 CFC 规则解决。另一方面，加强受控的判断标准。行动计划建议在判断法律实体是否受控时，不仅要考察控股比例，还要考察经济因素和实质控制情况。前者要看母公司对子公司资金的控制以及对子公司股权或者资产的处分权，后者包括母公司是否拥有子公司的决策权以及对子公司影响力的大小。

2. 强化受控公司的豁免门槛要求

重新定义受控外国公司规则在加强对反避税监管的同时，也可能给一国经济带来不利影响。为将不利影响最小化，BEPS 第三项行动计划建议各国根据本国实际情况制定 CFC 豁免原则，保证外资企业可以持续在本国进行投资。该豁免规则包括制定最低门槛测试，即如果子公司可归属收入无法达到母公司总收入的一定比例，可以不将该子公司的收入纳入居民国的税收范围。CFC 豁免原则还包括税率豁免，即如果子公司所在国的税率和其母公司所在国的税率没有显著区别，则子公司可以向居民国申请税收豁免。

3. 修改受控外国公司所得的判定标准

BEPS 第三项行动计划提出了判断受控外国公司所得是否归于母公司的三种方法，分别是类别分析法、超额利润分析法以及实质分析法。类别分析法规定，首先要对所得按照分类标准进行分类，判断交易双方之间是否具有关联关系，再对所得来源与关联方的关联关系分类，确定所得是否来源于受控子公司的居民国。超额利润分析法主要用以判断无形资产的归属。首先确定无形资产使用的利润率，再将利润率代入公式中计算，计算结果即为该受控外国子公司获得的超过其风险承担范围的利润，这部分利润需要归于母公司纳税。实质分析法则是对受控外国公司的经营过程进行分析，判断该受控外国子公司是否进行实质的经营活动。

四、跨境电子商务反国际避税立法完善

（一）制定专门的所得性质判别标准

积极借鉴联合国、OECD、WTO（世界贸易组织）、欧盟等经济组织与有关国家和地区的反避税制度，建立针对跨境电子商务的、系统全面的所得划分标准。一方面，从具体的跨境电子商务个案入手，尝试确定跨境电子商务中可能出现的所得类型和这些所得的归属领域，通过大量个案的实践操作与总结归纳，确定不同跨境电子商务交易中一致的要素，进而根据这些要素确定跨境电子商务所得的类型。另一方面，根据具体的交易类型制定相应的税种和税率，对于难以区分所得性质的跨境电子商务所得，特别是完全数字化、无实体形式的介乎劳务和商品之间的销售所得，应当根据交易全过程和交易环节的具体特征，确定所得的类型，规定税种和税率，对有必要采取特殊规定的所得类型，制定不同于传统国际贸易所得类型的税种和税率。

（二）完善转移定价机制

通过专门法律规定，将跨境电子商务纳税主体和普通国际贸易纳税主体进行区分，对跨境电子商务纳税主体的转移定价行为采取更为严厉且操作性更强的法律规制，具体包括拓宽关联企业范围、引入更为多样化和操作性更强的关联关系认定方法及推进预约定价制度。

拓宽关联企业范围主要是降低关联企业的认定基准，同时针对跨境电子商务中 C2C 贸易的特点，加强自然人关联关系的认定，拓展转移定价机制在自然人领域的适用。引入转移定价处罚机制，对采取转移定价行为进行避税的纳税企业和自然人按照比例进行罚款，情节严重的应当追究企业负责人或者自然人的相关刑事责任，有效维护我国的税收利益。

跨境电子商务活动中，特别是自然人参与的 B2C 和 C2C 交易中，因现行法律判别标准仅适用于法人纳税义务人，判断企业之间是否存在关联关系的实际控制法与股权测定法的适用范围受到限制。针对自然人参与的特殊情况，我国可以参照 OECD《税收协定范本》以及《转移定价指南》，引入更为多样化和操作性更强的关联关系认定办法。

预约定价是在经营活动开始前，税务机关与纳税人签订相关协议，明确规定符合双方利益、双方均可接受的审查关联交易的方法和标准。面对跨境电子商务征税和监管的困境，预约定价机制能够兼顾政府的有效监管和电子商务企业的最大化利益，在保障了国家税收收入的同时，保障跨境电子商务的健康发展。

（三）完善受控外国公司税制

跨境电子商务背景下，由于经营者不需要设立具有实体形式的企业，只需要利用设立在避税地的服务器或者在避税地注册的网站就能达到避税目的。因此，受控外国公司税制还应当纳入设立在避税地、具有关联关系服务器或者网址的实际拥有者或者控制者，将法人企业和自然人都纳入其中。跨境电子商务环境下，企业或者自然人除提供对外投资信息外，还应提供通过境外服务器、网址所进行的各类交易的数据流量信息，并且保证信息的真实性及原始性。除此之外，不同类型的跨境电子商务还应当制定不同的调整方法。例如以第三方支付业务为主的支付平台，特别是涉及外汇结算业务的，还应当提供与结汇相关的具体信息。

（四）严格纳税申报程序

针对跨境电子商务的特点，对纳税主体设立特殊的纳税申报程序。将现行纳税申报与信息技术相结合，保证跨境电子商务纳税主体申报程序完整客观，能够全面反映纳税主体的经营状况。同时，加强对于网络交易过程的监管，对设立在国际避税地的服务器以及网址的实际控制人、使用人进行严格备案，细化纳税申报项目，增加跨境电子商务特有的申报项目，制定相较普通国际贸易更为严格的纳税申报程序。

【知识图谱】

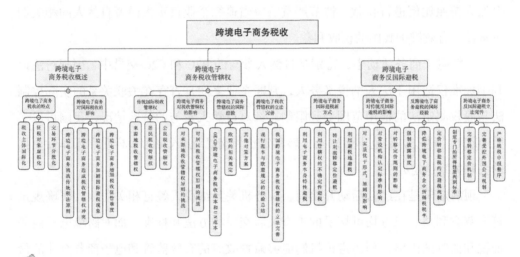

【本章小结】

跨境电子商务税收具有税收主体国际化、征税对象虚拟化及交易环节分散化的特点，对国际税收产生影响。跨境电子商务对税收管辖权的影响，需要通过借鉴国际经验，确立来源地税收管辖权原则优先及以虚拟常设机构为主要判定标准等方法完善立法。跨境电子商务国际避税新方式对传统反国际避税产生影响，需要借鉴反跨境电子商务避税的国际经验，从制定专门的所得性质判别标准、完善转移定价机制、完善受控外国公司税制及严格纳税申报程序等方面完善立法。

【复习思考题】

1.跨境电子商务对国际税收产生哪些影响？

2.跨境电子商务对来源地管辖权的影响表现在哪些方面？

3.结合跨境电子商务国际避税新方式，谈谈如何利用国际经验，实现反跨境电子商务避税。

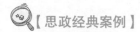【思政经典案例】

思政经典案例，请扫描二维码阅读。

我国跨境电子商务进出口
税收制度的演进和实践

第九章 国际电子商务税收

【学习目的和要求】

通过学习本章，了解世界主要经济组织和国家关于电子商务的税收模式；掌握代表性国家的电子商务税收制度；掌握世界各国电子商务税制及其制定对我国的启示。

【重点问题】

1. 国际电子商务主要的税收模式。

2. 代表性国家电子商务税收制度。

3. 国际电子商务税收制度的启示。

**【引导案例】**

德国加强境外电商税务监管

德国政府通过了《2018年度税法》草案，该法案于2019年正式生效，旨在确保在线零售商尤其是境外商户履行其在德国的增值税义务，杜绝偷税漏税行为。

法案规定，在线零售商应向德国税务部门申请增值税登记证明，证明有效期为3年。网络电商平台企业须为税务部门收集、记录和验证平台商户的各类数据，协助监管商户的纳税义务，且须为商户税务欺诈行为导致的损失负责。

由于这项法案主要针对亚马逊、亿贝等电商平台，因此也被称为"亚马逊法案"。2017年底，亚马逊德国版平台上的很多境外商户因涉嫌未在德国依法缴纳增值税，被德国税务部门封锁账号或冻结了账户资金，在亚马逊物流仓库的货物也被封存。这些商户被要求配合德国税务部门调查，直至办齐德国税号、补缴税款并缴纳罚金，才能恢复营业。

德国增值税普通税率为19%，根据德国税法，增值税适用于在德国境内产生的进口、商业交易以及服务行为。对于已经在其他欧盟国家拥有增值税号的商户，只要在德国累计12个月销售额超过10万欧元（1欧元约合7.9元人民币），就必须在德国注册增值税号并进行申报。此前，对大量境外在线零售商而言，如果谎称年销售额不足10万欧元，迟迟不在德国注册增值税号，就可以逃掉缴税义务。

早在2016年下半年，德国税务部门就透露了对在线零售商进行监管的意向。德国对境外电商登记增值税号的审核力度严格、耗时长久，一旦这些商户账号被亚马逊等电商平台查封，很有可能因为资金链突然断裂而面临破产。因此，很多境外电商都抓紧补登税号。这些商户中，有些在线销售月利润达13万欧元，有些在亚马逊物流仓库的货值高达300万欧元。

据德国财政部估算，每年网络电商漏缴的增值税总额高达10亿欧元。"这不仅关乎网络电商的公平竞争环境，也关乎所有公民的利益——这些漏缴税款本可用于拓展道路、新建学校和翻修桥梁。"德国财长奥拉夫·肖尔茨表示，新法案生效第一年的目标便是增加5亿欧元的税收。

资料来源：冯雪珺. 通过"亚马逊法案"，德国加强境外电商税务监管 [EN/OL]. 人民网, 2018-09-06.

电子商务交易形式的特殊性决定了传统税收制度在面临电子商务交易时变得捉襟见肘，特别是跨境电子商务以及联邦制国家中跨州电子商务交易。监管的无法可依导致世界各国电子商务领域漏税、避税现象严重。因此，近20年来，世界各国和主要经济组织长期致力于制定完善本国的电子商务税收政策。西方国家在电子商务领域起步较早，因此，这些国家和经济组织的探索实践，对于建立我国的电子商务税制，具有重要的借鉴价值。

第一节　国际电子商务税收模式

一、国际电子商务免税模式

（一）国际电子商务免税依据

对国际电子商务持免税立场的国家认为，电子商务还处在发展壮大阶段，征税不利于电子商务的发展。同时，立法技术和信息手段对于电子商务税收来讲还不够成熟，贸然对电子商务征税将会破坏税收公平等税收原则。即便在未来建立电子商务税制，也应当实行部分免税。提倡国际电子商务免税的国家和地区，主要是电子商务，特别是跨境电子商务发展处于领先地位的国家和地区，免税模式有利于它们保持自身净输出国的经济利益，维护自身的领先地位。

（二）国际电子商务免税国家

国际电子商务免税立法模式的代表国家为美国和日本。以美国为例，美国财政部1996年发布的《全球电子商务选择性税收政策》报告指出，税收中性原则是电子商务征税的基本原则，为了扶持电子商务的发展，同时尽可能减少电子商务对现行税收体制的影响，对电子商务征税应当推迟使用现行税种，同时不应当开征新的税种。随后美国政府多次出台电子商务税收相关政策法案，核心内容均为电子商务应当奉行免税政策。1998年通过的《互联网免税法案》，有效期一直延长至2013年。随后，美国电子商务立法模式发生重大转折，由于实体商业企业的坚持，2013年和2015年美国参议院两次通过《市场公平法案》，规定了对电子商务征收商品税。经过20余年的快速发展，电子商务已成为美国经济的核心支柱之一，如果不对电子商务征收相应的商品所得税，将会导致美国联邦和州政府损失大量税收收入。同时，对电子商务免税将会对传统商务形成巨大的税收歧视，不利于传统商务和电子商务间的公平竞争。但是时至今日，《市场公平法案》规定的税收政策仍未能完全落地。

二、国际电子商务征税模式

（一）国际电子商务征税依据

对国际电子商务持征税观点的国家认为，对电子商务免税将会使国家丧失巨额的财政收入，从而严重损害财政平衡和税收公平性。欧盟指出，电子商务不应当被征收额外的税收或者开征专门税种，但也不应当享受免税待遇。电子商务需要承担其应当承担的税收义务，否则对于传统商业而言不公平。由于世界各国普遍认为电子商务将会成为未来贸易的主要形式，因此电子商务将会成为重要的税收来源，主张征税的国家和地区都将电子商务视为潜在的"税收金矿"。

（二）国际电子商务征税国家

国际电子商务征税立法模式的代表组织和国家为 WTO、OECD、欧盟以及新加坡、印度等。

进一步细分，国际电子商务税收模式可分为税收中性模式和新税模式。税收中性模式主张沿用现行税收制度，不再为其单独创设新税种，欧盟是该模式的代表性地区。欧盟执委会 1997 年发布《欧洲电子商务倡议》，认为现行增值税税制能够继续沿用至电子商品和劳务之上，引进新的税收和其他税收，将会导致重复征税的情况发生。同时，新的税收也无法解决实际交易和税收管辖权之间的冲突，还可能导致税收征管成本的上升。对于联合国提出的"比特税"，欧盟认为在实际操作过程中难以计算和执行具体的数字流量，最终无法准确计算应税所得，而且由于欧盟电子商务发展水平远远落后于美国，如果按照数字流量征税，不利于欧盟与美国业界的竞争。因此欧盟反对开征新的税种。提倡新税模式的国家和组织主要包括联合国、印度和泰国。联合国方案为"比特税"，即按照数字流量进行征收，印度和泰国则是预提税方案。

第二节　国际电子商务税制概要

一、国际电子商务税制简介

（一）美国电子商务税制

1. 税制内容

作为世界电子商务发源地，美国是电子商务运用最早、普及率最高的国家。早在 1993 年，美国政府就实施了"信息高速公路"计划，通过社会经济信息共享，在促进本国互联网信息科技高速发展的同时，极大地降低了商贸交易和信息传递的成本。通过运用互联网开辟国际贸易自由区和免税区，美国成功地将互联网科技垄断优势转化为商贸优势，从而促进了美国经济的十年黄金增长。

在建设"信息高速公路"的同时，自克林顿起的各届美国政府高度重视电子商务法律法规的研究。1995 年，美国政府成立电子商务工作组和经济分析局，负责研究制定电子商务相关税收政策。同时，为了避免决策盲目性，美国普查局、美国劳工统计局分别负责电子商务战略规划与数据收集统计、电子劳务商务统计工作，辅助美国政府制定电子商务税收政策。次年，美国财政部发布《全球电子商务选择性税收政策》白皮书，系统阐述了电子商务的技术特征、遵循原则和税务管理方法。1997 年和 1998 年，美国先后发布《全球电子商务框架》以及通过《互联网免税法案》，确立了税收中性、透明、与现行税制和国际税收一致的电子商务税收原则，规定了电子商务交易中的无形商品以及服务执行连续三年免税优惠政策，有形商品依据相关税法征税，同时出台了避免多重征税或税收歧视制度，确立了属地征税原则。2000 年、2001 年、2004 年，美国政府三次延长电子商务免税期。在 2001 年的法案中，增加了禁止美国各州征收互联网贸易销售税条款，2004 年增加了免缴互联网接入服务税（网络电话除外）的相关条款。直至 2013 年和 2015 年，美国参议院两次通过《市场公平法案》改变了电子商务领域大范围免税的情况，规定在简化各州征税法规的前提下，对电子商务企业征收地方性销售税。该法案授权相关的州对所有每年在美国远程销售（即跨州销售）商品或服务总收入超过 100 万美元的卖家征税，同时禁止地方政府对未达到一定规模、在本地区无实体机构、与本地区没有密切联系的其他地方征收电子商务相关税收。2018 年 6 月，美国法院对互联网销售税进行裁决，这一裁决为原有的互联网销售税管理规则改变提供了条件。截至 2020 年 1 月 1 日，美国已经有 36 个州开始针对电子商务征收销售税。

2. 税收征管

《市场公平法案》出台后，对于电子商务产生的消费税，若零售商在消费者所在州设立有实体门面、仓库或者办事处等，则由零售商帮助政府先行代收消费税，如果上述实体机构不存在，则在纳税年末由消费者自行将消费税列入个人所得税中一并缴纳。

（二）欧盟电子商务税制

1. 税制内容

与美国不同，欧盟的电子商务税收制度经历了"免税"→"增值税"→"全面征税"三个阶段，最终由"免税派"演变成为当前的"强硬征税派"。早期欧盟的电子商务税收政策主张与美国类似。1997 年的《欧洲电子商务动议》和《波恩部长级会议宣言》（以下简称《波恩宣言》）均认为应当保持税收中性，无须针对电子商务开征新的税种。但是《波恩宣言》同时指出，不对国际互联网贸易征收关税和特别税，并不排除对互联网贸易征收商品税。在这一阶段，欧盟关于电子商务税收的政策主张并未呈现鲜明的特色，基本保持与美国相同的"不开征新税"原则。

伴随着电子商务的快速发展，欧盟的电子商务税收政策也在不断调整。1998年2月，欧盟发布了电子商务税收三原则，即不课征新税、少数商品和欧盟内劳务交易适用增值税、欧盟境外不征税。第一项原则沿袭了欧盟初始的电子商务税收根本原则。第二、三项原则表明欧盟对于电子商务征税的决心和未来的税制设计路径。这三项原则既保证了相关税收的公平性，又避免了税收制度扭曲对电子商务发展的负面影响。由于欧盟成员国大多以增值税为主，因此建立电子商务增值税制是比较符合欧盟成员国国情的做法。同年6月8日，欧盟发布《关于保护增值税收入和促进电子商务发展》报告，决定对欧盟企业通过网络购入的商品或者劳务征收20%的增值税，扣缴义务人为购买者。同时，非欧盟企业仅向欧盟个人消费者提供电子商务时不需要缴纳增值税，而向欧盟企业提供电子商务时需要缴纳。

与此同时，欧盟与美国在相互免征互联网上销售电子数字化产品关税问题上达成一致，并且于1998年10月的OECD财长会议上，迫使美国同意将经过互联网销售的数字化产品视为劳务销售而征收间接税，从而保证了欧盟在电子商务增值税上的一致性。但是由于彼时美国执行增值税免税政策，这一规定反而导致欧盟电子商务处于相对不利地位。2000年初，欧盟发布了电子商务增值税修改法案，即《电子商务增值税方案》，规定如果欧盟境外的公司，通过互联网向欧盟境内进行增值税纳税登记的顾客销售货物或者提供应税劳务，销售额在一定额度以上的企业应在欧盟境内进行增值税纳税登记，并且征收增值税。这一政策引起了美国的强烈不满，在欧盟成员国企业和美国的共同影响下，欧盟各国财长会议于2001年12月13日通过新决议，决定对欧盟以外地区的企业，通过互联网向欧盟销售数字产品征收增值税，执行欧盟各国现行增值税税率。至此，欧盟电子商务征税体系基本形成。

2002年，欧盟出台《增值税指导》，决定对非欧盟公司取得的以广播、电视以及网络为媒介销售商品和劳务的营业收入征收增值税，并且对具体的应纳税商品和劳务的内容和范围做出详细规定。此后，欧盟的电子商务税收政策再未发生大的改变。根据2015年欧盟增值税新规，自2015年1月1日起，向欧盟内个人消费者提供的数字服务，均按照消费者所在国的增值税税率计征增值税，这是为了避免大型企业利用税收洼地设立地区总部规避税收。

2. 税收征管

欧盟建立了强制性的纳税登记制度，规定电子商务增值税纳税人必须进行强制性税务登记。2003 年，欧盟出台《电子商务增值税指令》，规定欧盟境外企业在欧盟销售商品或者服务，若在欧盟地区无常设机构，必须在其中一个欧盟成员国进行税务登记注册，由消费者所在国征收增值税。2008 年，欧盟进一步明确了内部成员国之间电子商务税收征管模式，即交易行为产生的增值税由消费者所在国进行统一征收。根据 2017 年颁布的《电子商务增值税改革方案》，从 2021 年 1 月 1 日起，无论是欧盟成员国之间的电子商务还是非欧盟成员国与欧盟成员国之间的交易，都将采用"一站式"（one stop shop）征税制度。同时，为了确保税务登记信息的有效性，还规定若纳税人经营活动发生重大变化，必须向税务机关报告相关信息。小规模电商在欧盟地区实行自愿登记制度，但是只有进行了纳税登记的电子商务企业，才可以进行增值税进项抵扣。

在发票使用管理方面，欧盟规定纳税人必须根据商品和劳务交易的实际情况开具相关的增值税发票，在发票上必须注明销售商和消费者的欧盟增值税识别号码。同时，电子版和纸质版增值税发票具有同等的法律效力，但是如果销售商要使用电子发票，必须事先通知税务当局。此外，欧盟还规定了相关处理处罚办法，若发现纳税人没有正确开发票或者漏开发票将会视其为税收欺诈行为，需补交应缴纳的税款，且缴纳相应的罚款和利息，同时降低这家公司的税务信用等级，使之成为来年税务检查和税务稽查的重点对象。

（三）OECD 国家电子商务税制

经济合作与发展组织拥有制定跨国税收法律规范和税收协调方案方面的丰富经验，在电子商务活动涉税问题方面经历了长期研究和磋商，目前已成为探讨和管理电商活动以及电商涉税问题的主要组织之一。1996 年，OECD 便多次举行成员国会晤，磋商电子商务税收方案和征税原则。1997 年，OECD 发布了《电子商务：税务政策框架条件》专项规范，确定了电子商务税收的征税原则，即税收中性、高效率征管、确定性、税制简洁、有用性、公正性、弹性税制。

1998 年，OECD 对各个成员国在电子商务税收领域的职责进行了分工，明确了各成员国的任务。最终在当年的芬兰特尔库会谈中，共同确定了下列内容：

①OECD 所制定的所有电子商务税收法律规范必须建立在税收中性和税收公平性原则的基础之上，不允许重复征税或者免税。②现行的税收以及征管法律法规均对电子商务活动适用。③电子商务税收征管活动应当比现行税收征管活动受到更高的重视。④政府需要同电子商务企业紧密合作，找到切实解决电子商务征税问题的办法。⑤各国税务机关需要制定国际税收征收管理办法和税收协调方案。⑥由于电子商务税收将会在一定程度上限制电子商务活动的发展和成长，因此对电子商务的征税活动也不能违背现行的税收征收管理法律。同年的渥太华会议中，参会国家针对电商税务征收议题形成以下共识：①保留税收制度的中性、高效率、法定性、便捷性、公正性和灵动性原则。②各国商定电子商务活动中销售税的含义以及相应的国际税收征管管理规定。③对电子商务活动不再开征新的税目，但是电子商务主体需要按照现行的税目缴纳税款。④提高电子商务税收征管情报在成员国之间的交换沟通程度，防止偷税漏税和重复征税。⑤明确各成员国分配跨境电子商务税收的分配基础，保证成员国的财政权力，不允许各国进行重复征收。⑥确定只有电脑的硬件设备所在地为电子商务活动的常设机构。

1999 年，OECD 在巴黎举行会谈，就电子商务税款征收问题达成一定共识，制定了部分合约框架。2005 年，OECD 主张，电子商务活动不征收增值税的方式将会对各成员国国民经济正常运行造成极大的不利影响，导致资源无法合理配置、资源价格扭曲。消费税方面，成员国中除美国和澳大利亚外的其他国家均对商品销售方征收消费税，并且由最后销售环节的买方代为征收税款。2013 年，OECD 制定了《税基侵蚀和利润转移行动计划》，该计划规定的十五项具体行动计划中明确指出要"理智应对数字经济的税收挑战"。2018 年 7 月 1 日，《实施税收协定相关措施以防止税基侵蚀和利润转移的多边公约》正式生效，这一公约对全球范围内跨境电子商务征税措施的推进具有重要意义。

综述，OECD 主张对电子商务活动征税，坚持税制设计应当秉持税收中性原则，认为电子商务活动不能违背现行的税收基础、影响税收征管，强调仍应当按照现行税收法律法规对电子商务活动征税。同时，OECD 还明确指出，对电子商务活动的征税应当透明化，不能增加纳税人纳税成本，不得出现双重征税的情况。各成员国之间应当充分进行税收情报交换和沟通协调工作，不允许设定免税费区和疏忽电子商务税收征管。税制方面应当对电子商务活动征收销售税，并且应当在电子商务销售行为发生地区进行税款征缴。

（四）WTO 电子商务税制

虽然 WTO 主张对电子商务征税，但是由于其并非主权国家，同时 WTO 也意识到电子商务征税涉及各国税收主权问题，因此对于电子商务税收始终持谨慎态度，更多关注电子商务环境下关税和多边贸易体制相关问题。1998 年，WTO 发布《国际电子商务活动宣告》，认为 WTO 成员方不应当对电子商务活动征收海关关税。成员方澳大利亚提出了针对电商问题的四原则，具体为：对电子商务活动的征税应当根据具体行业进行针对性调整。对于电子传送服务应当免税。现行中性税制能够继续沿用至电子商务活动中。税制应当能够助力发展中国家充分运用电子商务活动带动商业贸易增长。1998 年，WTO 通过决议，主张对以网络形式销售货物或提供劳务，给予一年内不征收关税的优惠。

在电子商务税收问题上，WTO 制定了以下三项原则：①电子商务税务征收制度不能阻碍电商的成长，需要同等看待电商活动与传统交易活动。②电子商务征税不得加重纳税人的税收负担，而且征税程序必须便捷透明、易于实施。③电子商务征管相关法律必须同现行税务征管法律相同，且必须通过电子商务结算系统进行征收，各 WTO 成员方之间需要密切配合。

（五）澳大利亚电子商务税制

1. 税制内容

早在 1997 年和 1999 年，澳大利亚税务局（ATO）就曾经发布关于电子商务税收的重要报告。其中，1997 年的报告着重阐述了电子商务合作、电子商务对经济和税收的影响、电子商务管理、电子商务支付以及流转环节税收影响五方面问题。1999 年的报告以 1997 年报告为基础，在 OECD 财政委员会 1998 年颁布的电子商务一般税收原则基础之上，根据中立、保护隐私和遵从成本最小化的原则，从立法战略、收入来源、双重课税等方面提出了电子商务税收关键问题的行动计划。

针对典型电子商务，澳大利亚尚未建立起所得税相关制度，主要征收流通环节的货物和劳务税（GST），即凡在澳大利亚境内从事非金融性货物及劳务销售，均纳入货物和劳务税的征收范围。针对电子商务的具体情况，澳大利亚主要采取在货物和劳务税框架内做出特别解释的方式进行规定。2017 年，澳大利亚税务部门表示将在适当时机推动针对海关完税价格低于 1 000 澳元的商品的 GST 税制。但是这一税制变化主要针对年营业额在 75 000 澳元以上的海外供应商、电商分销平台和货物代理。

2. 税收征管

ATO 依托信息技术建立了针对电子商务的全新纳税服务体系，提高了纳税人的税收遵从度。例如，ATO 提供面向不同类型用户主体的电子税收平台，进行实时双向互动。提供在线法律数据库，满足纳税人法律法规和判例的检索需求。发布税收专门计算器，满足典型纳税人的不同纳税需求。

（六）印度电子商务税制

1. 税制内容

印度是第一个对电子商务征税的发展中国家。从保护本国税收利益的角度出发，印度政府于 1999 年表明了对于电子商务课税的立场，坚持税收中性原则，并未对电子商务开征新税。但是印度坚决否定美国的电子商务免税主张，而是采用预提商品税的形式对电子商务交易行为征税。1999 年印度发布规定，由于在境外使用计算机系统而产生的印度企业向美国企业支付的款项，均被视为来源于印度的特许权使用费，在印度征收预提税。由此，印度成为世界上首先对电子商务征税的国家之一。2015 年，印度政府认为将电子商务全面纳入增值税的条件已经成熟，随即明确规定，所有网络零售商需在贸易和税务部的网站登录并且缴纳税费，同时必须提交所有交易信息。截至 2018 年 10 月 1 日，印度政府对电子商务征收营业税和增值税，而对于跨境电商 B2C 模式则只征收营业税，C2C 模式的电商平台则只对第三方平台征收服务税。对于非跨境电子商务交易的税收征管在印度境内也是不同的，买卖双方在同一州内交易的征收增值税，税率为 1%、2%、4%、12.5% 四档，若跨州交易则征收营业税，税率为 1%、2%、5.5%、14.5% 四档。2018 年，为了防止 FlipKart 和 Myntra 等电商平台上的中小型卖家偷税漏税，印度规定从当年 10 月 1 日起上述卖家在收到平台支付的消费者付款时，还必须额外缴纳 1% 的"源头税"（tax collected at source，TCS），即使交易商品属于 GST 税豁免范围。2020 年，印度决定对电子商务交易加征 1% 的 TDS，并由电子商务平台向其第三方卖家征收，但是如果卖家上一年销售总额低于 50 万卢比，且卖家提供其相关编号，则不需要缴纳该税费。

2. 税收征管

印度认为发展中国家的海外收入相对较少，因此坚持以"属地原则"为主作为本国对电子商务税收的管辖权原则。

二、国际电子商务税制启示

（一）坚持我国电子商务实际

本国或者本地区电子商务发展现状以及对经济发展的影响状况，决定了一国或者一地区在电子商务发展过程中的税收政策取向以及政策演化路径。因此，我国在制定电子商务税收政策的过程中，必须充分评估电子商务自身的发展情况、电子商务对国民经济的影响、我国在跨境电子商务活动中所处的地位以及对我国税收影响等多方面因素。特别需要注意的是，在电子商务发展的不同阶段制定差异性的税收政策十分必要。在电子商务发展初期，由于电子商务发展比较薄弱，难以与传统商业模式抗衡，需要扶持，所以可以出台一些针对电子商务的免税或税收优惠政策。在电子商务发展的成熟期，由于电子商务实力逐渐增强，其已经具有与传统商业模式抗衡的实力，应出台电子商务与传统商业模式均衡、合理的税收政策，鼓励市场竞争，实行优胜劣汰，鼓励经济健康发展，提升整体经济竞争力。

（二）保持我国现行税制稳定

无论是免税模式的美国，还是征税模式的欧盟、印度，都秉持税收法定、税收公平、税收中性以及税收效率原则。税收法定原则要求我国在对电子商务行业进行税收征管时，必须依据相关税收法律法规。因此，现行税收法律法规中针对电子商务的空白，必须通过立法予以填补，保证征税行为的合法性。税收公平原则主要是针对电子商务和传统商业模式面临的税收制度与税收负担而言。本质上看，电子商务只是传统的商品和服务贸易在互联网中的呈现，其交易物仍然是商品和服务，所面临的税收种类以及适用税率、计税依据应当同传统的商品服务贸易相同。因此，我国在制定电子商务税收政策的过程中，应当秉持税收公平原则。

电子商务税制设计和税收征管过程中应当秉持税收中性原则和税收效率原则。欧盟、印度和OECD非常注重税收中性原则，指出针对电子商务和跨境电子商务的税收政策不能影响到电子商务的快速健康发展，不能影响到纳税人投资与生产以及消费的行为模式，这也是欧盟坚持对现有税种进行优化而不再开征新税的又一原因。同时，电子商务税收征管提高了税收征管成本，不同程度降低了税收效率。因此，在电子商务税收征管中，要特别注意税收效率原则，不能损害纳税人纳税支出以外的其他经济利益，同时要尽可能降低税务机关的征收稽查成本。

（三）积极应对国际税收挑战

电子商务最大的特点是全球性和无国界性。因此，如何应对电子商务对传统税收管辖权及传统反避税措施的挑战，如何在维护本国税收利益的同时避免对企业造成双重甚至多重征税，都是电子商务国际税收对我国税收的新挑战。印度和我国同属于发展中国家，又是最早对电子商务进行征税的发展中国家。印度在面临电子商务国际税收挑战时，坚持地域管辖权为主的管辖权原则，以维护本国财政利益，同时也充分考虑了众多互联网销售商和互联网使用者的利益。所以，我国应对国际税收挑战时，必须从我国电子商务发展的实际出发，全面分析不同管辖权规则下我国税收利益的维护以及双重征税的可能性，积极与相关国家签订针对电子商务的双边税收协定，从而妥善应对电子商务国际税收带来的一系列挑战。

第三节 电子商务税收国际协作

一、参与制定双边税收协定文本

（一）参与制定双边税收协定的目的

税收协定全称为"避免双重征税协定"，是指国家间为了避免和消除向同一纳税人、在同一所得的基础上重复征税，根据平等互惠原则而签订的双边税收协定。协定签署的主要目的是消除双重征税、规制国际避税问题。

双重征税又称为国际重复征税，指两个或者两个以上国家对同一个跨国纳税人的同一个征税对象分别主张税收的情况。各国在税收管辖权的适用、居民身份认定规则、收入来源国认定规则上的差异直接导致了重复征税的产生。重复征税违背了税收公平和税收中性的原则。与境内从事相同业务的企业相比，重复征税会导致跨国公司承担两倍甚至更高的税负从而损害税收的横向公平原则。同一种业务面临不同的税负，会扭曲企业的生产投资行为，损害税收中性原则。从国民经济发展角度看，重复征税将会损害国家的税基，从而限制了国家的税收利益及经济利益，削弱本国吸引外商直接投资的能力，影响国际贸易的发展。

在没有双边税收协定的情况下，跨国纳税人可以充分利用各国在税法上特别是税收管辖权上的差别、税制本身的漏洞和缺陷，尽可能地减少或者延迟缴纳税款，从而降低企业在全球范围内的税负。同时，缺乏双边税收协定时，外国公司在本国的部分所得也无法清晰界定是否能够划入本国征税范围，造成错征、漏征情况的发生，严重损害相关国家的税收利益。而在避税过程中，如果企业选择转移定价的方式，会导致在本国生产经营产生的利润转移至其他国家，形成资本外流的局面，造成国际金融秩序混乱。此外，国际避税的发生会变相地加重正常经营、守法守信公司的税收负担，破坏各国公平竞争的市场秩序。

通过签订税收协定，约定具体事项的谈判以及条款，结合缔约国的实际情况，妥善解决由于税收管辖权不同带来的双重征税或者双重不征税情形，保护所得来源地税基不受侵蚀。有效缔约各国的税收利益，明晰各国的税收权力边界，保证各国在清晰行使征税权的同时形成互惠局面。双边税收协定能够充分保护缔约国双方自然人和法人的合法权益，维护税收公平，消除国际税收歧视。

（二）参与制定双边税收协定的内容

1. 积极参与互联网国际标准的制定工作

互联网国际标准的制定并不是双边税收协定的内容，但却是双边税收协定的重要基础。因为在双边税收协定中定会涉及税收管辖权的内容，常设机构原则是税收管辖权之一的来源地管辖权的重要基础。跨境电子商务活动中，由于互联网技术的运用，常设机构的认定变得异常复杂和困难，有国家和学者借此提出虚拟常设机构的概念。无论是现行常设机构还是虚拟常设机构的确定，都需要双边、区域乃至全球确定统一的互联网标准。因此，积极参与互联网国际标准的制定工作，奠定双边税收协定签订的技术基础，对于我国维护国家税收利益和企业税收公平十分关键。

2014 年 11 月 19 日，首届世界互联网大会在浙江省杭州市乌镇举办，世界互联网大会的举办意味着中国在互联网相关领域拥有举足轻重的地位，也反映了全世界对互联网以及电子商务发展的高度、普遍关注。然而，在国际上，自 Rosetta Net 标准沿用至今，各国标准虽然不断更新，但仍旧未能出台一部完成统一的适应发展潮流的互联网新标准。我国应当立足于实际国情，在充分研究互联网发展的当前情况及考虑电子商务未来发展新趋势的前提下，协助国际相关组织积极参与研究制定国际互联网新标准和国际电子商务标准体系，在制定和完善新标准的行动中占取主导地位。这不仅是引领全球互联网技术和跨境电子商务的发展，也为确定双边税收协定中的管辖权奠定重要的技术基础。

2. 双边税收协定的主要内容

截至 2020 年 3 月，我国已经同 110 多个国家签订了双边税收协定，已经生效的超过 100 个国家，其中包括 84 个 "一带一路" 沿线国家。包括我国在内的世界大部分国家，在签订双边或者多边税收协定时，很大程度上受到 OECD 税收协定范本以及 UN 税收协定范本的制约，双边或者多边税收协定的结构和内容也基本上与两个范本一致，主要包括以下方面的内容。

1）征税权的划分和税收协定的适用范围

在指导思想上，两个税收协定范本都将来源地原则确定为协定优先考虑的管辖权原则，通过纳税人的居住国进行免税或者税收抵免的方式避免双重征税。但是两个范本也存在重要区别，由于联合国范本更多反映发展中国家的利益，因此更强调收入来源地征税原则，而 OECD 的成员国大部分为发达国家，因此 OECD 范本虽然也坚持来源地原则优先，但是在范本中更多地加入了限制来源地原则适用的条款。总的来看，两个范本对于税收协定的适用范围基本一致，主要包括纳税人的适用范围规定和税种的适用范围规定。

2）常设机构的约定

两个范本都对常设机构的含义做出明确约定，即常设机构是指企业进行全部或部分营业活动的固定场所。明确常设机构的目的是确定缔约国一方对另一方企业利润的征税权。常设机构范围确定的宽窄，直接决定了税收在居住国和收入来源国之间的分配比例。因此，OECD 范本对常设机构的确定更为苛刻，以利于发达成员国征税，而 UN 范本代表发展中国家利益，自然倾向于将常设机构范围制定得更宽，以保护发展中国家的税收利益。

3）预提税的税率限定

为了限制所得来源国的税率制定，保证双边协定缔约国双方都能征收到所得税，世界各国普遍对股息、利息、特许权使用费等投资所得征收预提税，从而排除任何一方的税收独占权。由于代表的利益不同，在预提税税率上两个范本存在明显差异。对于 OECD 国家而言，所得来源国多为非成员国，因此 OECD 范本将预提税税率限制得很低，这样所得来源国能够征收的预提税就十分有限，即便居住国进行税收抵免，仍然可以征收到较多的税收。而 UN 范本就更为公平，并未对预提税税率进行明确规定，而是提出缔约国双方根据各自实际情况进行谈判来确定双边协定的预提税限定税率。不同双边协定之间不需要达成一致或者接近税率。

4）税收无差别待遇

税收无差别待遇是指缔约国一方应当保证另一方的国民享受与本国国民相同的税收待遇。这是 OECD 范本和 UN 范本均主张的税收平等互利原则。其具体内容包括：①国籍无差别待遇。纳税人国籍与享受税收待遇无关，不能因为纳税人的国籍不同，而在相同或者类似的情况下，给予不同的税收待遇。②常设机构无差别待遇。即设立在本国的缔约国另一方的常设机构，面临的税收负担不得高于本国类似企业。③支付扣除无差别待遇。即在计算企业利润时，企业可以纳入税前扣除的应支付利息、特许权使用费或者其他支付款项，不能因为支付对象是本国居民或者缔约国另一方居民，在征税处理上予以差别对待。④资本无差别待遇。即缔约国企业的资本，无论全部还是部分、直接还是间接为缔约国另一方居民所拥有或者控制，该企业的税收负担和条件，都不应当与缔约国一方的同类企业不同或者面临更重的税收负担和条件。

5）避免国际逃避税条款

避免国际逃避税是国际税收协定主要内容之一。两个范本对此所采取的措施主要包括税收情报交换以及转移定价条款。税收情报交换包括日常情报交换和专门情报交换，前者指缔约国定期交换有关跨国纳税人的收入和经济往来资料。通过这种情报交换，缔约国各方可以了解跨国纳税人在收入和经济往来方面的变化，准确核定应税所得。专门情报交换是由缔约国的一方提出需要调查核实的内容，由另一方帮助核实。转移定价条款是指双方必须密切配合，遏制转移定价形成的国际合法避税，缔约国要在双边税收协定中明确双方都能同意的转移定价方案，以避免纳税人利用转移定价方式转移利润躲避纳税。

6）在双边税收协定中增加跨境电子商务适用条款

无论是 OECD 范本、UN 范本还是我国和世界各国已经签订的双边税收条款，关于跨境电子商务环境下的避免双重征税、规制逃避税条款都存在完善的空间。在积极引领参与全球互联网技术标准的基础之上，我国也应当充分评估电子商务特别是跨境电子商务对我国税收制度的影响，积极倡导引入针对跨境电子商务的税收协定，建立相应的协调机制，帮助国际上相关组织设计和开发出公平、公正、高效率的税收协定范本，形成各国税收利益平衡的共赢局面，使我国在全球跨境电子商务税收协调中拥有话语权。

跨境电子商务背景下，双边税收协定的修订应当充分考虑互联网经济的实际，注重"实质性存在"的经济发展理念。同时，以合理分配国际税收管辖权为出发点，以保障各国税收合法权益为前提，妥善应对互联网技术对现行税收协定条款的挑战，调整现行税收法律体系或者税收界定中关于非居民企业的涉税界定，丰富跨境电子商务背景下常设机构的内涵和外延，充实国际税收中关于跨境电子商务环境下各项新型所得的归类限定。

二、加强国际税收情报交换工作

（一）加强国际税收情报交换的目的

税收情报交换通常可以从狭义和广义两方面来界定。狭义上，税收情报交换仅仅是为实施缔约国签订的税收协定而实施的税收情报交换。广义上，税收情报交换是指为实施缔约国的税收法律以及缔约国签订的税收协定条约而实施的税收情报交换，对于维护税收公平、保护国家利益、避免国际重复征税具有重要意义。

1. 能够有效打击税款偷逃的行为，有利于跨境征收税款

利用经济、政治、文化、地理环境以及税收制度和税法上的国别差异，跨国纳税人通过税收筹划甚至违法活动展开各种形式的避税、逃税行为。由于纳税主体和税务机关、不同国家税务机关之间或多或少存在税收信息不对称，税务机关跨境征收税款非常困难。从全球范围看，避税、逃税会导致资本、劳动力、技术等生产要素的价格扭曲，从而影响要素在全球市场的自由流动，违背了税收中性原则，严重破坏国际税收秩序和国际经济秩序。因此，加强国家税收情报交换工作，对于维护国家税收利益、国际税收秩序和国际经济秩序，意义重大。

经济全球化背景下，跨国纳税人的很多纳税情报在国外，情报搜索难度极大。因此，单纯依靠本国税务机关完成跨国税收情报收集和税收征管，几无可能。国家税收情报交换能够有效节约收集税收情报的成本，通过打击税款偷逃行为，使得纳税主体提高纳税自觉性，主动自愿遵守税收法律法规。通过税收情报交换，税务机关也可以了解和掌握核查纳税主体的业务范畴，以及经营收入的主要来源渠道。国际税收情报交换使得税务当局的纳税控制成为可能，防止国际避税、逃税的发生。

2. 能够有效避免重复征税的发生，保护纳税主体在跨国经营过程中的合法权益

税收情报交换不仅能够打击逃税和各种刑事犯罪，还是避免重复征税的重要手段。由于每个国家税收制度不尽相同，特别是税收管辖权限存在差异，纳税主体在从事跨国经济税务活动中面临的最大风险便是重复征税。国际税收情报交换

能够有效避免重复征税情况的发生，保障纳税主体在跨国经营过程中的合法权益。通过税收情报交换，税务机关能够对跨国纳税主体的经营范围和涉税活动进行全面了解，对于抵免、免除、扣除项目有清晰的掌握，防止对纳税主体进行双重征税，侵犯纳税主体的合法权益。

（二）加强国际税收情报交换的内容

1. 完善我国现行税收情报交换法律体系

我国双边税收协定的签署速度和发展速度明显快于国内涉税法律法规的发展速度，国内税收法律体系已无法满足税收情报交换工作的要求。因此，需要通过税收协定维护我国国家税收利益和企业经济利益。首先，加大涉及税收情报交换法律体系的健全完善力度。借鉴 OECD、欧盟、联合国的相关范本和文件，结合我国税收情报交换的实际情况，特别是跨境电子商务环境下税收情报交换呈现的新特点、新问题，制定出适合我国税收情报交换工作的法律。其次，根据税收情报工作特别是跨境电子商务税收协调工作的发展情况，对已出台的涉及国际税收情报交换的相关法律、规章、文件进行补充修订，加强我国税收情报交换工作的可操作性。最后，还应加强税收情报交换保密法律法规的制定。主权国家在保护自身税收利益的同时还必须考虑到纳税人的利益以及纳税人和国家之间的利益均衡，对跨境纳税人的经济利益和信息安全进行针对性法律保障。

2. 积极参与国际税收情报规则的制定

首先，作为国际税收征管体系的重要组成部分，税收情报规则将会直接决定各国在税收情报交换过程中的经济利益甚至是国家主权。因此，我国要积极公正地参与税收情报交换规则和制度的制定，制定更合理的符合全世界共同利益的税收情报交换新制度。其次，作为世界上最大的发展中国家之一，积极参与国际税收情报规则的制定，不仅是维护我国利益，也是为发展中国家谋利益，努力平衡发达国家和发展中国家的利益需求，最终达到全世界各国的互利共赢。最后，我国不仅要以参与者身份完善国际税收情报交换制度的修订，更要实现从税收情报交换制度修订的参与者向引领者的转变，积极创新，尝试建立由我国主导的税收情报交换议事机制，提升我国在国际税收合作领域的话语权。

3. 健全完善国际税收情报收集机制

当前我国采用的"跨国贸易发生在前，税收情报收集和交换申请在后"的交换机制，已无法满足跨国贸易特别是跨境电子商务发展的新需求。完善现行税收情报收集机制，要将税收情报的收集从事后逐渐向事前和事中转移，在一定程度上避免跨国跨境纳税人对涉税信息的篡改销毁，避免在跨国贸易和跨境电子商务交易完成后不能及时收集信息导致的时间延迟，提高情报收集效率。此外，税务部门需要积极寻找税收信息收集工作的合作者，与银行等金融机构、市场监管部门开展通力合作。积极倡导跨国纳税人与税务部门进行合作，鼓励企业主动定期汇报相关信息，辅以针对违法违规行为的惩罚措施，并建立完善的举报监督机制。

4. 加强与各国税务机关的国际税务合作

加强税务机关国际税务合作最关键的是主动交换税收情报。①为实行税收协定所用到的税收资料，如纳税人或者纳税义务人在居住国或者所得来源国的生产生活经营状况，纳税人与受控企业之间的价格关联关系等。②与税收协定相关联的国内法律情报，主要涉及预防税收欺骗、偷逃税方面实行的没有违反税收协定的法律方案。③预防税收欺骗和偷税逃税的情报，关键处理审核征税和根据法律解决偷逃税的问题。通过加强国际的税收征收管理和加大反逃避税的合作力度，有效地阻止国际逃税避税。

5. 加强税收情报交换领域人才的培养

高质量的税收情报收集和税收情报交换工作，需要高水平高素质的税收情报交换人才。一方面，选拔具有丰富专业知识、较高外语水平、较高业务水平和较强综合素质的新进工作人员，鼓励具有税务专业招生资格的高校开设相关课程，必要时可以从国外引进相关领域人才。另一方面，增加对现有岗位工作人员的深层次培训，定期开展关于税收情报交换工作的技术培训以及职业道德教育，建立合理的激励机制，提高我国税收情报交换工作的效率。

三、通过国际协作避免重复征税

（一）电子商务国际重复征税

国际重复征税包括所得税的国际重复征税和流转税的国际重复征税。

1. 所得税的国际重复征税

所得税的国际重复征税主要是由管辖权的冲突导致。常见的管辖权原则是居民管辖权原则和来源地管辖权原则。对于跨境电子商务而言，如果一笔交易的过程中买方所在国家采用来源地管辖权进行征税，而卖方所在国家采用居民管辖权征税，那么这两个国家就同时有权力对同一笔交易收入课征税收。可见，跨国电子商务国际重复征税问题的产生根源即居民管辖权和来源地管辖权的冲突。代表不同利益立场的国家对该问题持有不同的观点。

另外，即使在同为来源地管辖权的前提下，也会因为电子商务交易地点的不确定性和对各国常设机构原则的不同理解而产生国际重复征税的问题。这是因为跨境电子商务交易过程往往涉及多个国家。例如在一笔电子商务交易中，位于 A 国的卖方和买方达成交易后，要求买方向卖方设立在 B 国的分公司汇款，同时告知自己设立在 C 国的分公司完成货运。此时，A、B、C 3 个国家根据来源地管辖权原则均可以来源地为理由主张对该笔交易进行税收管辖，从而产生重复征税问题。

2. 流转税的国际重复征税

从流转税角度来看，当作为交易双方的国家分别主张消费地管辖权和来源地管辖权时，可能对该笔交易产生积极重复征税和消极重复征税两种影响。例如，A 国主张消费地原则，B 国主张来源地原则，当 A 国主体向 B 国主体销售货物或提供服务时，即会出现重复不征税的现象。而相反，B 国主体向 A 国主体进行以上活动时，则可能会出现重复征税的现象。

（二）避免国际重复征税方法

重复征税直接影响跨国纳税人的合法权益，对国家税收利益和经济发展产生不利影响。因此，各国积极探索避免重复征税的方法，主要包括以下三种。

1. 扣除法

扣除法是指居住国政府在行使居民（公民）管辖权时，允许本国居民（公民）将已经缴纳给非居住国政府的所得税或者一般财产税的税额，在向本国政府汇总申报应税所得、收益或者一般财产价值时，视为税前扣除项予以扣除。居民国向企业征税时，仅就扣除后的部分计算征收所得税或者一般财产税。扣除法虽然能够在一定程度上减轻纳税人的税负，但是并不能完全消除国际重复征税。同时，仍然会存在境外所得的纳税人的税负高于所得相同但是全部来源于居住国的纳税人税负的问题。因此，该方法已经较少被采用。从管辖权角度看，扣除法承认两种税收管辖权，并且在承认来源地管辖权优先的前提下行使居民税收管辖权。

2. 免税法

免税法也被称为"豁免法"，即来源地国负责征收，本国放弃征收权力。具体是指居住国政府对本国居民纳税人来自所得来源国的，并且已经向来源国纳税的跨国所得，在一定条件下放弃居民税收管辖权，允许居民纳税人不将该部分收入计入应纳税所得额，从而在本国免于征税的做法。其实质是居住国对本国居民在国外所得征税权的放弃，承认来源地国家完全占有税收管辖权。免税法能够完全避免居民税收管辖权和来源地税收管辖权的重叠交叉，防止重复征税发生，一般适用于跨国营业利润、个人劳务所得，部分情况还包括财产所得，多适用于居住国为单一实行来源地管辖权的国家。

1）全额免税法

全额免税法指居住国在对居民纳税人的全部来源于居住国境内的所得计算征税时，确定适用税率完全以境内应税所得额为准，不考虑居民纳税人来源于境外的免予征税的所得额。由于居住国放弃了对本国居民纳税人境外所得的征税权，只采用来源地税收管辖权，因此，全额免税法能够彻底消除国际重复征税。居住国实行全额免税法时，纳税人的税负比采用累进免税法更轻，全额免税法对居民纳税人更为有利。但是，在来源地国税率小于居住国税率时，将会造成具有境外收入的纳税人的税负轻于具有境内收入的纳税人，违背了税负公平原则。

2）累进免税法

累进免税法指居住国虽然对居民纳税人来源于境外的所得免予征税，但是对居民纳税人来源于境内的所得确定应适用的累进税率时，要将免予征税的境外所得额考虑在内。

3. 抵免法

抵免法全称是外国税收抵免法，是指居住国居民按照居民纳税人的境内外所得或者一般财产价值的全额为基数计算其应纳税额，但对居民纳税人已经在来源地国缴纳的所得税额或者财产税额，允许从向居住国的应纳税额中扣除。抵免法是"别国先征，本国补征"，如果所得来源国采取比居住国更高的税率，居住国将无税可征。因此，通常附加"抵扣限额"的规定，本国居民就境外所得已在所得来源国缴纳的税款在国内抵扣时，可抵扣数以按照本国计算的应纳税额为限，超额部分不得抵扣。根据抵免法中的实际纳税人是否为同一人，可以将其分为直接抵免和间接抵免。

1）直接抵免

直接抵免是指跨国纳税人已经向所得来源国直接缴纳的所得税税款的抵免。该办法多适用于自然人、跨国集团的总公司和分公司之间。

2）间接抵免

间接抵免是指居住国对跨国纳税人在所得来源国间接缴纳的税款进行抵免，

适用于母公司和子公司分别是两个具有完全独立的法律地位的法人之间的抵免。由于子公司分配给母公司的股息，母公司已经在来源国通过子公司完成纳税，如果分配股息再在本国纳税，就会构成双重征税。为鼓励母公司积极开展对外投资活动，很多国家都会将这种子公司已代为在所得来源地国纳税的母公司所得股息予以抵免本国所得税。

根据抵免税额是否存在限制，又可以将抵免法分为全额抵免和限额抵免。

1）全额抵免

全额抵免是指居住国政府对本国居民纳税人已向来源国缴纳所得税的税额予以全部抵免。

2）限额抵免

根据不同的计算方法，限额抵免又可以分为分国限额抵免、综合限项抵免以及分项限额抵免三种形式。①分国限额抵免是指居住国对居民纳税人来自每一个来源国的所得，分别计算出各个非居住国的抵免限额，然后根据纳税人在每个非居住国实缴税额与该国抵免限额的关系，确定抵免额。②综合限项抵免是指居住国将居民纳税人来源于各个非居住国的所得汇总相加，按照居住国的税率计算出统一的抵免限额，与纳税人在各个非居住国已缴纳税额总和相比较确定最后的抵免额，计算纳税人在居住国应缴税额。③分项限额抵免是指居住国将居民纳税人来源于境外的各种所得进行分类，按照居住国的税率分别计算出抵免限额。

【知识图谱】

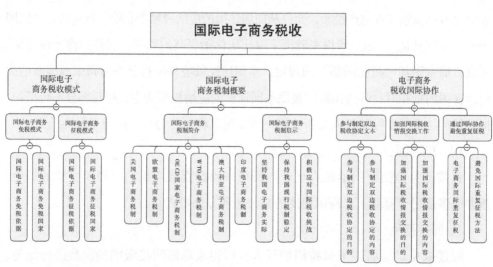

【本章小结】

　　如何在电子商务和跨境电子商务产业蓬勃健康发展的同时，保障本国税收利益不受损害，构筑电子商务和传统商务公平竞争的税收环境，始终是世界各国和主要经济组织关注的焦点问题，我国亦是如此。当前，我国处在电子商务和跨境电子商务的税收法律体系建立阶段，美国、欧盟、OECD、WTO、澳大利亚与印度等国家和组织电子商务税收法律体系以及法律实践对于我国具有重要借鉴价值。但是，我国在制定电子商务税收制度时，必须坚持从中国实际出发，选择性吸收别国经验，才能保证税收制度的实效性。

【复习思考题】

　　1. 为什么有些国家主张电子商务免税模式，有些国家主张征税模式，背后深层原因是什么？

　　2. 欧盟电子商务税收制度对我国有哪些借鉴意义？

　　3. 如何通过国际协作避免重复征税？

【思政经典案例】

思政经典案例，请扫描二维码阅读。

电子商务蓬勃发展开放创
新擦亮"中国名片"

参 考 文 献

[1] 覃征，等 . 电子商务概论 [M]. 6 版 . 北京：高等教育出版社，2019.

[2] 周曙东 . 电子商务概论 [M]. 5 版 . 南京：东南大学出版社，2019.

[3] 刘剑文 . 国际税法学 [M]. 4 版 . 北京：北京大学出版社，2020.

[4] 刘剑文 . 税法学 [M]. 5 版 . 北京：北京大学出版社，2017.

[5] 王君 . 电子商务税收问题研究 [M]. 北京：中国税务出版社，2006.

[6] 陈共 . 财政学 [M]. 10 版 . 北京：中国人民大学出版社，2020.

[7] 黄桦 . 税收学 [M]. 5 版 . 北京：中国人民大学出版社，2020.

[8] 刘剑文，熊伟 . 税法基础理论 [M]. 北京：北京大学出版社，2004.

[9] 廖益新 . 国际税法学 [M]. 北京：高等教育出版社，2008.

[10] 朱青 . 国际税收 [M]. 9 版 . 北京：中国人民大学出版社，2018.

[11] 张泽平 . 国际税法 [M]. 2 版 . 北京：北京大学出版社，2016.

[12] 席晓娟 . 税法 [M]. 2 版 . 上海：上海交通大学出版社，2018.

[13] 付志宇，等 . 国际税法 [M]. 北京：清华大学出版社，2015.

[14] 马海涛，等 . 财政学：理论 实务 案例 习题 [M]. 北京：首都经济贸易大学出版社，2012.

[15] 马国强 . 中国税收 [M]. 9 版 . 大连：东北财经大学出版社，2019.

[16] 蔡磊，等 . 电子发票的理论与实践——电子商务税收征管新思维 [M]. 北京：中国财政经济出版社，2014.

[17] 张继东 . 电子商务法 [M]. 北京：机械工业出版社，2011.

[18] 曹明星，等 . 跨国所得的国际税收筹划与管理——以中国现行税法体系为基础 [M]. 北京：中国税务出版社，2014.

[19] 梁俊娇 . 电子商务税收征管及其立法完善探析 [J]. 财经法学，2015（5）：59-67.

[20] 冯刚.电子商务对税务稽查的影响及对策 [J].管理对策，2007（9）：51-53.

[21] 陈冬梅.电子商务中的身份认证技术及安全支付探析 [J].信息与电脑，2018（7）：177-183.

[22] 刘振艳.我国跨境电子商务税收征管研究 [J].对外经贸，2017（7）：77-78.

[23] 杨帆.我国电子商务环境下的税收流失问题分析及对策思考 [J].当代经济，2015（6）：4-5.

[24] 张阳.基于中国税收制度分析电子商务税收流失的研究 [J].经济研究导刊，2015（4）：86-89.

[25] 朱亚平.略论电子商务中的纳税问题 [J].商业时代，2014（11）：62-63.

[26] 熊艳，刘小萌.《公约》主要条款解读 [J].国际税收，2017（4）：13-18.

[27] 李恒，吴维库，朱倩.美国电子商务政策及博弈行为对我国的启示 [J].税务研究，2014（2）：74-78.

[28] 陈晶.美国电子商务税收政策的变化给我国带来的启示 [J].科技经济导刊，2018（7）：246.

[29] 张羽瑶，宗冉冉.跨境直接电子商务税收征管国际比较与借鉴 [J].国际税收，2020（11）：75-79.

[30] 缪玲，郑继辉.欧盟电子商务增值税的征管及启示 [J].中国经贸导刊，2015（8）：35-36.

[31] 谢波峰.澳大利亚电子商务税收政策简介 [J].国际税收，2013（9）：64-67.

[32] 廖益新.论适用于电子商务环境的常设机构概念 [J]，厦门大学学报，2003（4）：13-24.

[33] 廖益新.数字经济环境下跨境服务交易利润国际税收的原则和方案 [J].国际经济法学刊，2014（21）：134-149.

[34] 高运根.BEPS 行动计划 1、成果 1 数字经济面临的税收挑战 [J].国际税收，2014（10）：15-17.

[35] 乔荣.电子商务税收问题及其改进建议 [J].科技经济市场，2018（3）：47-49.

[36] 张志刚."互联网 +"时代下对电子商务税收征管的探讨 [J].对外经贸，2017（9）：88-90.

[37] 席卫群.电子商务中数据化商品的税收问题及应对 [J].广西财经学院学报，2018（1）：32-39.

[38] 胡海，李灿. 论电子商务税收法律制度的基本原则 [J]. 湖南财经高等专科学校学报，2009（3）：5-8.

[39] 张德海，梅洪常，雷小华. 电子商务税收的纳税地点分布及其选择：电子发票视角 [J]. 江苏科技大学学报（社会科学版），2016（1）：93-97.

[40] 沈志远. 电子商务税收的国际比较及经验借鉴 [J]. 对外经贸实务，2018（3）：38-41.

[41] BRUINS, EINAUDI, SELIGMAN, et al. Report on double taxation, submitted to the financial committee of league of nations[R]. Geneva, April 5th, 1923.

[42] OECD. BEPS action Ⅰ, addressing the tax challenges of digital economies[Z]. 2014.

[43] OGUTTU A W, VAN DER MERWE B. Electronic commerce：challenging the income tax base[J]. SA mercantile, law journal, 2005（1）：305-339.

[44] BECKER H. Taxation of electronic business in a globalizing world-ten. demands for an adaptation[J]. Intertax, 1998, 26（12）：410-413.

教师服务

感谢您选用清华大学出版社的教材！为了更好地服务教学，我们为授课教师提供本书的教学辅助资源，以及本学科重点教材信息。请您扫码获取。

≫ 教辅获取

本书教辅资源，授课教师扫码获取

≫ 样书赠送

电子商务类重点教材，教师扫码获取样书

 清华大学出版社

E-mail: tupfuwu@163.com
电话：010-83470332 / 83470142
地址：北京市海淀区双清路学研大厦 B 座 509

网址：http://www.tup.com.cn/
传真：8610-83470107
邮编：100084